AF610292

ment aux règles de la *Grammaire latine*, 2e édition, 1 vol. in-12, cartonné. 2 fr. 50 c.

8. **COURS COMPLET DE MYTHOLOGIE** sous la forme de thèmes, pouvant servir à l'intelligence des auteurs classiques, dans lequel l'auteur s'attache à tracer un récit suivi pour faire connaître l'histoire et la généalogie des personnages mythologiques, 1 gros vol. in-12, cartonné. 2 fr. 50 c.

9. **CHOIX DE SENTENCES ET D'HISTOIRES** tirées des auteurs latins et appliquées aux règles de la *Grammaire latine*, 1 vol. in-12, cartonné. 2 fr.

10. **EXERCICES SUR LES RÈGLES DE LA GRAMMAIRE FRANÇAISE**, renfermant un choix de sentences et d'histoires tirées des auteurs français, et appliquées successivement aux règles de cette grammaire, 2e édition, 1 vol. in-12, cart. 1 fr. 50 c.

11. **LEÇONS D'ANALYSE LOGIQUE ET D'ANALYSE GRAMMATICALE**, d'après les règles de la *Grammaire française*, 2e édition, 1 vol. in-12, cartonné. 1 fr. 50 c.

12. **PROGRAMME DE QUESTIONS SUR LA GRAMMAIRE FRANÇAISE**, 1 petit vol. in-12. 70 c.

Sous Presse, Ouvrages du même auteur.

13. **COURS DE GÉOGRAPHIE HISTORIQUE** sous la forme de thèmes. A chaque pays, l'auteur a rattaché un souvenir historique propre à le fixer dans la mémoire des élèves, 1 vol. in-12.

14. **PETIT ABRÉGÉ DE GÉOGRAPHIE**, accompagné de cartes, 1 vol. in-12.

15. **COURS D'HISTOIRE NATURELLE** sous la forme de thèmes, et rédigé de manière à servir de complément au Petit Abrégé de Géographie, 1 vol. in-12.

L'adoption des ouvrages ci-dessus pour l'éducation de Monseigneur le duc de Bordeaux, et le choix qu'a fait le gouverneur de S. A. R. de M. Lefranc pour professeur de langue latine du jeune prince, font assez l'éloge du *Cours complet d'enseignement élémentaire*.

HEURES DES COLLÈGES, contenant l'office des dimanches, des fêtes et de la *semaine sainte*, selon l'usage de Paris, avec les additions et changemens faits dans la liturgie par Mgr le cardinal de Talleyrand-Périgord, archevêque de Paris, précédé de l'Abrégé de la foi par M. de La Hogue, des prières du matin et du soir, d'exercices pour la confession et la communion, de prières pour tous les jours de la semaine, *etc.*; rédigé par P.-A. FAUST, licencié de la faculté de théologie; 1 vol. in-18 d'environ 600 pages, nouvelle édition revue et corrigée avec le plus grand soin. Prix, relié avec soin en basane. 2 fr. 75 c.

LES MORALISTES LATINS, ou Choix de morceaux extraits des Œuvres philosophiques de Cicéron, Sénèque, *etc.*, *etc.*, par M. Guérin, professeur au collége de Sainte-Barbe; 1 vol. in-12 d'environ 500 pages. 5 fr.

Les suffrages et les avis de personnages éminens dans l'université nous ont encouragé dans notre travail. Le conseil royal de l'instruction publique a daigné approuver *les Moralistes latins*, qui font partie d'un plan d'études pour le collége de Sainte-Barbe... La plus grande partie des colléges, séminaires, etc., ont adopté cet ouvrage, et nous avons lieu d'espérer que bientôt toutes les maisons d'éducation nous tiendront compte de nos efforts. (Extrait du Prospectus.)

EXCERPTA E TACITO, ou Morceaux choisis de Tacite, suivis de la Vie d'Agricola et des Mœurs des Germains, et précédés d'une Notice sur cet historien, avec des sommaires et des notes en français; par M. Rendu, membre du conseil royal de l'université. Ouvrage adopté par le conseil royal de l'université; 20e édition, 1 vol. in-12, cartonné. 1 fr. 60 c.

VIE DE JULIUS AGRICOLA, par Tacite, traduite en français par le même, 3e édition, accompagnée d'une carte des anciennes îles Britanniques; 1 vol. in-12, broché. 2 fr.

RACINES GRECQUES, mises en vers français, nouvelle édition, précédées d'une notice sur Claude Lancelot, par un savant helléniste, et débarrassées du commentaire sur les *dérivés*, et du Traité sur les *particules indéclinables*, que l'écolier trouvera mieux expliquées dans le Dictionnaire grec-français de M. Planche; 1 vol. in-12, cartonné. 1 fr. 25 c.

COURS DE MORALE TIRÉ DES SAINTES ÉCRITURES, ouvrage à l'usage des colléges, et adopté par l'université; par M. Chaud, auteur de la *Morale de la Bible*; 1 volume in-12, cartonné. 2 fr. 25 c.

LE MÊME OUVRAGE en latin, sous le titre de :

ETHICA SACRA, SIVE LECTIONES PRACTICÆ E SACRIS BIBLIIS DEPROMPTÆ, *etc.*; par le même; 1 volume in-12, cartonné. 2 fr. 50 c.

Editions nouvelles
DES
AUTEURS CLASSIQUES LATINS,
AVEC DES COMMENTAIRES ANCIENS ET NOUVEAUX
ET DES INDEX COMPLETS,
PUBLIÉES PAR DES PROFESSEURS
DE L'UNIVERSITÉ.

PUBLIUS VIRGILIUS MARO, ex recensione et cum notis Chr. Gottl Heynii, curante J.-A. Amar, humaniorum litterarum in regiâ Galliarum universitate professore emerito, *etc.* 5 vol. in-12 (y compris l'Index), brochés avec soin et satinés. 20 fr.

CAIUS CORNELIUS TACITUS, cum selectis variorum interpretum notis, ex postremâ editione Ser.-Jac. Oberlini, curante P.-F. de Calonne, rhetoricæ professore in regio Henrici Quarti collegio; 5 vol. in-12 (y compris l'Index), brochés avec soin et satinés. 20 f.

CAIUS CRISPUS SALLUSTIUS, ex Burnouf, Pottier et aliorum editionibus recensitus, cum selectis variorum interpretum notis, ac novis etiam additis; item Julius Exsuperantius, curante J. Planche, rhetorices professore in regio Borbonii collegio; 2 vol. in-12 (y compris l'Index), brochés avec soin et satinés. 8 fr.

CORNELIUS NEPOS, ex optimarum editionum recensione et cum selectis variorum interpretum notis, curante P.-F. de Calonne; 1 vol. in-12 (y compris l'Index). 4 fr.

QUINTUS HORATIUS FLACCUS, ex recensione et cum notis Petri Duvicquet, olim in universitate Parisiensi, nunc in universitatis regiæ academia Parisiensi doctoris et profess. aggreg.; 4 vol. in-12 (y compris l'Index).

Les deux premiers volumes paraissent. Prix de chaque vol. 4 fr.

N. B. L'ouvrage sera complet cette année.

PUBLIUS OVIDIUS NASO, collatis editionibus optimis, cum suis et aliorum notis tertio edidit J.-A. Amar; 5 vol. in-12 (y compris l'Index).

Les deux premiers volumes paraissent. Prix de chaque vol. 4 fr.

N. B. Chaque ouvrage se vend séparément. La collection comprendra successivement tous les auteurs considérés comme classiques.

Cette collection d'*Auteurs latins* est plus particulièrement destinée aux professeurs et à leurs élèves, la modicité de son prix la mettant à la portée de toutes les fortunes. L'impression en est confiée aux meilleurs typographes, et la correction des textes n'est pas la qualité la moins précieuse de ces éditions nouvelles.

LES RHÉTEURS
LATINS.

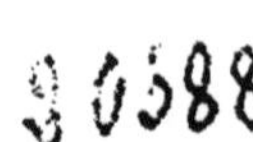

OUVRAGES DU MÊME AUTEUR

SUR LA RHÉTORIQUE.

BIBLIOTHECA RHETORUM, auctore P.-F. LE JAY, 3 vol. in-8°.

COURS COMPLET DE RHÉTORIQUE, un fort vol. in-8°.

CONCIONES POETICÆ GRÆCÆ, 2 vol. in-12.

CONCIONES POETICÆ LATINÆ, 2 vol. in-12.

CONCIONES FRANÇAIS, 1 vol. in-12.

IMPRIMERIE DE LACHEVARDIERE,
RUE DU COLOMBIER, N° 30, A PARIS.

LES RHÉTEURS LATINS

OU

ANALYSE RAISONNÉE DES OUVRAGES DE CICÉRON, DE QUINTILIEN ET DE TACITE, SUR L'ART ORATOIRE,

À L'USAGE DES CLASSES DE SECONDE ET DE RHÉTORIQUE;

PAR J. A. AMAR,

PROFESSEUR ÉMÉRITE, CONSERVATEUR DE LA BIBLIOTHÈQUE MAZARINE, ET INSPECTEUR HONORAIRE DE L'ACADÉMIE DE PARIS.

Eligat ex omnibus optima.
QUINTIL.

PARIS,

CHARLES GOSSELIN, LIBRAIRE

DE SON ALTESSE ROYALE MONSEIGNEUR LE DUC DE BORDEAUX,

RUE SAINT-GERMAIN-DES-PRÉS, N° 9.

M DCCC XXIX.

PRÉFACE.

Non eloquentia ex artificio, sed artificium ex eloquentia natum.

Cic. *de Orat*. Dial. I, p. 13.

Il existe sous ce même titre (LES RHÉTEURS LATINS) un recueil publié pour la première fois à Paris à la fin de 1599 (1), sur des manuscrits tirés de la bibliothèque de *F. Pithou* (2), et réimprimé ensuite à Strasbourg, 1756, avec des notes et quelques améliorations, par les soins de *Claude Capperonnier* (3) : mais voilà

(1) Plusieurs années auparavant, la plupart de ces anciens Rhéteurs avaient été imprimés séparément : *P. Rutilius Lupus*, et *Aquila Romanus*, Venet. 1519 ; les mêmes, avec *Jul. Rufinianus*, *Beda*, etc. ; Lugd. 1540 ; *Albini* (*Alcuini*) *de Arte rhet. Dial.* Paris, 1529.

(2) *Antiqui Rhetores latini*. Ex bibliotheca *Fr. Pithœi*, J. C. Parisiis, 1599.

(3) *Rhetores antiqui*. Argentorat., 1756, in-4.

tout ce que nous avons de commun. On ne trouvera donc ici rien de ce qui compose le recueil en question; comme on y chercherait inutilement ce que nous offrons à nos lecteurs.

Ce n'est pas toutefois que l'on ne puisse lire encore avec un certain plaisir, et consulter même avec fruit quelques uns de ces vieux *Rhéteurs*, à la tête desquels figure P. RUTILIUS LUPUS, auteur, ou plutôt traducteur d'un opuscule en deux livres, *sur les Figures de pensées et de mots*(1). Ce qui prête surtout quelque intérêt au travail de Rutilius, ce sont ses nombreuses citations d'orateurs grecs que nous ne connaissons plus que de nom. Il est fâcheux que ce ne soit pas les textes mêmes qu'il nous ait conservés; mais il les traduit du moins avec une rare élégance. AQUILA ROMANUS, autre tra-

(1) C'est l'extrait d'un ouvrage du Rhéteur grec Gorgias, dont parle Quintilien, IX, 2, et qu'il ne faut pas confondre avec le célèbre Gorgias de Léontinum.

ducteur d'un ouvrage du même genre, mais bien postérieur au précédent, remplace au contraire les exemples grecs par des passages puisés dans les auteurs latins. Tous ces Rhéteurs ne sont, en général, que des abréviateurs plus ou moins longs, des traducteurs plus ou moins exacts des Rhéteurs grecs : aussi, à un très petit nombre d'exceptions près, se ressemblent, se répètent-ils tous; et la lecture de l'un peut aisément dispenser de celle de presque tous les autres. On serait fâché néanmoins de ne pas connaître *les préceptes de Rhétorique* de l'illustre évêque d'Hippône, de ce grand SAINT AUGUSTIN, si justement surnommé le *Cicéron du christianisme* (1); le petit traité de Bède *le vénérable*,

(1) Saint Augustin, qui avait professé avec distinction la rhétorique à Carthage, suit fidèlement, dans son petit traité, la méthode et les principes d'*Hermagoras*, rhéteur grec qui professa à Rome sous Auguste et sous Tibère, et qui paraît avoir joui d'une certaine célébrité. Strabon et Quintilien surtout en parlent avec éloge.

des Tropes dans les écrivains sacrés (1); et surtout le dialogue *de Arte rhetorica*, entre CHARLEMAGNE et son savant précepteur ALCUIN. Mais tout le reste, je ne crains pas de le redire, vaut à peine les frais d'une lecture, et valait bien moins encore ceux d'une réimpression.

Il ne pouvait d'ailleurs entrer dans notre plan de reproduire des doctrines dont les traités mêmes que nous publions sont la réfutation la plus authentique; des doctrines qui, en faisant du talent sublime de la parole une simple et aride *technologie*, en réduisant l'imposante majesté des formes primitives de l'éloquence aux capricieuses et mesquines formules des méthodes artificielles, excitaient la généreuse indignation de Crassus, d'Antoine et de Cicéron, et inspiraient ces immortels ouvrages où les titres de la grande, de la véri-

(1) C'est le premier ouvrage, je crois, où l'on ait traité *ex professo* des beautés littéraires de l'Écriture sainte.

table éloquence sont si bien établis, et ses avantages si victorieusement prouvés.

Formé lui-même à l'école de ces Rhéteurs grecs, qui pouvait mieux que Cicéron signaler l'insuffisance de leurs méthodes, et discerner avec plus de sagacité ce qu'elles avaient de dangereux, ce qu'elles pouvaient offrir d'utile? Qui pouvait mieux surtout que ce génie si éminemment né pour l'éloquence, la prendre à son origine, nous la montrer dans tout l'éclat de sa beauté première; nous apprendre comment ce qu'elle emprunte de l'art ne doit jamais altérer en elle l'ouvrage de la nature, et la défendre enfin avec plus de talent et de succès contre les usurpations du faux goût et du bel esprit?

A peine sorti des écoles, et peut-être dans le temps même qu'il y siégeait encore, Cicéron écrivit sur la rhétorique un ouvrage dont deux livres seulement, ceux qui traitent de l'invention (*de Inventione*), sont parvenus jusqu'à nous; soit que, rebuté par l'aridité technique de la matière ou par la faiblesse de cette première production, l'auteur n'ait pas conduit son travail plus loin; soit qu'il faille ajouter cette perte à toutes celles que déploreront à jamais les amis des lettres anciennes. Je m'en tiendrais plus volontiers toutefois à la première de ces suppositions. Un orateur tel que Cicéron était fait pour ouvrir des routes nouvelles, et non pour se traîner servilement sur les traces de ceux qui l'avaient précédé; pour donner enfin des leçons dignes des modèles qu'il avait déjà offerts, et capables de former de vrais orateurs, et non ce qu'il appelle lui-même de misérables artisans de mots, *vocum artifices*.

Chose étonnante en effet, et vraie cependant! celle de toutes nos facultés intellectuelles qui semblerait devoir s'exercer avec le plus de liberté, le don de la parole, n'était plus que l'art frivole de combiner et d'arranger péniblement des phrases vides d'idées et même de sens. De subtils et pointilleux sophistes s'étaient réservé, et n'ont que trop long-temps exploité le domaine de l'éloquence, et ravalé au niveau d'un obscur métier la plus belle, la plus noble de toutes les fonctions de l'enseignement, celle de prêter à la raison le charme qui persuade et la force qui entraîne.

Un préjugé presque aussi vieux que le monde littéraire, et tenace comme un préjugé, avait établi, et cette routine aveugle, qui est l'opinion du plus grand nombre, avait consacré en principe que, par une faveur toute spéciale de la nature, le poète sortait tout façonné d'un moule préparé d'avance, et qu'il ne lui restait plus que des syllabes à compter et à mesurer, *nascuntur poetæ.* Mais cette même nature si libérale, si prodigue même à l'égard du poète, objet privilégié de sa prédilection, laisse, disait-on, à l'orateur le soin pénible de se créer lui-même à force de veilles, de travaux de tous les momens et d'études de tous les genres : *fiunt oratores.* Celui, quel qu'il soit (1), qui proclama le premier cette espèce d'axiome, n'avait probablement pas plus étudié l'*art* que la *nature ;* et n'était pas plus *né poète* qu'il n'était *devenu orateur.* On ne l'en crut pas moins sur parole; et ce beau texte, adopté d'abord sans examen, et volumineusement commenté depuis dans de longs et lourds traités sur la *poésie* et sur *l'éloquence*, est resté le principe et l'excuse d'une foule d'autres paradoxes. Il ne fallait cependant qu'un moment de réflexion pour sentir tout ce qu'il y a de vague ou de faux dans ces applications exclusives; pour re-

(1) C'est un de ces *dictons* scolastiques qui ne reposent sur aucune autorité, et il serait sans doute difficile de dire quel écrivain l'a cité le premier.

connaître que le grand poète, que le véritable orateur, naissent égalemont, l'un avec le génie de l'éloquence, l'autre avec celui de la poésie; mais que sans le secours de l'art, sans l'étude et la pratique des règles, le premier ne sera jamais qu'un *Bridaine:* le second, qu'un *Shakespeare.* Ce qui pourtant serait encore être quelque chose!

Il y a, au reste, deux mille ans que la question a été judicieusement résolue par l'auteur de l'*Art poétique* (1). On demandait aussi de son temps si un *bon poème* (on aurait pu dire de même un *beau discours*), était l'ouvrage de la nature ou celui de l'art:

> *Natura* fieret laudabile carmen, an *arte*,
> Quæsitum est.

Sa réponse est positive: « Il ne voit pas ce que peut le travail *sans le génie*, ou le génie *sans l'étude:*

(1) *Art poet.* 408, seqq.

. . . . . . nec studium, *sine divite vena*,
Nec *rude* quid possit video *ingenium*.

La conclusion n'est pas moins formelle : « Ils doivent (la nature et le génie) se prêter un mutuel appui pour concourir et arriver ensemble au même but :

Alterius sic
Altera poscit opem res, et conjurat amice.

C'est pour avoir voulu rompre cette alliance et troubler cet harmonieux et indispensable accord, que l'on a vu et que l'on voit encore de scandaleux débats affliger et diviser l'empire des lettres. Partisans effrénés d'une liberté qui ne serait que la licence, les uns voudraient affranchir le génie de toute espèce de joug, tandis qu'esclaves timides, toujours courbés sous la férule du maître, les autres craindraient de hasarder un pas dans un sentier qui n'eût pas été indiqué, ou même fréquenté d'avance.

Il est un juste milieu, une route sûre entre ces deux excès :

.... medio tutissimus ibis (1).

Gardons-nous de négliger, de mépriser surtout les règles : ce sont de salutaires précautions prises contre les écarts du génie et l'abus du talent ; mais gardons-nous aussi de leur laisser prendre sur le génie un ascendant qui ne leur appartient pas ; et, faites seulement pour diriger sa marche, qu'elles ne prétendent pas au droit de la lui tracer impérieusement. Non, les règles seules n'ont jamais fait un poète, jamais un orateur ; mais jamais poète, jamais orateur ne s'est acquis une gloire solide et durable sans la judicieuse observation de ces mêmes règles.

Voilà ce que pensait Cicéron, lorsque, désabusé d'Aristote par la lecture de Platon, il

(1) Ovid. *Métam.*, II,

ouvrait au génie de l'éloquence une carrière si vaste et si brillante (1).

Ce sont les ouvrages mêmes dépositaires de ces immortelles pensées d'un grand homme, de ces vues si neuves alors, et si profondes dans tous les temps, que nous nous empressons de mettre sous les yeux des jeunes gens qui fréquentent nos écoles de Rhétorique. Les courts préambules, spécialement placés en tête de chacun de ces traités, nous dispensent d'entrer ici dans plus de détails à cet égard. Il est toutefois une considération qui ne doit pas nous échapper, c'est l'époque désastreuse où la plupart de ces beaux ouvrages furent composés. Cicéron ne se dissimulait pas que c'en était fait de l'éloquence romaine, qu'elle ne survivrait

(1) Aussi voit-on sans étonnement (*de Divinat.* II, 1) Cicéron compter au nombre de ses ouvrages *philosophiques*, le *de Oratore*, le *Brutus* et l'*Orator*. C'est nous dire assez dans quelle vue ils ont été composés, et dans quel esprit il faut les étudier.

point à la perte des libertés publiques; et que, renfermée désormais dans les limites étroites du barreau, elle ne se ferait plus entendre dans ce Sénat où elle réglait le sort de l'univers; dans ce *Forum* où elle défendait, au nom des lois, les intérêts et les droits du peuple romain. C'est donc au moment de la voir s'engloutir pour toujours sous les ruines de la république, c'est à ses funérailles, pour ainsi dire, que le grand orateur en paraît sentir plus vivement la perte; et que, dans l'espoir qu'elle trouvera un jour des vengeurs, il veut en laisser du moins à la postérité l'impérissable image.

Eh! quel moment plus favorable pour la présenter, cette image, à l'admiration de nos jeunes rhéteurs! Pour la plupart appelés par leur naissance ou par leur fortune à siéger dans nos assemblées politiques, ils apprendront de Cicéron ce que l'orateur homme d'état doit apporter à la tribune de zèle, de probité, d'instruction de tous les genres, de véritable amour du pays, et quelquefois de courage et de fermeté. Ce qui donnera surtout un grand poids à ces hautes leçons, puisées à leur véritable source, c'est l'exemple même de l'illustre orateur et du grand citoyen; c'est une vie tout entière si noblement consacrée au bien public, une vie dont le dernier acte fut encore un dévouement, et le dernier soupir un vœu pour la patrie.

« C'est aujourd'hui surtout qu'il serait vérita» blement honteux qu'on sortît de Rhétorique » sans avoir quelque idée et quelque connais» sance des auteurs qui ont écrit de cet art avec » tant de succès. » Tels étaient, il y a près d'un siècle, les regrets et les vœux du respectable Rollin (1). Quel homme était plus capable d'in-

(1) *Trait. des Étud.* Liv. IV, ch. 1.

troduire d'heureuses améliorations dans l'enseignement; et quel livre plus propre à les faire goûter, que son excellent *Traité des études?* Mais les momens n'étaient pas arrivés, et long-temps encore après Rollin les jeunes gens *sortirent de rhétorique sans avoir une idée* juste de ce que Cicéron et Quintilien ont écrit sur ce bel art de la parole, devenu l'un des besoins, je dirais presque l'une des conditions de la société actuelle.

Il convenait donc d'étendre à cet égard la sphère des idées communes, d'élargir la carrière destinée à ces nobles exercices de la parole et de la pensée; et de convaincre la jeunesse française de l'importance, de la dignité de cette partie de ses travaux classiques.

Il eût été à désirer seulement que l'heureuse idée de remplir une aussi intéressante lacune dans les hautes études classiques fût tombée entre des mains plus capables d'en tirer tout le parti qu'elle présente. On trouvera du moins, dans ce qui m'appartient ici, les doctrines et les sentimens qui, depuis le *Cours complet de rhétorique* (1), ont constamment dirigé mes leçons ainsi que mes écrits, et leur ont quelquefois mérité les suffrages et, ce qui vaut mieux encore, l'estime des véritables amis de la jeunesse. Honorables encouragemens! seul prix que je me sois jamais proposé de plus de trente années de travaux, aussi purs dans leur motif que désintéressés dans leur résultat.

« *Gratissima autem laus eorum factorum habetur, quæ suscepta videntur sine emolumento ac præmio.* » (CICÉR. *de Orat.*, II, p. 47.)

A.

10 juillet 1829.

(1) Publié pour la première fois en 1803, et souvent réimprimé depuis.

LES RHÉTEURS
LATINS.

CICÉRON.

DE L'ORATEUR.

DIALOGUE PREMIER.

AN DE ROME 698 — DE CICÉRON, 52.

QUINTUS CICÉRON pressait depuis long-temps son frère M. Tullius de donner enfin, sur ce bel art de la parole, dont il avait porté la gloire aussi haut qu'il lui soit possible de s'élever, un Traité plus digne de son génie et de sa longue expérience dans tous les genres d'éloquence. L'illustre orateur se rend enfin à un désir si souvent, si vivement exprimé, et qui, en le rappelant à ses études chéries, en le ramenant au milieu de ses nombreux triomphes au *Forum* et dans le sénat, lui offrait encore l'heureuse occasion d'échapper un moment à la douloureuse pensée des malheurs publics et de ses chagrins particuliers. Lui-même ne regardait ses premiers ouvrages sur l'art oratoire que comme d'imparfaites ébauches (*inchoata ac rudia*), ou tout au plus comme les faibles essais d'un disciple, qui cherche à se rendre compte des leçons de ses maîtres, qui les suit pas à pas, avec une religieuse timidité, et n'ose jurer encore que sur leur parole (1). Mais ce trop modeste disciple était bientôt devenu l'un des premiers maîtres d'éloquence qui eussent jamais existé; et le plus grand écrivain de son siècle en était aussi le plus grand orateur. Arrivé au terme le plus éclatant de sa brillante mais orageuse carrière; mûri, fortifié par trente années de travaux et de succès oratoires, qui pouvait dévoiler plus savamment tous les secrets de l'art, toutes les ressources du vrai talent; nous tracer avec une certitude plus lumineuse les routes que lui-même avait suivies, et qui l'avaient si heureusement conduit à la perfection? Quel *cours de rhétorique* enfin ne devait-on pas attendre de celui qui avait prononcé les *Verrines*, les *Catilinaires*, les harangues consulaires, les discours pour *Cluentius*, pour *Sextius*, pour *Plancius*, et tant d'autres, objets constans de nos études et de notre admiration; sans compter ceux que le temps nous a enviés, et que nous n'admirerions sans doute pas moins? Combien le domaine de l'éloquence s'était étendu, et combien l'art qui l'enseigne avait dû s'élever au-dessus de ces méthodes purement artificielles des rhéteurs grecs, adoptées et suivies d'abord par Cicéron lui-même, parceque les Romains n'en connaissaient pas d'autres!

(1) *Rhetoricorum ad Herennium, libri quatuor* (voyez, sur l'auteur probable de ce traité, mal à propos attribué à Cicéron, la préface de M. Leclerc, tome II des *OEuvres complètes*); *de Inventione rhetoricâ, libri duo.* Mais citons une autorité encore plus imposante, celle de Cicéron lui-même, qui (*Divinat.* II, 1) ne reconnaît pour ses ouvrages sur la rhétorique, que les dialogues *de l'Orateur*, le *Brutus* et *l'Orateur*.

Pour donner toutefois plus de poids encore à ses leçons, et d'autorité à ses doctrines, Cicéron les place dans la bouche d'interlocuteurs dont le nom seul les recommande d'avance à l'estime et à l'attention du lecteur. Quels sont donc ces personnages imposans qui vont nous parler plus éloquemment de l'éloquence que Cicéron lui-même? C'est d'abord L. Licinius Crassus, qui, à peine âgé de vingt et un ans, avait débuté avec tant d'éclat au forum, dans une cause contre l'ex-consul Carbon; qui, à vingt-sept ans, fit absoudre par son éloquence la vestale Licinia, sa parente. C'est ce Marc-Antoine, qui mérita d'être surnommé l'*Orateur*, et qu'une intime amitié liait avec Crassus. A ces deux grands orateurs, se joignent d'autres Romains, déjà célèbres, ou qui promettaient de le devenir : l'augure Q. Mucius-Scévola (1), P. Sulpicius Rufus, et C. Aurelius Cotta.

La scène est à Tusculum, dans la maison de plaisance où Crassus était venu chercher quelques jours de repos, pendant la célébration des Jeux publics, donnés par l'édile M. Claudius Marcellus; ce qui fixe l'époque de ces Dialogues à l'an de Rome 662. Cicéron entrait alors dans sa seizième année, et venait de quitter *la prétexte*, pour la robe virile. Il ne figure donc ici ni comme auditeur, ni comme interlocuteur : mais il a fidèlement retenu, et va nous transmettre ce que Cotta lui a rapporté de ces entretiens.

Il ne faut point s'attendre à y trouver la marche régulière et méthodique des Rhéteurs vulgaires : il ne faut point y chercher une liaison bien rigoureuse dans les idées; mais au milieu des fréquens écarts, et, si l'on veut, des divagations d'une conversation librement

(1) L. Crassus avait présidé à l'éducation de Cicéron; et il avait étudié le droit civil sous Mucius-Scévola.

abandonnée à elle-même, il n'est pas difficile de saisir et de suivre la pensée dominante de tout l'ouvrage. Cicéron et Quintus son frère ne s'accordaient point sur l'idée que se faisait chacun d'eux du parfait orateur. Suivant Cicéron, l'idée de l'éloquence renfermait en elle l'ensemble des connaissances que peut réunir l'homme le plus éclairé : Quintus, au contraire, la concevait indépendante de cette instruction, et ne la faisait consister que dans une sorte de talent naturel, secondé par l'exercice habituel de la parole. — Cette dernière opinion, soutenue avec esprit par *Antoine*, est victorieusement réfutée par *Crassus*, dans tout le cours de l'ouvrage.

Rien de plus gracieux que la manière dont s'ouvrent ces savantes et ingénieuses conférences. C'est dans les jardins de Crassus ; c'est au pied et à l'ombre d'un platane, qui leur rappelle à la fois Socrate, Platon, et l'un de ses plus importans Dialogues, le *Phèdre*.

I. Postero autem die, quum illi majores natu satis quiessent, et in ambulationem ventum esset, dicebat tum Scævolam, duobus spatiis tribusve factis, dixisse : Cur non imitamur, Crasse, Socratem illum, qui est in Phædro Platonis? nam me hæc tua platanus admonuit, quæ non minùs ad opacandum hunc locum patulis est diffusa ramis, quàm illa, cujus umbram secutus est Socrates ; quæ mihi videtur non tam ipsâ aquulâ, quæ describitur, quàm Platonis oratione crevisse : et, quod ille durissimis pedibus fecit, ut se abjiceret in herbam, atque ita illa, quæ philosophi divinitus ferunt esse dicta, loqueretur, id meis pedibus certè concedi est æquius.

La présence des deux jeunes Patriciens, Cotta et

Sulpicius (1), qui déjà donnaient plus que des espérances dans la carrière oratoire, engage Crassus à faire tomber la conversation sur l'éloquence. Avec quelle chaleur de conviction il s'empare de son sujet! Comme l'âme tout entière de Cicéron respire, et semble s'exhaler dans ce beau morceau!

II. Neque verò mihi quidquam, inquit, præstabilius videtur, quàm posse dicendo tenere hominum cœtus, mentes allicere, voluntates impellere quò velit; unde autem velit, deducere. Hæc una res in omni libero populo, maximèque in pacatis tranquillisque civitatibus, præcipuè semper floruit, semperque dominata est.

Quid enim est aut tam admirabile, quàm ex infinita multitudine hominum exsistere unum, qui id, quod omnibus naturà sit datum, vel solus, vel cum paucis facere possit? aut tam jucundum cognitu atque auditu, quàm sapientibus sententiis gravibusque verbis ornata oratio, et polita? aut tam potens, tamque magnificum, quàm populi motus, judicum religiones, senatûs gravitatem, unius oratione converti? Quid porrò tam regium, tam liberale, tam munificum, quàm opem ferre supplicibus, excitare afflictos, dare salutem, liberare periculis, retinere homines in civitate? Quid autem tam necessarium, quàm tenere semper arma, quibus vel tectus ipse esse possis, vel provocare improbos, vel te ulcisci lacessitus?

Age verò, ne semper forum, subsellia, rostra, curiamque meditere, quid esse potest in otio aut jucundius, aut magis proprium humanitatis, quàm sermo facetus, ac nullà in re rudis? Hoc enim uno præs-

(1) Ils étaient l'un et l'autre dans leur trente et unième année; et l'on sait que les Romains regardaient comme jeune encore un homme de quarante ans.

tamus vel maximè feris, quòd colloquimur inter nos, et quòd exprimere dicendo sensa possumus. Quamobrem quis hoc non jure miretur, summèque in eo elaborandum esse arbitretur, ut, quo uno homines maximè bestiis præstent, in hoc hominibus ipsis antecellat? Ut verò jam ad illa summa veniamus; quæ vis alia potuit aut dispersos homines unum in locum congregare, aut a fera, agrestique vita ad hunc humanum cultum, civilemque deducere, aut jam constitutis civitatibus, leges, judicia, jura describere?

Tout en accordant volontiers à l'éloquence la plupart des avantages que lui attribue si libéralement Crassus, Scévola en conteste cependant quelques uns: il lui refuse, par exemple, celui d'avoir civilisé les hommes, fondé et conservé les états, etc.

III. Quis enim tibi hoc concesserit, aut initio genus hominum in montibus ac silvis dissipatum, non prudentium consiliis compulsum potius, quàm disertorum oratione delinitum, se oppidis, mœnibusque sepsisse? aut verò reliquas utilitates, aut in instituendis, aut conservandis civitatibus, non à sapientibus et fortibus viris, sed a disertis, et ornatè dicentibus esse constitutas?

An verò tibi Romulus ille aut pastores et convenas congregasse, aut Sabinorum connubia conjunxisse, aut finitimorum vim repressisse eloquentiâ videtur, non consilio et sapientiâ singulari? Quid enim? in Numâ Pompilio, quid? in Ser. Tullo, quid? in ceteris regibus, quorum multa sunt eximia ad constituendam rempublicam, num quod eloquentiæ vestigium apparet? Quid? exactis regibus (tametsi ipsam exactionem mente, non linguâ, perfectam L. Bruti esse cernimus) sed deinceps omnia, nonne plena consiliorum, inania verborum videmus?

Ego verò si velim et nostræ civitatis exemplis uti, et aliarum, plura proferre possim detrimenta publicis rebus, quàm adjumenta per homines eloquentissimos importata: sed, ut reliqua prætermittam, omnium mihi videor, exceptis, Crasse, vobis duobus, eloquentissimos audisse Tib. et C. Sempronios, quorum pater, homo prudens et gravis, haudquaquam eloquens, et sæpe aliàs, et maximè censor, saluti reipublicæ fuit. Atque is non accuratâ quâdam orationis copiâ, sed nutu atque verbo libertinos in urbanas tribus transtulit; quod nisi fecisset, rempublicam, quam nunc vix tenemus, jamdiù nullam haberemus. At verò ejus filii diserti, et omnibus vel naturæ vel doctrinæ præsidiis ad dicendum parati, quum civitatem vel paterno consilio, vel avitis armis florentissimam accepissent, istâ præclarâ gubernatrice, ut ais, civitatum, eloquentiâ, rempublicam dissipaverunt.

Scévola trouve aussi que Crassus a prodigieusement étendu la carrière de l'éloquence, en exigeant de l'orateur une masse de connaissances tellement variées, qu'il fût toujours prêt à parler, sur quelque sujet qui se présentât. Crassus explique alors sa pensée, et la réduit à ce que l'orateur, obligé de parler des choses les plus étrangères à ses études habituelles, et de recourir à ceux qui font profession de les savoir, en parlera, du moins, beaucoup mieux qu'eux-mêmes ne pourraient le faire : ce qui paraît incontestable.

IV. Nam si quis erit, qui hoc dicat, esse quasdam oratorum proprias sententias atque causas, et certarum rerum forensibus cancellis circumscriptam scientiam: fatebor equidem in his magis assiduè versari hanc nostram dictionem; sed tamen in his ipsis rebus permulta sunt, quæ isti magistri, qui rhetorici vocantur, nec tradunt, nec tenent.

Quis enim nescit, maximam vim exsistere oratoris in hominum mentibus vel ad iram, aut ad odium aut dolorem incitandis, vel ab hisce iisdem permotionibus ad lenitatem, misericordiamque revocandis? Quare, nisi qui naturas hominum, vimque omnem humanitatis, causasque eas, quibus mentes aut incitantur, aut reflectuntur, penitùs perspexerit, dicendo, quod volet, perficere non poterit.

Atqui totus hic locus philosophorum putatur proprius; neque orator, me auctore, unquam repugnabit; sed, quum illis cognitionem rerum concesserit, quòd in ea solùm illi voluerint elaborare; tractationem orationis, quæ sine illà scientià nulla est, sibi assumet. Hoc enim est proprium oratoris, quod sæpe jam dixi, oratio gravis, et ornata, et hominum sensibus ac mentibus accommodata.

Quibus de rebus Aristotelem, et Theophrastum scripsisse fateor. Sed vide, ne hoc, Scævola, totum sit a me. Nam ego, quæ sunt oratori cum illis communia, non mutuor ab illis: isti quæ de his rebus disputant, oratorum esse concedunt. Itaque ceteros libros artis isti suæ nomine, hos *Rhetoricos* et inscribunt, et appellant.

Etenim quum illi in dicendo inciderint loci, quod persæpe evenit, ut de diis immortalibus, de pietate, de concordia, de amicitia, de communi civium, de hominum, de gentium jure, de æquitate, de temperantia, de magnitudine animi, de omni virtutis genere sit dicendum, clamabunt, credo, omnia gymnasia, atque omnes philosophorum scholæ, sua hæc esse omnia propria; nihil omnino ad oratorem pertinere.

Quibus ego, ut de his rebus omnibus in angulis, consumendi otii causà, disserant, quum concessero, illud tamen oratori tribuam, et dabo, ut eadem, de quibus illi tenui quodam, exsanguique sermone disputant, hic cum omni gravitate et jucunditate explicet. Hæc ego cum ipsis philosophis tum Athenis disserebam.

Vivement intéressés par ce brillant début, Cotta et Sulpicius se réunissent pour presser Crassus et Antoine d'achever ce qu'ils ont si bien commencé, et de donner à leurs idées sur la nature et les règles de l'éloquence, tout le développement dont elles sont susceptibles. Ils demandent d'abord à Crassus s'il pense qu'il existe un *Art de bien dire.* Voici sa réponse.

V. Ac primùm illud respondeo, mihi dicendi aut nullam artem, aut pertenuem videri, sed omnem esse contentionem inter homines doctos in verbi controversia positam.

Nam si ars ita definitur, ut paulò antè exposuit Antonius, ex rebus penitùs perspectis, planèque cognitis, atque ab opinionis arbitrio sejunctis, scientiâque comprehensis; non mihi videtur ars oratoris esse ulla. Sunt enim varia, et ad vulgarem popularemque sensum accommodata omnia genera hujus forensis nostræ dictionis.

Sin autem ea, quæ observata sunt in usu ac ratione dicendi, hæc ab hominibus callidis ac peritis animadversa ac notata, verbis designata, generibus illustrata, partibus distributa sunt (id quod fieri potuisse video): non intelligo, quamobrem non, si minùs illâ subtili definitione, at hâc vulgari opinione, ars esse videatur. Sed sive est ars, sive artis quædam similitudo, non est quidem ea negligenda: verùm intelligendum est, alia quædam ad consequendam eloquentiam esse majora.

Sic igitur sentio, naturam primùm, atque ingenium ad dicendum vim afferre maximam : neque verò istis, de quibus paulò antè dixit Antonius, scriptoribus artis, rationem dicendi et viam, sed naturam defuisse. Nam et animi, atque ingenii celeres quidam motus esse debent, qui et ad excogitandum acuti, et ad explicandum, ornandumque sint uberes, et ad memoriam firmi, atque diuturni.

Et si quis est, qui hæc putet arte accipi posse, quod falsum est (præclarè enim se res habeat, si hæc accendi, aut commoveri arte possint : inseri quidem, et donari ab arte non possunt omnia ; sunt enim illa dona naturæ): quid de illis dicet, quæ certè cum ipso homine nascuntur, linguæ solutio, vocis sonus, latera, vires, conformatio quædam, et figura totius oris et corporis?

Neque hæc ita dico, ut ars aliquid limare non possit : neque enim ignoro, et quæ bona sint, fieri meliora posse doctrinâ ; et quæ non optima, aliquo modo acui tamen, et corrigi posse : sed sunt quidam aut ita linguâ hæsitantes, aut ita voce absoni, aut ita vultu motuque corporis vasti, atque agrestes, ut, etiamsi ingeniis atque arte valeant, tamen in oratorum numerum venire non possint. Sunt autem quidam ita in iisdem rebus habiles, ita naturæ muneribus ornati, ut non nati, sed ab aliquo deo ficti esse videantur.

Magnum quoddam est onus atque munus, suscipere, atque profiteri, se esse, omnibus silentibus, unum maximis de rebus, magno in conventu hominum, audiendum. Adest enim ferè nemo, quin acutiùs, atque acriùs vitia in dicente, quàm recta videat. Ita, quidquid est, in quo offenditur, id etiam illa, quæ laudanda sunt, obruit.]

Neque hæc in eam sententiam disputo, ut homines adolescentes, si quid naturale fortè non habeant, omnino a dicendi studio deterream.

Les jeunes Patriciens insistent : ils veulent savoir ce que l'étude et le travail peuvent ajouter à ces dons heureux de la nature, dans ceux qu'elle a daigné en favoriser. « Rien, s'écrie Crassus, rien que ce » zèle, ce noble enthousiasme, sans lequel on ne » fait rien de grand sur la terre : *sine quo... in vita* » *nihil quidquam egregium.* » Il convient cependant que le désir d'arriver au but ne suffit pas ; qu'il faut connaître encore les routes qui y conduisent ; et il consent à leur indiquer celles qu'il a prises lui-même pour y arriver. Il commence par avouer, non sans une sorte de confusion, qu'il a d'abord rempli sa mémoire *de tous les préceptes rebattus qui traînent dans la poussière des écoles* : *Communia et contrita.* Il a donc appris :

VI. Primùm, oratoris officium esse, dicere ad persuadendum accommodatè : deinde esse omnem orationem aut de infinitæ rei quæstione, sine designatione personarum et temporum ; aut de re certis in personis, ac temporibus locata.

In utraque autem re quidquid in controversiam veniat, in eo quæri solere, aut factumne sit, aut, si est factum, quale sit, aut etiam quo nomine vocetur, aut, quod nonnulli addunt, rectène factum esse videatur.

Exsistere autem controversias etiam ex scripti interpretatione, in quo aut ambiguè quid sit scriptum, aut contrariè, aut ita, ut a sententia scriptum dissideat ; his autem omnibus partibus subjecta quædam esse argumenta propria.

Sed causarum, quæ sint a communi quæstione sejunctæ, partim in judiciis versari, partim in deliberationibus : esse etiam genus tertium, quod in laudandis, aut vituperandis hominibus poneretur :

certosque esse locos, quibus in judiciis uteremur, in quibus æquitas quæreretur : alios in deliberationibus, qui omnes ad utilitatem dirigerentur eorum, quibus consilium daremus : alios item in laudationibus, in quibus ad personarum dignitatem omnia referrentur.

Quumque esset omnis oratoris vis ac facultas in quinque partes distributa, ut deberet reperire primùm, quid diceret; deinde inventa non solùm ordine, sed etiam momento quodam, atque judicio dispensare, atque componere; tum ea denique vestire, atque ornare oratione; post memoriâ sepire; ad extremum agere cum dignitate et venustate.

Etiam illa cognôram, et acceperam, antequam de re diceremus, initio conciliandos eorum esse animos, qui audirent; deinde rem demonstrandam; postea controversiam constituendam; tum id, quod nos intenderemus, confirmandum; post, quæ contrà dicerentur, refellenda; extremà autem oratione ea, quæ pro nobis essent, amplificanda et augenda; quæque essent pro adversariis, infirmanda atque frangenda.

Qu'on ne se hâte pourtant pas, d'après cela, de jeter au feu toutes les *rhétoriques* élémentaires, à commencer par celle d'Aristote : nous allons voir Crassus reconnaître lui-même l'utilité de ces mêmes préceptes, dont il vient de parler avec un dédain presque injurieux.

VII. In his ferè rebus omnis istorum artificum doctrina versatur, quam ego si nihil dicam adjuvare, mentiar : habet enim quædam quasi ad commonendum oratorem, quò quidque referat, et quò intuens, ab eo, quodcunque sibi proposuerit, minùs aberret.

Verùm ego hanc vim intelligo esse in præceptis omnibus, non ut ea secuti oratores, eloquentiæ laudem sint adepti, sed, quæ suâ sponte homines eloquentes facerent, ea quosdam observasse, atque id egisse : sic esse non eloquentiam ex artificio, sed artificium ex eloquentia natum : quod tamen, ut antè dixi, non ejicio : est enim, etiamsi minùs necessarium ad bene dicendum, tamen ad cognoscendum non illiberale.

Voilà l'exacte mesure, et l'*art de parler* judicieusement subordonné au *talent de la parole*. Non, sans doute, ce ne sont pas les règles de l'art qui ont fait naître l'éloquence; *non eloquentia ex artificio* : le premier qui fut éloquent, c'est-à-dire, qui émut, persuada, entraîna à sa suite une grande multitude involontairement subjuguée, ne savait ce que c'était qu'*exorde*, *narration*, *confirmation*, *péroraison*, *etc.*; rien cependant ne manquait à son discours, puisque l'effet en fut aussi prompt que général. On chercha depuis à expliquer ce prodigieux effet de la parole, cet invincible ascendant de l'orateur sur ceux qui l'écoutent; et en recherchant les causes qui l'avaient produit une fois, on indiqua les moyens de le reproduire de nouveau : *artificium ex eloquentiâ natum*. De là ces règles, qui ne sont, dans tous les arts, que la nature bien observée et interprétée fidèlement. N'affectons donc point pour les préceptes un dédain qui confondrait dans notre mépris pour eux, la nature elle-même, et les chefs-d'œuvre du génie : c'est un joug salutaire qu'il doit subir, mais qu'il lui convient toutefois de porter avec une certaine liberté; c'est le fanal placé sur la route du talent, route semée d'assez d'écueils, pour que l'on ne cherche pas à éteindre la lumière qui nous les signale.

Ce n'est donc point contre les règles que s'élève ici Crassus : c'est contre les *rhéteurs* qui ne voyaient rien au-delà ; c'est contre les sophistes qui en abusaient, pour dénaturer la véritable éloquence.

Antoine, qui mettait une certaine coquetterie à dissimuler son érudition, et ne se piquait pas de beaucoup de respect pour la philosophie grecque, combat avec esprit, mais avec plus de subtilité quelquefois que de solidité, l'opinion et les raisonnemens de Crassus; et l'orateur, tel qu'il le conçoit et le définit, diffère en plusieurs points de celui de Crassus.

VIII. Oratorem autem, quoniam de eo quærimus, equidem non facio eumdem, quem Crassus; qui mihi visus est omnem omnium rerum, atque artium scientiam comprehendere uno oratoris officio, ac nomine : atque eum puto esse, qui et verbis ad audiendum jucundis, et sententiis ad probandum accommodatis uti possit in causis forensibus atque communibus. Hunc ego appello oratorem, eumque esse præterea instructum voce, et actione, et lepore quodam volo.

Crassus verò mihi noster visus est oratoris facultatem non illius artis terminis, sed ingenii sui finibus, immensis pœnè, describere. Nam et civitatum regendarum oratori gubernacula sententiâ suâ tradidit : in quo per mihi mirum visum est, Scævola, te hoc illi concedere ; quum sæpissime tibi senatus breviter impolitèque dicenti maximis sit de rebus assensus. M. verò Scaurus, quem non longè, ruri, apud se, esse audio, vir regendæ reipublicæ scientissimus, si audierit, hanc auctoritatem gravitatis et consilii sui vindicari a te, Crasse, quòd eam oratoris propriam esse dicas; jam, credo, huc veniat, et hanc loquacitatem nostram vultu ipso, adspectuque conterreat : qui quanquam est in dicendo minimè contemnendus, prudentiâ tamen rerum magnarum magis, quàm dicendi arte, nititur.

Neque verò, si quis utrumque potest, aut ille consilii publici auctor ac senator bonus, ob eam ipsam causam orator est; aut hic disertus, atque eloquens, si est idem in procuratione civitatis egregius, illam scientiam dicendi copiâ est consecutus. Multùm inter se distant istæ facultates, longèque sunt diversæ, atque sejunctæ; neque eâdem ratione ac viâ M. Cato, P. Africanus, Q. Metellus, C. Lælius, qui omnes eloquentes fuerunt, orationem suam, et reipublicæ dignitatem exornabant.

Il ne veut pas non plus que son orateur s'enfonce trop avant dans la profondeur des études philosophiques.

IX. Neque verò istis tragœdiis tuis, quibus uti philosophi maximè solent, Crasse, perturbor, quòd ita dixisti, neminem posse eorum mentes, qui audirent, aut inflammare dicendo, aut inflammatas restinguere, quum eo maximè vis oratoris magnitudoque cernatur, nisi qui rerum omnium naturam, mores hominum, atque rationes penitùs perspexerit : in quo philosophia sit oratori necessariò percipienda : quo in studio hominum quoque ingeniosissimorum otiosissimorumque totas ætates videmus esse contritas. Quorum ego copiam, magnitudinemque cognitionis, atque artis non modò non contemno, sed etiam vehementer admiror : nobis tamen, qui in hoc populo foroque versamur; satis est ea de moribus hominum et scire, et dicere, quæ non abhorrent ab hominum moribus.

Quis enim unquam orator magnus et gravis, quum iratum adversario judicem facere vellet, hæsitavit ob eam causam, quòd nesciret quid esset iracundia, fervorne mentis, an cupiditas puniendi doloris? Quis, quum ceteros animorum motus aut judicibus, aut populo dicendo miscere atque agitare vellet, ea dixit, quæ a philosophis dici solent? qui partim omnino motus negant in animis ullos esse debere, quique eos in judicum mentibus concitent, scelus eos nefarium facere; partim, qui tolerabiliores volunt esse, et ad veritatem vitæ propiùs accedere, per mediocres ac potiùs leves motus debere esse dicunt.

Orator autem omnia hæc, quæ putantur in communi vitæ consuetudine mala, ac molesta, et fugienda, multò majora et acerbiora verbis facit: itemque ea, quæ vulgò expetenda atque optabilia videntur, dicendo amplificat atque ornat : neque vult ita sapiens inter stultos videri, uti, qui audiant, aut illum ineptum et Græculum putent; aut, etiamsi valde probent ingenium oratoris, sapientiam admirentur, se esse stultos molestè ferant.

Sed ita peragrat per animos hominum, ita sensus mentesque pertractat, ut non desideret philosophorum descriptiones, neque exquirat oratione, summum illud bonum in animone sit, an in corpore; virtute, an voluptate definiatur; an hæc inter se jungi copularique possint : verò, ut quibusdam visum, nihil certum sciri, nihil planè cognosci, et percipi possit : quarum rerum fateor magnam, multiplicemque esse disciplinam, et multas, copiosas, variasque rationes.

Sed aliud quiddam, longè aliud, Crasse, quærimus : acuto homine nobis opus est, et naturà, usuque callido, qui sagaciter pervestiget, quid sui cives, iique homines, quibus aliquid dicendo persuadere velit, cogitent, sentiant, opinentur, exspectent.

Il prouve par divers exemples, et par celui surtout de Socrate, le peu de cas que les philosophes ont fait de l'éloquence; et il en conclut qu'elle n'a rien de commun avec eux, et que sans eux l'orateur peut atteindre à la perfection.

X. Imitatus est homo Romanus et consularis (1) veterem illum Socratem, qui, quum omnium sapientissimus esset, sanctissimèque vixisset, ita in judicio capitis pro se ipse dixit, ut non supplex, aut reus, sed magister aut dominus videretur esse judicum. Quin etiam, quum ei scriptam orationem disertissimus orator Lysias attulisset, quam, si ei videretur, edisceret, ut eâ pro se in judicio uteretur, non invitus legit, et commodè scriptam esse dixit: «Sed, inquit, ut, si mihi calceos Sicyonios attulisses, non uterer, quamvis essent habiles, et apti ad pedem, quia non essent viriles; sic illam orationem disertam sibi et oratoriam videri, fortem et virilem non videri.» Ergo ille quoque damnatus est; neque solùm primis sententiis, quibus tantùm statuebant judices, damnarent an absolverent; sed etiam illis, quas iterum legibus ferre debebant. Erat enim Athenis, reo damnato, si fraus capitalis non esset, quasi pœnæ æstimatio.

Ex sententia, quum judicibus daretur, interrogabatur reus, quam quasi æstimationem commeruisse se maximè confiteretur: quod quum interrogatus Socrates esset, respondit, sese meruisse, ut amplissimis honoribus et præmiis decoraretur, et ei victus quotidianus in Prytaneo publicè præberetur; qui honos apud Græcos maximus habetur.

Cujus responso sic judices exarserunt, ut capitis hominem innocentissimum condemnarent. Qui qui-

(1) P. Rutilius Rufus.

dem si absolutus esset (quod mehercule etiamsi nihil ad nos pertinet, tamen propter ejus ingenii magnitudinem vellem): quonam modo istos philosophos ferre possemus, qui nunc, quum ille damnatus est, nullam aliam ob culpam, nisi propter dicendi inscientiam, tamen a se oportere dicunt peti præcepta dicendi? Quibuscum ego non pugno, utrum sit melius, aut verius: tantum dico, et aliud illud esse, atque hoc, et hoc sine illo summum esse posse.

Quant au droit civil, Crassus, qui en avait fait une étude particulière, et qui parlait ici devant le plus savant jurisconsulte de son temps, Muc. Scévola, s'était étendu avec une rare complaisance sur l'éloge de cette science, et en avait impérieusement exigé dans l'orateur la connaissance la plus étendue. Antoine, au contraire, qui, de son propre aveu, avait peu étudié le droit, prétend qu'il suffit à l'orateur d'être au fait de la loi relative à la cause dont la défense lui est confiée. Il faut convenir que si Crassus demande trop, Antoine n'exige point assez; et que chez les Romains, comme chez nous, comme partout où il existe un droit civil, son étude approfondie doit être la première de l'avocat, que nous ne séparons point ici de l'orateur.

Antoine conclut :

XII. Ergo, ut ad primum illud revertar, sit orator nobis is, qui, ut Crassus descripsit, accomodatè ad persuadendum possit dicere. Is autem concludatur in ea, quæ sunt in usu civitatum vulgari ac forensi; remotisque ceteris studiis, quamvis ea sint ampla, atque præclara, in hoc uno opere, ut ita dicam, noctes et dies urgeatur: imiteturque illum, cui sine dubio summa vis dicendi conceditur, Atheniensem Demosthenem, in quo tantum studium fuisse, tantusque labor dicitur, ut primùm impedimenta naturæ diligentiâ industriâque superaret: quumque ita balbus esset, ut ejus ipsius artis, cui studeret, primam litteram non posset dicere, perfecit meditando, ut nemo planiùs eo locutus putaretur.

Deinde quum spiritus ejus esset angustior, tantum continendâ animâ in dicendo est assecutus, ut unâ continuatione verborum (id quod ejus scripta declarant) binæ ei contentiones vocis, et remissiones continerentur. Qui etiam (ut memoriæ proditum est) conjectis in os calculis, summâ voce versus multos uno spiritu pronuntiare consuescebat; neque is consistens in loco, sed inambulans, atque adscensu ingrediens arduo.

Hisce ego cohortationibus, Crasse, ad studium, et ad laborem incitandos juvenes vehementer assentior : cetera, quæ collegisti ex variis et diversis studiis et artibus, tametsi ipse es omnia consecutus, tamen ab oratoris proprio officio atque munere sejuncta esse arbitror.

Crassus feint obligeamment de croire qu'en renfermant ainsi l'orateur dans le cercle étroit du barreau et des questions judiciaires, Antoine n'a point émis sa véritable opinion, mais qu'il a voulu seulement faire usage de son rare talent pour la réfutation. Il se joint donc à Cotta et à Sulpicius, pour le prier de vouloir bien expliquer sa pensée tout entière, et développer ce qu'il exige de son orateur, et les règles qu'il lui prescrit. —Antoine accepte la partie : mais la chaleur du jour et la longueur de ce premier entretien, forcent de la renvoyer au jour suivant.

DIALOGUE II.

Deux nouveaux interlocuteurs, le vieux Catulus et C. Julius César Strabo, l'oncle du dictateur, remplacent, dans ce second dialogue, Mucius Scévola, qu'un engagement antérieur avec Lélius prive du plaisir d'y assister. Cicéron donne les motifs de cette disparition à son ami Atticus (IV, 16), qui paraissait regretter le personnage de Scévola; son grand âge, l'état de sa santé et les dignités dont il était revêtu, ne lui permettaient pas de passer plusieurs jours chez Crassus, à Tusculum. Les hautes questions agitées dans le premier entretien rentraient en partie, d'ailleurs, dans ses études habituelles : mais ici la discussion change évidemment de caractère; ce n'est plus guère qu'une simple *technologie* (*reliqui libri τεχνολογίαν, habent, ut scis*); et la présence de Scévola devenait au moins inutile; il ne pouvait, au surplus, être plus avantageusement remplacé. Q. Lutatius Catulus joignait à l'habileté d'un grand général et à l'éclat des succès militaires, le mérite d'une élocution douce et facile, et d'une rare pureté de langage (1) : *Summa non vitæ solum atque naturæ, sed orationis etiam comitas; incorrupta quædam latini sermonis integritas.* (Brut. xxxv.) Julius César maniait avec une supériorité très remarquable l'arme de la plaisanterie : *festivitate et facetiis C. Julius, et superioribus et æqualibus suis omnibus præstitit* (*Ibid.* xlviii). Aussi

(1) Il avait écrit sur son consulat et sur les évènemens du temps; mais il n'en est rien resté.

est-ce à lui qu'Antoine cèdera la parole, quand il s'agira de traiter de la *plaisanterie*.

Tels sont les nouveaux personnages arrivés à Tusculum pour écouter Antoine, qui va leur exposer son système sur l'éloquence, c'est-à-dire, leur enseigner ce que, de son propre aveu, il n'a point appris : *Docebo vos, discipuli, quod ipse non didici.* Voilà de l'étrange, du paradoxal ! et ce début fait avec raison sourire un peu l'auditoire : car celui qui vient de déclarer, avec ce qu'il appelle lui-même de l'*impudence*, que *le génie est tout* dans l'éloquence, et l'*art* fort peu de chose : *res, facultate præclara, arte mediocris*, va nous prouver bientôt qu'il le possède à fond, cet *art*, auquel il affecte de n'accorder qu'un rôle si secondaire. Mais écoutons-le lui-même :

I. Nunc hoc propono, quod mihi persuasi, quamvis ars non sit, tamen nihil esse perfecto oratore præclarius. Nam, ut usum dicendi omittam, qui in omni pacata et libera civitate dominatur, tanta oblectatio est in ipsa facultate dicendi, ut nihil hominum aut auribus, aut mentibus jucundius percipi possit.

Qui enim cantus moderatâ orationis pronuntiatione dulcior inveniri potest? quod carmen artificiosâ verborum conclusione aptius? qui actor in imitanda, quàm orator in suscipienda veritate jucundior? Quid autem subtilius, quàm acutæ crebræque sententiæ? quid admirabilius, quàm res splendore illustrata verborum? quid plenius, quàm omni rerum genere cumulata oratio? Neque enim ulla non propria oratoris est res, quæ quidem ornatè dici graviterque debeat.

Hujus est in dando consilio de maximis rebus cum dignitate explicata sententia : ejusdem et languentis populi incitatio, et effrenati moderatio. Eadem facultate et fraus hominum ad perniciem, et integritas ad salutem vocatur. Quis cohortari ad vitutem ardentiùs, quis a vitiis acriùs revocare, quis vituperare improbos asperiùs, quis laudare bonos ornatiùs, quis cupiditatem vehementiùs frangere accusando potest? quis mœrorem levare mitiùs consolando?

Historia verò testis temporum, lux veritatis, vita memoriæ, magistra vitæ, nuntia vetustatis, quâ voce aliâ, nisi oratoris, immortalitati commendatur? Nam si qua est ars alia, quæ verborum, aut faciendorum, aut deligendorum scientiam profiteatur; aut si quisquam dicitur, nisi orator, formare orationem, eamque variare, et distinguere quasi quibusdam verborum sententiarumque insignibus; aut si via ulla, nisi ab hac una arte, traditur, aut argumentorum, aut sententiarum, aut denique descriptionis atque ordinis: fateamur aut hoc, quod hæc ars profiteatur, alienum esse, aut cum aliqua alia arte esse commune.

Sed, si in hac una est ea ratio atque doctrina: non, si qui aliarum artium bene locuti sunt, eò minùs id est hujus unius proprium. Sed, ut orator de iis rebus, quæ ceterarum artium sunt, si modò eas cognôrit, ut heri Crassus dicebat, optimè potest dicere: sic ceterarum artium homines ornatiùs illa sua dicunt, si quid ab hac arte didicerunt.

Neque enim si de rusticis rebus agricola quispiam, aut etiam, id quod multi, medicus de morbis, aut de pingendo pictor aliquis disertè dixerit, aut scripserit, idcirco illius artis putanda sit eloquentia: in qua quia vis magna est in hominum ingeniis, eò multi etiam sine doctrina aliquid omnium generum atque artium consequuntur: sed, quid cujusque sit proprium, etsi ex eo judicari potest, quum videris quid quæque doceant, tamen hoc certius nihil esse potest, quàm quòd omnes artes aliæ sine eloquentia suum munus præstare possunt, orator sine ea nomen suum obtinere non potest : ut ceteri, si diserti sint, aliquid ab hoc habeant; hic, nisi domesticis se instruxerit copiis, aliunde dicendi copiam petere non possit.

Antoine en revient insensiblement, comme l'on voit, aux idées générales de Crassus, qui ne manque pas de relever cette petite inconséquence; et Antoine convient de bonne foi que c'était de sa part une pure malice pour lui enlever ses deux disciples, Cotta et Sulpicius : mais qu'en présence d'auditeurs tels que César et Catulus, il ne doit plus parler que sérieusement, et exposer sa véritable opinion. Il veut donc que l'orateur, en qui il suppose d'abord le don naturel de l'éloquence, cultive, perfectionne, étende cet heureux présent du ciel, par des études aussi solides que variées : il exige de lui la sagacité du dialecticien, la pensée du philosophe, presque l'expression du poète, la mémoire du jurisconsulte, l'organe et le geste d'un acteur consommé. — Il démontre aisément l'insuffisance de la méthode des rhéteurs, et la supériorité de la sienne à cet égard.

II. Quare ego tibi oratorem sic jam instituam, si potero, ut, quid efficere possit, antè perspiciam. Sit enim mihi tinctus litteris; audierit aliquid, legerit; ista ipsa præcepta acceperit : tentabo quid deceat, quid voce, quid viribus, quid spiritu, quid linguâ efficere possit. Si intelligam posse ad summos pervenire, non solùm hortabor, ut elaboret, sed etiam, si vir quoque mihi bonus videbitur, obsecrabo : tantùm ego in excellente oratore, et eodem viro bono, pono esse ornamenti universæ civitati! Sin videbitur, quum omnia summa fecerit, tamen ad mediocres oratores esse venturus, permittam ipsi, quid velit; molestus magnopere non ero. Sin planè abhorrebit, et erit absurdus; ut sè contineat, aut ad aliud studium transferat, admonebo.

Nam neque is, qui optimè potest, deserendus ullo modo est a cohortatione nostra; neque is, qui aliquid potest, deterrendus : quòd alterum, divinitatis mihi cujusdam videtur; alterum, vel non facere, quod non optimè possis, vel facere, quod non pessimè facias, humanitatis : tertium verò illud, clamare contrà quàm deceat, et quàm possit, hominis est stultitiæ suæ quàm plurimos testes domestico præconio colligentis.

De hoc igitur, qui erit talis, ut cohortandus adjuvandusque sit, ita loquamur, ut ei tradamus ea duntaxat, quæ nos usus docuit, ut nobis ducibus veniat eò, quò sine duce ipsi pervenimus, quoniam melioìa docere non possumus.

Rien de plus judicieux que ses conseils sur les modèles que l'on doit se proposer et sur la manière de les imiter.

III. Hoc sit primum in præceptis meis, ut demonstremus, quem imitetur, atque ita, ut, quæ maximè excellant in eo quem imitabitur, ea diligentissimè persequatur. Tum accedat exercitatio, quâ illum, quem antè delegerit, imitando effingat, atque ita exprimat, non ut multos imitatores sæpe cognovi, qui aut ea quæ facilia sunt, aut etiam illa, quæ insignia, ac pœnè vitiosa, consectantur imitando.

Nihil est facilius, quàm amictum imitari alicujus, aut statum, aut motum. Si verò etiam vitiosè aliquid est, id sumere, et in eo vitiosum esse, non magnum est : ut ille, qui nunc etiam, amissâ voce, furit in publica, Furius, nervos in dicendo C. Fimbriæ, quos tamen habuit ille, non assequitur; oris pravitatem, et verborum latitudinem imitatur. Sed tamen ille nec deligere scivit, cujus potissimùm similis esset, et in eo ipso, quem delegerat, imitari etiam vitia voluit.

Qui autem ita faciet, ut oportet, primùm vigilet necesse est in deligendo: deinde, quem probavit, in eo, quæ maximè excellent, ea diligentissimè persequatur. Quid enim causæ censetis esse, cur ætates extulerint singulæ singula propè genera dicendi? quod non tam facilè in nostris oratoribus possumus judicare, quia scripta, ex quibus judicium fieri posset, non multa sanè reliquerunt, quàm in Græcis; ex quorum scriptis, cujusque ætatis quæ dicendi ratio, voluntasque fuerit, intelligi potest.

Antiquissimi ferè sunt, quorum quidem scripta constent, Pericles atque Alcibiades, et eâdem ætate Thucydides, subtiles, acuti, breves; sententiis magis, quàm verbis abundantes. Non potuisset accidere, ut unum esset omnium genus, nisi aliquem sibi proponerent ad imitandum. Consecuti sunt hos Critias, Theramenes, Lysias: multa Lysiæ scripta sunt, nonnulla Critiæ, de Theramene audivimus: omnes etiam tum retinebant illum Periclis succum, sed erant paulò uberiore filo. Ecce tibi exortus est Isocrates, magister istorum omnium, cujus e ludo, tanquam ex equo Trojano, meri principes exierunt: sed eorum partim in pompa, partim in acie illustres esse voluerunt.

Itaque et illi, Theopompi, Ephori, Philisti, Naucratæ, multique alii naturis differunt: voluntate autem similes sunt, et inter sese et magistri: et ii, qui se ad causas contulerunt, ut Demosthenes, Hyperides, Lycurgus, Æschines, Dinarchus, aliique complures, etsi inter se pares non fuerunt, tamen sunt omnes in eodem veritatis imitandæ genere versati, quorum quandiu mansit imitatio, tamdiu genus illud dicendi, studiumque vixit.

Posteaquam, exstinctis his, omnis eorum memoria sensim obscurata est et evanuit; alia quædam dicendi molliora, ac remissiora genera viguerunt. Inde Demochares, quem aiunt sororis filium fuisse Demosthenis; tum Phalereus ille Demetrius, omnium istorum, meâ sententiâ, politissimus, aliique eorum similes exstiterunt.

Hanc igitur similitudinem qui imitatione assequi volet, tum exercitationibus crebris atque magnis, tum scribendo maximè persequatur : quod si hic noster Sulpicius faceret, multò ejus oratio esset pressior; in qua nunc interdum, ut in herbis rustici solent dicere, in summa uberbate inest luxuries quædam, quæ stilo depascenda est.

L'habile maître a mis enfin le jeune disciple en état de paraître au barreau : ce qu'il lui recommande surtout, c'est d'étudier long-temps, c'est de bien connaître la cause qu'il doit plaider; et ce qu'il conseille à ce sujet, c'est ce qu'il avait coutume de faire lui-même.

IV. Equidem soleo dare operam, ut de sua quisque re me ipse doceat, et, ut ne quis alius adsit, quò liberiùs loquatur; et agere adversarii causam, ut ille agat suam, et, quidquid de sua re cogitârit, in medium proferat. Itaque quum ille discessit, tres personas unus sustineo summâ animi æquitate, meam, adversarii, judicis. Qui locus est talis, ut plus habeat adjumenti, quàm incommodi, hunc judico esse dicendum : ubi plus mali, quàm boni reperio, id totum abjudico atque ejicio.

Ita assequor, ut alio tempore cogitem, quid dicam, et alio dicam : quæ duo plerique ingenio freti, simul faciunt ; sed certè iidem illi meliùs aliquantò dicerent, si aliud sumendum sibi tempus ad cogitandum, aliud ad dicendum putarent. Quum rem penitùs causamque cognovi, statim occurrit animo, quæ sit causa ambigui.

Ainsi l'état de la cause bien connu, parcequ'il a été mûrement étudié, toutes les règles de l'art oratoire se réduisent, suivant Antoine, à ces trois points : 1° prouver la vérité de l'opinion qu'on veut faire prévaloir ; 2° se concilier la bienveillance des auditeurs ; 3° faire naître en eux des impressions favorables à la cause. De là, l'*Invention*, qui supplée à la disette des preuves matérielles, par la discussion des moyens tirés de la cause ; la *Disposition*, qui met habilement en œuvre ces divers matériaux ; l'*Élocution*, enfin, qui prête aux pensées la richesse et la variété de la diction.

Antoine se charge des deux premières parties : Crassus, qui excellait dans la dernière, la traitera dans le troisième et dernier *Dialogue*.

V. Quum ad inveniendum in dicendo tria sint ; acumen, deinde ratio, quam licet, si volumus, appellemus artem, tertium diligentia : non possum equidem non ingenio primas concedere : sed tamen ipsum ingenium diligentia etiam ex tarditate incitat.

Diligentia, inquam, quum omnibus in rebus, tum in causis defendendis plurimùm valet. Hæc præcipuè colenda est nobis ; hæc semper adhibenda ; hæc nihil est quod non assequatur. Causa ut penitùs, quod initio dixi, nota sit, diligentia est : ut adversarium attentè audiamus, atque ut ejus non solùm sententias, sed etiam verba omnia excipiamus, vultus denique perspiciamus omnes, qui sensus animi plerumque indicant, diligentia est.

Id tamen dissimulanter facere, ne sibi ille aliquid proficere videatur, prudentia est. Deinde ut in iis locis, quos proponam paulò pòst, pervolvatur animus, ut se penitùs insinuet in causam, ut sit curâ et cogitatione intentus, diligentia est : ut his rebus adhibeat, tamquam lumen aliquod, memoriam, ut vocem, ut vires : hæc magna sunt.

Inter ingenium quidem et diligentiam perpaululum loci reliquum est arti. Ars demonstrat tantùm, ubi quæras, atque ubi sit illud, quod studeas invenire; reliqua sunt in cura, attentione animi, cogitatione, vigilantia, assiduitate, labore; complectar uno verbo, quo sæpe jam usi sumus, diligentiâ; quâ unâ virtute omnes virtutes reliquæ continentur.

Nam orationis quidem copiâ videmus ut abundent philosophi, qui, ut opinor (sed tu hæc, Catule, meliùs), nulla dant præcepta dicendi, nec idcirco minùs quæcumque res proposita est, suscipiunt, de qua copiosè et abundanter loquantur.

Après avoir succinctement traité, et en courant, comme il le dit lui-même (*ut properans*), des *preuves*, 1re partie de l'*Invention*, Antoine passe aux moyens de se concilier la bienveillance des auditeurs; et le premier, le plus efficace de tous, selon lui, est que l'orateur et le client donnent d'abord une bonne idée de leurs principes, de leurs mœurs, etc.

VI. Valet igitur multùm ad vincendum, probari mores, instituta, et facta, et vitam eorum, qui agent causas, et eorum, pro quibus; et item improbari adversariorum; animosque eorum, apud quos agitur, conciliari quàm maximè ad benevolentiam quum erga oratorem, tum erga illum, pro quo dicet orator. Conciliantur autem animi dignitate hominis, rebus gestis, existimatione vitæ; quæ faciliùs ornari possunt, si modò sunt, quàm fingi, si nulla sunt. Sed hæc adjuvant in oratore, lenitas vocis, vultus, pudoris significatio, verborum comitas : si quid persequare acriùs, ut invitus, et coactus facere videare. Facilitatis, liberalitatis, mansuetudinis, pietatis, grati animi, non appetentis, non avidi, signa proferri perutile est : eaque omnia, quæ proborum, demissorum, non acrium, non pertinacium, non litigiosorum, non acerborum sunt, valde benivolentiam conciliant, abalienantque ab iis, in quibus hæc non sunt. Itaque eadem sunt in adversarios ex contrario conferenda.

Sed genus hoc totum orationis in iis causis excellet, in quibus minùs potest inflammari animus judicis acri et vehementi quâdam incitatione. Non enim semper fortis oratio quæritur, sed sæpe placida, summissa, lenis, quæ maximè commendat *reos*. Reos autem appello, non eos modò, qui arguuntur, sed omnes, quorum de re disceptatur : sic enim olim loquebantur.

Horum igitur exprimere mores oratione, justos, integros, religiosos, timidos, perferentes injuriarum, mirum quiddam valet : et hoc vel in principiis, vel in re narranda, vel in perorando, tantam habet vim, si est suaviter et cum sensu tractatum, ut sæpe plus, quàm causa, valeat. Tantùm autem efficitur sensu quodam, ac ratione dicendi, ut quasi mores oratoris effingat oratio. Genere enim quodam sententiarum, et genere verborum, adhibita etiam actione leni, facilitatemque significanti, efficitur, ut probi, ut bene morati, ut boni viri esse videantur.

L'avocat ne trouve pas toujours ses juges dans une

disposition d'esprit favorable à sa cause : comment doit-il s'y prendre pour les y intéresser?

VII. Atque illud optandum est oratori, ut aliquam permotionem animorum suâ sponte ipsi afferant ad causam judices, ad id, quod utilitas oratoris feret, accommodatam. Facilius est enim currentem, ut aiunt, incitare, quàm commovére languentem. Sin id, aut non erit, aut erit obscurius, sicut medico diligenti, priusquam conetur ægro adhibere medicinam, non solùm morbus ejus, cui mederi volet, sed etiam consuetudo valentis, et natura corporis cognoscenda est : sic equidem quum aggredior ancipitem causam et gravem ad animos judicum pertractandos, omni mente in ea cogitatione curaque versor, ut odorer quàm sagacissimè possim, quid sentiant, quid existiment, quid exspectent, quid velint, quò deduci oratione facillimè posse videantur.

Si se dant, et, ut antè dixi, suâ sponte, quò impellimus, inclinant, atque propendent; accipio quod datur, et ad id, unde aliquis flatus ostenditur, vela do. Sin est integer, quietusque judex, plus est operis : sunt enim omnia dicendo excitanda, nihil adjuvante naturâ. Sed tantam vim habet illa, quæ rectè a bono poëta dicta est *flexanima, atque omnium regina rerum* oratio, ut non modò inclinantem impellere, aut stantem inclinare, sed etiam adversantem et repugnantem, ut imperator bonus ac fortis, capere possit

Mais il doit éprouver lui-même l'émotion qu'il veut faire passer dans l'âme de ceux qui l'écoutent.

VIII. Neque fieri potest, ut doleat is qui audit ; ut oderit, ut invideat, ut pertimescat aliquid, ut ad fletum, misericordiamque deducatur; nisi omnes ii motus, quos orator adhibere volet judici, in ipso oratore impressi esse, atque inusti videbuntur. Quod si fictus aliquis dolor suscipiendus esset, et si in ejusmodi genere orationis nihil esset, nisi falsum, atque imitatione simulatum, major ars aliqua forsitan esset requirenda. Nunc ego, quid tibi, Crasse, quid ceteris accidat, nescio : de me autem causa nulla est, cur apud homines prudentissimos, atque amicissimos mentiar. Non mehercule unquam apud judices, aut dolorem, aut misericordiam, aut invidiam, aut odium excitare dicendo volui, quin ipse in commovendis judicibus, iis ipsis sensibus, ad quos illos adducere vellem, permoverer.

Neque enim facile est perficere, ut irascatur ei, cui tu velis, judex, si tu ipse id lentè ferre videare : neque ut oderit eum, quem velis, nisi teipsum flagrantem odio antè viderit : neque ad misericordiam adducetur, nisi ei tu signa doloris tui verbis, sententiis, voce, vultu, collacrymatione denique ostenderis. Ut enim nulla materies tam facilis ad exardescendum est, quæ, nisi admoto igni, ignem concipere possit : sic nulla mens est tam ad comprehendendam vim oratoris parata, quæ possit incendi, nisi inflammatus ipse ad eam, et ardens accesserit.

Ac, ne fortè hoc magnum ac mirabile esse videatur, hominem toties irasci, toties dolere, toties omni animi motu concitari, præsertim in rebus alienis; magna vis est earum sententiarum, atque eorum locorum, quos agas tractesque dicendo, ut nihil opus sit simulatione et fallaciis : ipsa enim natura orationis ejus, quæ suscipitur ad aliorum animos permovendos, oratorem ipsum magis etiam, quàm quemquam eorum, qui audiunt, permovet.

Et ne hoc in causis, in judiciis, in amicorum periculis, in concursu hominum, in civitate, in foro accidere miremur, quum agitur non solùm ingenii nostri existimatio (nam id esset levius : quamquam, quum professus sis, te id posse facere, quod pauci, ne id quidem negligendum est), sed alia sunt majora multo, fides, officium, diligentia : quibus rebus adducti, etiam quum alienissimos defendimus, tamen eos alienos, si ipsi viri boni volumus haberi, existimare non possumus.

Antoine cite son propre exemple, dans la cause de M. Aquilius.

IX. Quare nolite existimare meipsum, qui non heroum veteres casus, fictosque luctus vellem imitari atque adumbrare dicendo, neque actor essem alienæ personæ, sed auctor meæ, quum mihi M. Aquilius in civitate retinendus esset, quæ in illa causa peroranda fecerim, sine magno dolore fecisse.

Quem enim ego consulem fuisse, imperatorem ornatum a senatu, ovantem in Capitolium adscendisse meminissem; hunc quum afflictum, debilitatum, mœrentem, in summum discrimen adductum viderem, non prius sum conatus misericordiam aliis commovere, quàm misericordià sum ipse captus. Sensi equidem, tum magnopere moveri judices, quum excitavi mœstum ac sordidatum senem, et quum ista feci, quæ tu, Crasse, laudas, non arte, de qua quid loquar nescio, sed motu magno animi ac dolore, ut discinderem tunicam, ut cicatrices ostenderem.

Quum C. Marius mœrorem orationis meæ præsens ac sedens multùm lacrymis suis adjuvaret; quumque ego illum crebrò appellans, collegam ei suum commendarem, atque ipsum advocatum ad communem imperatorum fortunam defendendam invocarem : non fuit hæc sine meis lacrymis, non sine dolore magno miseratio, omniumque deorum, et hominum, et civium, et sociorum imploratio; quibus omnibus verbis, quæ a me tum sunt habita, si dolor abfuisset meus, non modò non miserabilis, sed etiam irridenda fuisset oratio mea.

Mais plus on doit attendre, plus on peut obtenir de ces grands moyens, moins il faut les prodiguer. C'est là surtout qu'il faut mesurer la place et la force des coups que l'on se propose de porter.

X. Equidem primùm considerare soleo, postuletne causa: nam neque parvis in rebus adhibendæ sunt hæ dicendi faces, neque ita animatis hominibus, ut nihil ad eorum mentes oratione flectendas proficere possimus; ne aut irrisione, aut odio digni putemur, si aut tragœdias agamus in nugis, aut convellere adoriamur ea, quæ non possunt commoveri.

Nam quoniam hæc ferè maximè sunt in judicum animis, aut, quicunque illi erunt, apud quos agemus, oratione molienda, amor, odium, iracundia, invidia, misericordia, spes, lætitia, timor, molestia; sentimus amorem conciliari, si id videare, quod sit utile ipsis, apud quos agas defendere; si aut pro bonis viris, aut certè pro iis, qui illis boni atque utiles sint, laborare: namque hæc res amorem magis conciliat, illa virtutis defensio caritatem; plusque proficit, si proponitur spes utilitatis futuræ, quàm præteriti beneficii commemoratio.

Enitendum est, ut ostendas, in ea re quam defendas, aut dignitatem inesse, aut utilitatem; eumque, cui concilies hunc amorem, significes nihil ad utilitatem suam retulisse, ac nihil omnino fecisse causâ suâ. Invidetur enim commodis hominum ipsorum; studiis autem eorum ceteris commodandi favetur.

Videndumque hoc loco est, ne quos ob benefacta diligi volemus, eorum laudem atque gloriam, cui maximè invideri solet, nimis efferre videamur. Atque iisdem his ex locis et odium in alios struere discemus, et a nobis, ac nostris, demovere : eademque hæc genera tractanda sunt in iracundia vel excitanda, vel sedanda. Nam si, quod ipsis, qui audiunt, perniciosum aut inutile sit, id factum augeas, odium creatur : sin, quod aut in bonos viros, aut in eos in quos quisque minimè debuerit, aut in rempublicam, tum excitatur, si non tam acerbum odium, tamen aut invidiæ, aut odii non dissimilis offensio. Item timor incutitur aut ex ipsorum periculis, aut ex communibus : interior est ille proprius; sed hic quoque communis ad eamdem similitudinem est perducendus.

Ce n'est point assez encore de savoir exciter et diriger à son gré les passions des auditeurs, de les faire alternativement passer de la haine à l'amour, de la pitié à l'indignation, etc. ; il faut savoir aussi dérider quelquefois la gravité des juges, et égayer l'auditoire par un trait de raillerie fin et délicat, ou par un bon mot adroitement placé. Mais quels conseils donner à cet égard? Comment asservir à des règles fixes et certaines ce qu'il y a au monde de plus vague et de plus fugitif, l'inspiration du moment? — Écoutons César, reconnu de son temps pour le maître le plus habile dans cet art si difficile de la bonne plaisanterie.

XI. Ego verò, inquit Cæsar, omni de re facetiùs puto posse ab homine non inurbano, quàm de ipsis facetiis, disputari. Itaque quum quosdam Græcos inscriptos libros esse vidissem *de ridiculis*, nonnullam in spem veneram, posse me aliquid ex istis discere : inveni autem ridicula, et salsa multa Græcorum : nam et Siculi in eo genere, et Rhodii, et Byzantii, et præter ceteros, Attici excellunt : sed qui ejus rei rationem quamdam conati sunt, artemque tradere, sic insulsi exstiterunt, ut nihil aliud eorum, nisi ipsa insulsitas, rideatur.

Quare mihi quidem nullo videtur modo doctrinâ ista res posse tradi. Etenim quum duo genera sint facetiarum, alterum æquabiliter in omni sermone fusum, alterum peracutum et breve; illa a veteribus superior, *cavillatio*, hæc altera, *dicacitas* nominata est. Leve nomen habet utraque res; quippe leve enim est totum hoc, risum movere.

Verumtamen, ut dicis, Antoni, multùm in causis persæpe lepore, et facetiis, profici vidi. Sed quum in illo genere perpetuæ festivitatis ars non desideretur (natura enim fingit homines, et creat imitatores et narratores facetos, et vultu adjuvante, et voce, et ipso genere sermonis) tum verò in hoc altero dicacitatis, quid habet ars loci, quum antè illud facetè dictum emissum hærere debeat, quàm cogitari potuisse videatur?

Quid enim hic meus frater ab arte adjuvari potuit, quum a Philippo interrogatus, quid latraret, *furem se videre* respondit? Quid in omni oratione Crassus, vel apud centumviros contra Scævolam, vel contra accusatorem Brutum, quum pro Cn. Planco diceret? Nam id, quod tu mihi tribuis, Antoni, Crasso est, omnium sententiâ, concedendum. Non enim ferè quisquam reperietur, præter hunc, in utroque genere leporis excellens, et illo, quod in perpetuitate sermonis, et hoc, quod in celeritate atque dicto est.

Nam hæc perpetua contra Scævolam Curiana defensio tota redundavit hilaritate quâdam et joco; dicta illa brevia non habuit. Parcebat enim adversarii dignitati, in quo ipse servabat suam; quod est hominibus facetis dicacibus difficillimum, habere hominum rationem et temporum, et ea quæ occurrant, quum salsissimè dici possint, tenere. Itaque nonnulli ridiculi homines hoc ipsum non insulsè interpretantur. Dicere enim aiunt Ennium, *flammam a sapiente faciliùs ore in ardente opprimi, quàm bona dicta teneat :* hæc scilicet bona dicta, quæ salsa sint : nam ea *dicta* appellantur proprio jam nomine.

Crassus, à ce qu'il paraît, ne le cédait pas en ce genre d'esprit à César lui-même ; et ce dernier en cite un exemple mémorable.

Crassus plaidait contre un jeune Brutus, qui, indigne du nom qu'il portait, avait dissipé en folles et coupables dépenses le riche patrimoine de ses pères, et se vengeait de sa mauvaise réputation, en intentant contre les meilleurs citoyens des accusations calomnieuses.

XII. Quàm multa de balneis, quas nuper ille vendiderat ; quàm multa de amisso patrimonio dixit ? atque illa brevia, quum ille diceret, *se sine causa sudare : Minimè,* inquit, *modò enim existi de balneis.* Innumerabilia hujuscemodi fuerunt, sed non minùs jucunda illa perpetua. Quum enim Brutus duos lectores excitasset, et alteri de colonia Narbonensi Crassi orationem legendam dedisset, alteri de lege Servilia ; et quum contraria inter sese de republica capita contulisset ; noster hic facetissimè tres patris Bruti *de jure civili* libellos tribus legendos dedit.

Ex libro primo, FORTE EVENIT, UT IN PRIVERNATI ESSEMUS. *Brute, testificatur pater se tibi Privernatem fundum reliquisse.* Deinde ex libro secundo, IN ALBANO ERAMUS EGO ET MARCUS FILIUS. *Sapiens videlicet homo cum primis nostræ civitatis, norat hunc gurgitem ; metuebat, ne, quum is nihil ha-*

beret, nihil esse ei relictum putaretur. Tum ex libro tertio, in quo finem scribenti fecit (tot enim, ut audivi Scævolam dicere, sunt veri Bruti libri) : IN TIBURTI FORTE ASSEDIMUS EGO ET MARCUS FILIUS. *Ubi sunt ii fundi, Brute, quos tibi pater publicis commentariis consignatos reliquit? Quòd nisi puberem te, inquit, jam haberet, quartum librum composuisset, et se etiam in balneis lotum cum filio, scriptum reliquisset.*

Crassus en était là de sa réponse, lorsqu'un convoi funèbre vint à passer devant le Forum : c'était celui de Junia, aïeule de ce même Brutus, femme généralement respectée pour ses vertus. A la suite du convoi, s'avançaient, suivant l'usage, les images de ses ancêtres. L'éloquent orateur saisissant cette circonstance imprévue, s'interrompt tout-à-coup, et adresse au jeune Brutus cette accablante et vigoureuse apostrophe :

XIII. *Brute, quid sedes? quid illam anum patri nuntiare vis tuo? quid illis omnibus, quorum imagines duci vides? quid majoribus tuis? quid L. Bruto, qui hunc populum dominatu regio liberavit? quid te facere? cui rei, cui gloriæ, cui virtuti studere?*

Patrimonione augendo? at id non est nobilitatis: sed fac esse, nihil superest; libidines totum dissipaverunt. An juri civili? est paternum; sed dicet, te, quum ædes venderes, ne in rutis quidem et cæsis solium tibi paternum recepisse. An rei militari? qui nunquam castra videris. An eloquentiæ? quæ nulla est in te : et, quidquid est vocis ac linguæ, omne in istum turpissimum calumniæ quæstum contulisti. Tu lucem adspicere audes? tu hos intueri? tu in foro, tu in urbe, tu in civium esse con-

specto? tu illam mortuam, tu imagines ipsas non perhorrescis? quibus non modò imitandis, sed ne collocandis quidem tibi ullum locum reliquisti.

En convenant toutefois que *la plaisanterie* ne s'enseigne pas, César ne s'en arrête pas moins avec une complaisance marquée sur l'origine, les causes et les effets du *rire*; sur les moyens de l'exciter, et les différentes espèces de *plaisanteries*, qu'il distingue, et dont il donne des exemples. C'est une *Poétique* complète du genre. Antoine reprend ensuite la parole, et traite successivement :

1° De l'ordre et de l'arrangement des diverses parties du discours, c'est-à-dire de la *Disposition oratoire*.

XIV. Cujus ratio est duplex : altera, quam affert natura causarum, altera, quæ oratorum judicio et prudentiâ comparatur. Nam ut aliquid ante rem dicamus ; deinde, ut rem exponamus ; pòst, ut eam probemus nostris præsidiis confirmandis, contrariis refutandis, deinde ut concludamus, atque ita peroremus ; hoc dicendi genus natura ipsa præscribit.

Ut verò statuamus, ea, quæ probandi, docendi, persuadendi causâ dicendâ sunt, quemadmodum componamus ; id est vel maximè proprium oratoris prudentiæ. Multa enim occurrunt argumenta : multa, quæ in dicendo profutura videantur : sed eorum partim ita levia sunt, ut contemnenda sint : partim, etiam si quid habent adjumenti, sunt nonnunquam ejusmodi, ut insit in iis aliquid vitii ; neque tanti sit illud, quod prodesse videatur, ut cum aliquo malo conjungatur.

Quæ autem sunt utilia atque firma, si ea tamen, ut sæpe fit, valde multa sunt : ea, quæ ex iis aut levissima sunt, aut aliis gravioribus consimilia, secerni arbitror oportere, atque ex oratione removeri. Equidem quum colligo argumenta causarum, non tam ea numerare soleo, quàm expendere.

Et quoniam (quod sæpe jam dixi) tribus rebus omnes ad nostram sententiam perducimus, aut docendo, aut conciliando, aut permovendo; una ex tribus his rebus res præ nobis est ferenda, ut nihil aliud, nisi docere velle videamur: reliquæ duæ, sicuti sanguis in corporibus, sic illæ in perpetuis orationibus fusæ esse debebunt. Nam et principia, et ceteræ partes orationis, de quibus paulò pòst pauca dicemus, habere hanc vim magnopere debent, ut ad eorum mentes, apud quos agetur, movendas permanare possint.

Sed his partibus orationis, quæ etsi nihil docent argumentando, persuadendo tamen, et commovendo proficiunt plurimùm, quanquam maximè proprius est locus et in exordiendo et in perorando; digredi tamen ab eo quod proposueris, atque agas, permovendorum animorum causâ, sæpe utile est.

Itaque vel narratione expositâ sæpe datur ad commovendos animos digrediendi locus; vel argumentis nostris confirmatis, vel contrariis refutatis, vel utroque loco, vel omnibus, si habet eam causa dignitatem atque copiam, rectè id fieri potest: eæque causæ sunt ad augendum et ad ornandum gravissimæ atque plenissimæ, quæ plurimos exitus dant ad ejusmodi digressionem, ut his locis uti liceat, quibus animorum impetus eorum, qui audiunt, aut impellantur, aut reflectantur.

2° De l'Exorde.

XV. Principia autem dicendi semper quum accurata, et acuta, et instructa sententiis, apta verbis, tum verò causarum propria esse debent. Prima est enim quasi cognitio et commendatio orationis in principio, quæ continuò eum, qui audit, permulcere atque allicere debet. In quo admirari soleo non equidem istos, qui nullam huic rei operam dederunt : sed hominem in primis disertum, atque eruditum, Philippum, qui ita solet ad dicendum surgere, ut, quod primum verbum habiturus sit, nesciat; et ait idem, quum brachium concalefecerit, tum se solere pugnare; neque attendit, eos ipsos, unde hoc simile ducat, illas primas hastas ita jactare leniter, ut et venustati vel maximè serviant, et reliquis viribus suis consulant.

Neque est dubium, quin exordium dicendi vehemens et pugnax non sæpe esse debeat : sed si in ipso illo gladiatorio vitæ certamine, quo ferro decernitur, tamen ante congressum multa fiunt, quæ non ad vulnus, sed ad speciem valere videantur : quantò hoc magis in oratione exspectandum, in qua non vis potiùs, quàm delectatio postulatur? Nihil est denique in natura rerum omnium, quod se universum profundat, et quod totum repentè evolet. Sic omnia, quæ fiunt, quæque aguntur acerrimè, lenioribus principiis natura ipsa prætexuit.

Hæc autem in dicendo non extrinsecus alicunde quærenda, sed ex ipsis visceribus causæ sumenda sunt. Idcirco totâ causâ pertentatâ atque perspectâ, locis omnibus inventis atque instructis, considerandum est, quo principio sit utendum. Sic et facilè reperietur.

Sumentur enim ex iis rebus, quæ erunt uberrimæ vel in argumentis, vel in iis partibus, ad quas dixi digredi sepe oportere. Ita et momenti aliquid afferent, quum erunt pene ex intima defensione deprompta, et apparebit ea non modò non esse communia, nec in alias causas posse transferri, sed penitùs ex ea causa, quæ tum agatur, effloruisse.

Omne autem principium aut rei totius, quæ agetur, significationem habere debebit, aut aditum ad causam et munitionem, aut quoddam ornamentum et dignitatem. Sed oportet ut ædibus ac templis vestibula et aditus, sic causis principia proportione rerum præponere. Itaque in parvis atque in frequentibus causis ab ipsa re est exordiri sæpe commodius.

Sed quum erit utendum principio (quod plerumque erit) aut ex reo, aut ex adversario, aut ex re, aut ex eis, apud quos agitur, sententias duci licebit. Ex reo (*reos* appello, quorum res est) quæ significent virum bonum, quæ liberalem, quæ calamitosum, quæ misericordiâ dignum, quæ valeant contra falsam criminationem. Ex adversario, iisdem ex locis ferè contraria.

Ex re, si crudelis, si infanda, si præter opinionem, si immeritò, si misera, si ingrata, si indigna, si nova, si quæ restitui sanarique non possit. Ex iis autem, apud quos agetur, ut benevolos, beneque existimantes efficiamus: quod agendo efficitur meliùs, quàm rogando. Est id quidem in totam orationem confundendum, nec minimè in extremam: sed tamen multa principia ex eo genere gignuntur.

Nam et attentum monent Græci ut principio faciamus judicem, et docilem; quæ sunt utilia: sed non principii magis propria, quàm reliquarum partium: faciliora etiàm in principiis, quòd et attenti tum maximè sunt, quum omnia exspectant, et dociles magis initiis esse possunt. Illustriora enim sunt, quæ in principiis, quàm quæ in mediis causis dicuntur, aut arguendo, aut refellendo.

Maxima autem copia principiorum ad judicem aut alliciendum, aut incitandum, ex iis locis trahitur, qui ad motus animorum conficiendos inerunt in causa: quos tamen totos in principio explicari non opportebit, sed tantùm impelli primò judicem leviter, ut jam inclinato reliqua incumbat oratio.

Connexum autem ita sit principium consequenti orationi, ut non tanquam citharœdi prooemium affictum aliquod, sed cohærens cum omni corpore membrum esse videatur. Nam nonnulli, quum illud meditati ediderunt, sic ad reliqua transeunt, ut audientiam sibi fieri nolle videantur. Atque ejusmodi illa prolusio debet esse, non ut Samnitum, qui vibrant hastas ante pugnam, quibus in pugnando nihil utuntur; sed ut ipsis sententiis, quibus proluserunt, vel pugnare possint.

3° De la Narration.

XVI. Narrare verò rem quòd breviter jubent, si brevitas appellanda est, quum verbum nullum redundat, brevis est L. Crassi oratio: sin tum est brevitas, quum tantùm verborum est, quantùm necesse est, aliquando id opus est; sed sæpe obest vel maximè in narrando, non solùm quòd obscuritatem affert, sed etiam quòd eam virtutem, quæ narrationis est maxima, ut jucunda, et ad persuadendum accommodata sit, tollit.

Ut illa, *Nam is postquam excessit ex ephebis*(1); quàm longa est narratio, mores adolescentis ipsius, et servilis percunctatio, mors Chrysidis, vultus et forma, et lamentatio sororis, reliqua pervariè jucundèque narrantur. Quòd si hanc brevitatem quæsisset,

> Effertur, imus, ad sepulcrum venimus,
> In ignem posita est(2);

ferè decem versiculis totùm conficere potuisset: quanquam hoc ipsum, *Effertur, imus*, concisum

(1) TERENT., *Andr.*, act. 1. — (2) *Ibid.*

est ita, ut non brevitati servitum sit, sed magis venustati.

Quòd si nihil fuisset, nisi *in ignem posita est*; tamen res tota cognosci facilè potuisset. Sed et festivitatem habet narratio distincta personis et interpuncta sermonibus: et est probabilius, quod gestum esse dicas, quum, quemadmodum actum sit, exponas: et multò apertiùs ad intelligendum est, si sic consistitur aliquando, ac non istâ brevitate percurritur.

Apertam enim narrationem tam esse oportet, quàm cetera: sed hòc magis in hac elaborandum est, quòd et difficilius est, non esse obscurum in re narranda, quàm aut in principio, aut in argumento, aut in purgando, aut in perorando: et majore periculo hæc pars orationis obscura est, quàm ceteræ: vel quia, si quo alio in loco est dictum quid obscuriùs, tantùm id perit, quod ita dictum est; narratio obscura totam obcæcat orationem: vel quòd alia possis, semel si obscuriùs dixeris, dicere alio loco planiùs; narrationis unus est in causa locus. Erit autem perspicua narratio, si verbis usitatis, si ordine temporum conservato: si non interruptè narrabitur.

Sed quando utendum sit aut non sit narratione, id est consilii.

4° Du genre *Délibératif*, ou de l'éloquence politique.

XVII. Suadere aliquid, aut dissuadere, gravissimæ mihi videtur esse personæ. Nam et sapientis est, consilium explicare suum de maximis rebus; et honesti, et diserti, ut mente providere, auctoritate probare, oratione persuadere possit.

Atque hæc in senatu minore apparatu agenda sunt. Sapiens enim est consilium; multisque aliis dicendi relinquendus locus. Vitanda etiam ingenii ostentationis suspicio.

Concio capit omnem vim orationis, et gravitatem varietatemque desiderat. Ergo in suadendo nihil est optabilius, quàm dignitas : nam qui utilitatem putat, non quid maximè velit suasor, sed quid interdum magis sequatur, videt. Nemo est enim, præsertim in tam clara civitate, quin putet expetendam maximè dignitatem : sed vincit utilitas plerumque, quum subest ille timor, eâ neglectâ, ne dignitatem quidem posse retineri.

Controversia autem inter hominum sententias aut in illo est, utrum sit utilius : aut etiam quum id convenit, certatur, utrùm honestati potiùs, an utilitati consulendum sit. Quæ quia pugnare sæpe inter se videntur, qui utilitatem defendit, enumerabit commoda pacis, opum; potentiæ, pecuniæ, vectigalium, præsidii, militum; utilitates ceterarum rerum, quarum fructum utilitate metimur, itemque incommoda contrariorum. Qui ad dignitatem impellit, majorum exempla, quæ erunt vel cum periculo gloriosa, colliget : posteritatis immortalem memoriam augebit : utilitatem ex laude nasci defendet, semperque eam cum dignitate esse conjunctam.

Sed quid fieri possit aut non possit, quidque etiam sit necesse aut non sit, in utraque re maximè est quærendum. Inciditur enim omnis jam deliberatio, si intelligitur non posse fieri, aut si necessitas affertur : et qui id docuit, non videntibus aliis, is plurimum vidit.

Ad consilium autem de republica dandum caput est, nosse rempublicam : ad dicendum verò probabiliter, nosse mores civitatis ; qui quia crebrò mutantur, genus quoque orationis est sæpe mutandum. Et, quanquam una ferè vis est eloquentiæ, tamen, quia summa dignitas est populi, gravissima causa reipublicæ, maximi motus multitudinis; genus quoque dicendi grandius quoddam, et illustrius esse adhibendum videtur: maximaque pars orationis admovenda est ad animorum motus nonnunquam aut cohortatione, aut commemoratione aliquâ, aut in spem, aut in metum, aut ad cupiditatem, aut ad gloriam concitandos; sæpe etiam a temeritate, iracundia, spe, injuria, invidia, crudelitate revocandos.

Fit autem, ut quia maxima quasi oratori scena videatur concio, naturâ ipsâ ad ornatius dicendi genus excitetur. Habet enim multitudo vim quamdam talem, ut quemadmodum tibicen sine tibiis canere, sic orator, sine multitudine audiente, éloquens esse non possit.

Et quum sint populares multi variique lapsus, vitanda est acclamatio adversa populi, quæ aut orationis peccato aliquo excitatur, si asperè, si arroganter, si turpiter, si sordidè, si quoquo animi vitio dictum esse aliquid videatur; aut hominum offensione, vel invidiâ, quæ aut justa est, aut ex criminatione atque famâ; aut res si displicet; aut si est in aliquo motu suæ cupiditatis, aut metûs multitudo: hisque quatuor causis totidem medicinæ opponuntur: tum objurgatio, si est auctoritas: tum admonitio, quasi lenior objurgatio: tum promissio, si audierint, probaturos: tum deprecatio, quod est infimum, sed nonnunquam utile.

Nullo autem loco plus facetiæ prosunt, et celeritas, et breve aliquod dictum nec sine dignitate, et cum lepore. Nihil enim tam facilè, quàm multitudo, a tristitia, et sæpe ab acerbitate, commodè, ac breviter, et acutè, et hilarè dicto deducitur.

5° Du genre *Démonstratif*, ou du panégyrique.

XVIII. Nec illud tertium laudationum genus est

difficile, quod ego initio quasi a præceptis nostris secreveram : sed et quia multa sunt orationum genera, et graviora, et majoris copiæ, de quibus nemo ferè præciperet, et quòd nos laudationibus non ita multum uti soleremus, totum hunc segregabam locum. Ipsi enim Græci, magis legendi, et delectationis, aut hominis alicujus ornandi, quàm utilitatis hujus forensis causâ, laudationes scriptitaverunt : quorum sunt libri, quibus Thémistocles, Aristides, Agesilaüs, Epaminondas, Philippus, Alexander, aliique laudantur. Nostræ laudationes, quibus in foro utimur, aut testimonii brevitatem habent nudam atque inornatam, aut scribuntur ad funebrem concionem, quæ ad orationis laudem minimè accommodata est. Sed tamen, quoniam est utendum aliquando, nonnunquam etiam scribendum, velut Q. Tuberoni Africanum avunculum laudanti scripsit C. Lælius, vel ut nosmetipsi, ornandi causà, Græcorum more, si quos velimus, laudare possimus; sit a nobis quoque tractatus is locus.

Perspicuum est igitur, alia esse in homine optanda, alia laudanda. Genus, forma, vires, opes, divitiæ, ceteraque quæ fortuna det, aut extrinsecus, aut corpori, non habent in se veram laudem; quæ deberi virtuti uni putatur; sed tamen quòd ipsa virtus in earum rerum usu ac moderatione maximè cernitur : tractanda etiam in laudationibus hæc sunt naturæ et fortunæ bona; in quibus est summa laus, non extulisse se in potestate, non fuisse insolentem in pecunia, non se prætulisse aliis propter abundantiam fortunæ; ut opes et copiæ non superbiæ videantur ac libidini, sed bonitati ac moderationi facultatem et materiam dedisse.

Virtus autem, quæ est per se ipsa laudabilis, et sine qua nihil laudari potest, tamen habet plures partes, quarum alia est aliâ ad laudationem aptior.

Sunt enim aliæ virtutes, quæ videntur in moribus hominum, et quadam comitate ac beneficentia positæ: aliæ, quæ in ingenii aliquâ facultate, aut animi magnitudine ac robore. Nam clementia, justitia, benignitas, fides, fortitudo in periculis communibus, jucunda est auditu in laudationibus.

Omnes enim hæ virtutes non tam ipsis, qui eas habent, quàm generi hominum, fructuosæ putantur. Sapientia et magnitudo animi, quâ omnes res humanæ tenues et pro nihilo putantur; et in excogitando vis quædam ingenii, et ipsa eloquentia, admirationis habet non minùs, jucunditatis minùs. Ipsos enim magis videtur, quos laudamus, quàm illos, apud quos laudamus, ornare ac tueri. Sed tamen in laudando jungenda sunt etiam hæc genera virtutum: ferunt enim aures hominum, quum illa, quæ jucunda et grata, tum etiam illa, quæ mirabilia sunt in virtute, laudari.

Et quoniam singularum virtutum sunt certa quædam officia ac munera, et sua cuique virtuti laus propria debetur, erit explicandum in laude justitiæ, quid cum fide, quid cum æquabilitate, quid cum ejusmodi aliquo officio is, qui laudabitur, fecerit. Itemque in ceteris res gestæ ad cujusque virtutis genus, et vim, et nomen accommodabuntur.

Gratissima autem laus eorum factorum habetur, quæ suscepta videntur a viris fortibus sine emolumento ac præmio: quæ verò etiam cum labore et periculo ipsorum, hæc habent uberrimam copiam ad laudandum, quòd et dici ornatissimè possunt, et audiri facillimè. Ea enim denique virtus esse videtur præstantis viri, quæ est fructuosa aliis, ipsi autem laboriosa, aut periculosa, aut certè gratuita. Magna etiam illa laus et admirabilis videri solet, tulisse casus sapienter adversos, non fractum esse fortunâ, retinuisse in rebus asperis dignitatem.

Neque tamen illa non ornant, habiti honores, decreta virtutis præmia, res gestæ, judiciis hominum comprobatæ: in quibus etiam felicitatem ipsam deorum immortalium judicio tribui, laudationis est. Sumendæ autem res erunt aut magnitudine præstabiles, aut novitate primæ, aut genere ipso singulares. Neque enim parvæ, neque usitatæ, neque vulgares, admiratione, aut omnino laude dignæ videri solent.

Est etiam cum ceteris præstantibus viris comparatio in laudatione præclara. De quo genere libitum est mihi paulò plura, quàm ostenderam, dicere, non tam propter usum forensem, qui est a me in omni hoc sermone tractatus, quàm ut hoc videretis, si laudationes essent in oratoris officio, quod nemo negat, oratori virtutum omnium cognitionem, sine qua laudatio effici non possit, esse necessariam.

Jam vituperandi præcepta contrariis ex vitiis sumenda esse perspicuum est: simul est illud ante oculos, nec bonum virum propriè et copiosè laudari, sine virtutum, nec improbum notari ac vituperari, sine vitiorum cognitione, satis insignitè atque asperè posse. Atque his locis et laudandi, et vituperandi, sæpe nobis est utendum in omni genere causarum.

6° De la *Mémoire* en général, et de la Mémoire *artificielle* en particulier.

XIX. Qui sit oratori memoriæ fructus, quanta utilitas, quanta vis, quid me attinet dicere? tenere quæ didiceris in accipienda causa, quæ ipse cogitâris? omnes fixas esse in animo sententias? omnem descriptum verborum apparatum? ita audire vel eum, unde discas, vel eum, cui respondendum sit, ut illi non infundere in aures tuas orationem, sed in animo videantur inscribere? Itaque soli, qui memoriâ vigent, sciunt, quid, et quatenus, et quomodo dicturi sint, quid responderint, quid supersit:

iidemque multa ex aliis causis aliquando a se acta, multa ab aliis audita meminerunt.

Quare confiteor equidem, hujus boni naturam esse principem, sicut earum rerum, de quibus antè locutus sum, omnium: sed hæc ars tota dicendi, sive artis imago quædam est et similitudo, habet hanc vim, non ut totum aliquid, cujus in ingeniis nostris pars nulla sit, pariat et procreet, verùm ut ea, quæ sunt orta jam in nobis et procreata, educet atque confirmet.

Veruntamen neque tam acri memorià ferè quisquam est, ut non dispositis, notatisque rebus, ordinem verborum aut sententiarum complectatur: neque verò tam hebeti, ut nihil hàc consuetudine et exercitatione adjuvetur. Vidit enim hoc prudenter sive Simonides, sive alius quis invenit, ea maximè animis effigi nostris, quæ essent a sensu tradita atque impressa; acerrimum autem ex omnibus nostris sensibus esse sensum videndi: quare facillimè animo teneri posse ea, quæ perciperentur auribus, aut cogitatione, si etiam oculorum commendatione animis traderentur, ut res cæcas, et ab adspectûs judicio remotas, conformatio quædam et imago et figura ita notaret, ut ea, quæ cogitando complecti non possemus, intuendo quasi teneremus.

His autem formis atque corporibus, sicut omnibus, quæ sub adspectum veniunt, sedes opus est: etenim corpus intelligi sine loco non potest. Quare ne in re nota et pervulgata multus et insolens sim, locis est utendum multis, illustribus, explicatis, modicis inintervallis: imaginibus autem agentibus, acribus, insignitis, quæ ocurrere, celeriterque percutere animum possint. Quam facultatem et exercitatio dabit, ex qua consuetudo gignitur, et similium verborum conversa et immutata casibus, aut traducta ex parte ad genus notatio, et unius verbi imagine totius sententiæ informatio, pictoris cujusdam summi ratione et modo, formarum varietate locos distinguentis.

Sed verborum memoria, quæ minùs est nobis necessaria, majore imaginum varietate distinguitur : multa enim sunt verba, quæ, quasi articuli, connectunt membra orationis, quæ formari similitudine nullâ possunt : eorum fingendæ nobis sunt imagines, quibus semper utamur. Rerum memoria propria est oratoris : eam singulis personis bene positis notare possumus, ut sententias imaginibus, ordinem locis comprehendamus.

Neque verum est, quod ab inertibus dicitur, opprimi memoriam imaginum pondere, et obscurari etiam id, quod per se natura tenere potuisset. Vidi enim ego summos homines, et divinâ propè memoriâ, Athenis Charmadam; in Asia, quem vivere hodie aiunt, Scepsium Metrodorum; quorum uterque tanquam litteris in cera, sic se aiebat imaginibus in iis locis, quos haberet, quæ meminisse vellet, perscribere. Quare hâc exercitatione non eruenda memoria est, si est nulla naturalis : sed certè, si latet, evocanda est.

Après quelques mots de complimens, échangés entre Antoine et Crassus avec une exquise urbanité de part et d'autre, ce dernier consent à traiter de *l'Élocution*, cette intéressante partie dont *l'éloquence* tire son nom (*ex quâ eloquentia nomen ipsum invenit*), et la suite de l'entretien est renvoyée à l'après-midi du même jour.

DIALOGUE III.

Dix jours s'étaient à peine écoulés depuis ce dernier entretien, dont Cicéron va rendre compte à son frère Quintus, lorsqu'une mort imprévue enleva tout-à-coup Crassus aux nombreux admirateurs de son talent. Le récit de ce triste évènement, et les regrets si éloquemment donnés à la mémoire de l'illustre orateur, forment ici une espèce d'épisode aussi intéressant que bien placé.

I. Ut enim Romam rediit (Crassus) extremo scenicorum ludorum die, vehementer commotus eâ oratione, quæ ferebatur habita esse in concione à Philippo, quem dixisse constabat, *videndum sibi aliud esse consilium; illo senatu se rempublicam gerere non posse:* manè idibus Septembris et ille et senatus frequens, vocatu Drusi, in curiam venit. Ibi quum Drusus multa de Philippo questus esset, retulit ad senatum de illo ipso, quòd consul in eum ordinem tam graviter in concione esset invectus.

Hìc, ut sæpe inter homines sapientissimos constare vidi, quanquam hoc Crasso quum aliquid accuratiùs dixisset, semper ferè contigisset, ut nunquam dixisse meliùs putaretur, tamen omnium consensu sic esse tum judicatum; ceteros à Crasso semper omnes, illo autem die etiam ipsum à sese superatum. Deploravit enim casum atque orbitatem senatûs: cujus ordinis a consule, qui quasi parens bonus, aut tutor fidelis esse deberet, tanquam ab aliquo nefario prædone diriperetur patrimonium dignitatis: neque verò esse mirandum, si, quum suis consiliis rempublicam profligasset, consilium senatûs a republica repudiaret.

Hîc quum homini et vehementi, et diserto, et in primis forti ad resistendum, Philippo, quasi quasdam verborum faces admovisset, non tulit ille, et graviter exarsit, pignoribusque ablatis Crassum instituit coërcere. Quo quidem ipso in loco multa à Crasso divinitus dicta efferebantur, quum sibi illum consulem esse negaret, cui senator ipse non esset. *An tu, quum omnem auctoritatem universi ordinis pro pignore putâris, eamque in conspectu populi Romani concideris; me his pignoribus existimas posse terreri? Non tibi illa sunt cædenda, si Crassum vis coërcere : hæc tibi est excidenda lingua; quâ vel evulsâ, spiritu ipso libidinem tuam libertas mea refutabit.*

Permulta tum vehementissimâ contentione animi, ingenii, virium, ab eo dicta esse constabat; sententiamque eam, quam senatus frequens secutus est, ornatissimis et gravissimis verbis : Ut populo Romano satisfieret; nunquam senatûs neque consilium reipublicæ neque fidem defuisse, ab eo dictam; et eumdem (id quod in auctoritatibus præscriptis exstat) scribendo adfuisse.

Illa tanquam cycnea fuit divini hominis vox et oratio, quam quasi exspectantes, post ejus interitum veniebamus in curiam, ut vestigium illud ipsum, in quo ille postremùm institisset, contueremur. Namque tum latus ei dicenti condoluisse, sudoremque multum consecutum esse audiebamus : ex quo quum cohorruisset, cum febri domum rediit, dieque septimo lateris dolore consumptus est.

On peut juger, à la vivacité, à la chaleur éloquente de ces regrets, de l'impression que fit cette grande perte sur l'âme de Cicéron, qui cependant entrait à peine alors dans l'adolescence, et qui la retrace, plus de trente ans après, d'une manière si touchante et si pathétique :

II. O fallacem hominum spem(1), fragilemque fortunam, et inanes nostras contentiones ! quæ in medio spatio sæpe franguntur et corruunt, aut antè in ipso cursu obruuntur, quàm portum conspicere potuerunt ! Nam, quandiu Crassi fuit, ambitionis labore, vita districta, tandiu privatis magis officiis, et ingenii laude floruit, quàm fructu amplitudinis, aut reipublicæ dignitate. Qui autem ei annus primus ab honorum perfunctione aditum, omnium concessu, ad summam auctoritatem dabat, is ejus omnem spem, atque omnia vitæ consilia, morte pervertit.

Fuit hoc luctuosum suis, acerbum patriæ, grave bonis omnibus : sed ii tamen rempublicam casus secuti sunt, ut mihi non erepta L. Crasso a diis immortalibus vita, sed donata mors esse videatur. Non vidit flagrantem bello Italiam, non ardentem invidià senatum, non sceleris nefarii principes civitatis reos, non luctum filiæ, non exsilium generi, non acerbissimam C. Marii fugam, non illam post reditum ejus cædem omnium crudelissimam, non denique in omni genere deformatam eam civitatem, in qua ipse florentissima multùm omnibus glorià præstitisset.

Mais bientôt les catastrophes sanglantes qui ont bouleversé la république, depuis la mort de Crassus, et qui l'agitent encore, se représentent à l'âme de

(1) Admirable mouvement, imité par Bossuet dans l'Oraison funèbre de Henriette d'Angleterre : « O vanité ! ô néant ! ô mortels » ignorants de leurs propres destinées ! »

Cicéron; et ce n'est plus l'orateur éloquent qui déplore la perte d'un si célèbre orateur et de tant d'autres grands hommes, c'est le vrai citoyen qui gémit sur les ruines de la patrie, et qui félicite Crassus d'avoir échappé à tant d'horreurs, par une mort qu'il ne regarde plus que comme un bienfait signalé des dieux.

III. Quis enim non jure beatam L. Crassi mortem illam, quæ est a multis sæpe defleta, dixerit, quum horum ipsorum sit, qui tum cum illo postremùm ferè collocuti sunt, eventum recordatus? Tenemus enim memoriâ, Q. Catulum, virum omni laude præstantem, quum sibi non incolumem fortunam, sed exsilium et fugam deprecaretur, esse coactum ut vitâ se ipse privaret.

Jam M. Antonii in his ipsis rostris, in quibus ille rempublicam constantissimè consul defenderat, quæque censor imperatoriis manubiis ornarat, positum caput illud fuit, a quo erant multorum civium capita servata. Neque verò longè ab eo C. Julii caput, hospitis Etrusci scelere proditum, cum L. Julii fratris capite jacuit : ut ille, qui hæc non vidit, et vixisse cum republica pariter, et cum illa simul exstinctus esse videatur. Neque enim propinquum suum, maximi animi virum, P. Crassum, suâpte interfectum manu, neque collegæ sui, pontificis maximi sanguine simulacrum Vestæ respersum esse vidit : cui mœrori (quâ mente ille in patriam fuit) etiam C. Carbonis, inimicissimi hominis, eodem illo die mors nefaria fuisset.

Non vidit eorum ipsorum, qui tam adolescentes Crasso se dicârant, horribiles miserosque casus. Ex quibus C. Cotta, quem ille florentem reliquerat, paucis diebus post mortem Crassi depulsus per invidiam tribunatu, non multis ab eo tempore mensibus ejectus est e civitate. Sulpicius autem, qui in eâdem invidiæ flammâ fuisset, quibuscum privatus conjunctissimè vixerat, hos in tribunatu spoliare instituit omni dignitate: cui quidem ad summam gloriam eloquentiæ florescenti, ferro erepta vita est, et pœna temeritatis non sine magno reipublicæ malo constituta.

Ego verò te, Crasse, quum vitæ flore, tum mortis opportunitate, divino consilio et ortum et exstinctum esse arbitror. Nam tibi aut pro virtute animi constantiaque tua civilis ferri subeunda fuit crudelitas, aut si qua te fortuna ab atrocitate mortis vindicâsset, eadem esse te funerum patriæ spectatorem coëgisset : neque solùm tibi improborum dominatus, sed etiam propter admixtam civium cædem, bonorum victoria mœrori fuisset.

» Quand l'auteur nous montre (dit La Harpe) cette tête sanglante de l'orateur Antoine, attachée à la tribune, ne se rappelle-t-on pas aussitôt celle de Cicéron lui-même, placée, si peu de temps après, à cette même tribune, par cet autre Antoine qui, bien différent de son illustre aïeul, se signala par le crime et la tyrannie, comme l'orateur s'était signalé par ses talents et ses vertus. » — On a remarqué avant moi, que quelques uns des mouvemens de ce beau morceau avaient été fidèlement, trop fidèlement peut-être reproduits par Tacite, dans les deux derniers chapitres de sa *Vie d'Agricola*; mais de pareilles rencontres ne sont pas sans exemple; et le même sentiment, les mêmes circonstances ont pu trouver la même expression dans deux grands écrivains également pleins de leur sujet.

Une heureuse transition ramène naturellement Cicéron à l'objet de ce troisième Dialogue : il rend, en le transmettant à la postérité, un nouvel et dernier hommage au génie de Crassus, qui va parler.

Quoique chaque genre d'éloquence, chaque orateur même ait son style particulier, et qui lui convient spécialement, ils se rattachent cependant tous, par des caractères communs, à des lois générales qui sont les mêmes pour tous les arts.

IV. Natura nulla est (ut mihi videtur) quæ non habeat in suo genere res complures dissimiles inter se, quæ tamen consimili laude dignentur. Nam et auribus multa percipimus, quæ, etsi nos vocibus delectant, tamen ita sunt varia sæpè, ut id, quod proximum audias, jucundissimum esse videatur: et oculis colliguntur penè innumerabiles voluptates, quæ nos ita capiunt, ut unum sensum dissimili genere delectent: et reliquos sensus voluptates oblectant dispares, ut sit difficile judicium excellentis maximè suavitatis.

At hoc idem, quod est in naturis rerum, transferri potest etiam ad artes. Una fingendi est ars, in qua præstantes fuerunt Myro, Polycletus, Lysippus, qui omnes inter se dissimiles fuerunt; sed ita tamen, ut neminem suî velis esse dissimilem. Una est ars ratioque picturæ, dissimillimique tamen inter se Zeuxis, Aglaophon, Apelles: neque eorum quisquam est, cui quidquam in arte sua deesse videatur. Et, si hoc in his quasi mutis artibus est mirandum, et tamen verum, quantò admirabilius in oratione atque in lingua? quæ quum in iisdem sententiis verbisque versetur, summas habet dissimilitudines; non sic, ut alii vituperandi sint, sed ut ii, quos constet esse laudandos, in dispari tamen genere laudentur.

Atque id primùm in poëtis cerni licet, quibus est proxima cognatio cum oratoribus, quàm sint inter sese Ennius, Pacuvius, Acciusque dissimiles: quàm apud Græcos, Æschylus, Sophocles, Euripides, quanquam omnibus par penè laus in dissimili scribendi genere tribuatur.

Adspicite nunc eos homines, atque intuemini, quorum de facultate quærimus, quid intersit inter oratorum studia atque naturas. Suavitatem Isocrates, subtilitatem Lysias, acumen Hyperides, sonitum Æschines, vim Demosthenes habuit. Quis eorum non egregius? tamen quis cujusquam nisi suì similis? Gravitatem Africanus, lenitatem Lælius, asperitatem Galba, profluens quiddam habuit Carbo et canorum. Quis horum non princeps temporibus illis fuit? et suo tamem quisque in genere princeps.

Sed quid ego vetera conquiram, quum mihi liceat uti præsentibus exemplis atque vivis? Quid jucundius auribus nostris unquam accidit hujus oratione Catuli? quæ est pura sic, ut Latinè loqui penè solus videatur: sic autem gravis, ut singulari dignitate omnis tamen adsit humanitas ac lepos. Quid multa? istum audiens equidem sic judicare soleo, quidquid aut addideris, aut mutaveris, aut detraxeris, vitiosius et deterius futurum.

Quid noster hic Cæsar? nonne novam quamdam rationem attulit orationis, et dicendi genus induxit propè singulare? Quis unquam res, præter hunc, tragicas penè comicè, tristes remissè, severas hilarè, forenses scenicâ propè venustate tractavit; atque ita, ut neque jocus magnitudine rerum excluderetur, nec gravitas facetiis minueretur.

Quatre choses constituent essentiellement le mérite de l'élocution : 1° la pureté; 2° la clarté; 3° l'élégance; 4° l'accord du style avec le sujet. « Ut *latinè*, ut *planè*, ut *ornatè*, ut ad id, quodcumque agetur, *aptè congruenterque* dicamus. » Crassus ne s'arrête qu'un moment sur les deux premières qualités, qui ne lui semblent pas mériter un plus ample développement.

V. Faciles enim, partes eæ fuerunt duæ, quas modò percurri, vel potiùs penè præterii, Latinè loquendi, planèque dicendi: reliquæ sunt magnæ, implicatæ, variæ, graves, quibus omnis admiratio ingenii, omnis laus eloquentiæ continetur. Nemo enim unquam est oratorem, quòd Latinè loqueretur, admiratus: si est aliter, irrident; neque eum oratorem tantummodo, sed hominem non putant. Nemo extulit eum verbis, qui ita dixisset, ut, qui adessent, intelligerent quid diceret; sed contempsit eum, qui minùs id facere potuisset.

In quo igitur homines exhorrescunt? quem stupefacti dicentem intuentur? in quo exclamant? quem deum, ut ita dicam, inter homines putant? qui distinctè, qui explicatè, qui abundanter, qui illuminatè et rebus, et verbis dicunt, et in ipsa oratione quasi quemdam numerum versumque conficiunt; id est, quod dico, ornatè. Qui idem ita moderantur, ut personarum dignitates ferunt, ii sunt in eo genere laudandi laudis, quod ego aptum et congruens nomino.

Qui ita dicerent, eos negavit adhuc se vidisse Antonius, et iis hoc nomen dixit eloquentiæ solis esse tribuendum. Quare omnes istos, me auctore, deridete atque contemnite, qui se horum, qui nunc ita appellantur, rhetorum præceptis omnem oratorum vim complexos esse arbitrantur; neque adhuc quam personam teneant, aut quid profiteantur, intelligere potuerunt. Verùm enim oratori, quæ sunt in hominum vita (quandoquidem in ea versatur orator, atque ea est ei subjecta materies) omnia quæsita, audita, lecta, disputata, tractata, agitata esse debent.

Est enim eloquentia una quædam de summis virtutibus; quanquam sunt omnes virtutes æquales et pares, sed tamen est species alia magis aliâ formosa et illustris : sicut hæc vis, quæ scientiam complexa rerum, sensa mentis, et consilia, sic verbis explicat, ut eos, qui audiunt, quocunque incubuerit, possit impellere; quæ quò major est vis, hòc est magis probitate jungenda, summâque prudentiâ : quarum virtutum expertibus si dicendi copiam tradiderimus, non eos quidem oratores effecerimus, sed furentibus quædam arma dederimus.

Mais ces hautes leçons, ce n'est point sur les bancs des Rhéteurs, c'est à l'école des philosophes que les puisaient ces hommes qui ont été la gloire de leur siècle, qui devraient être l'exemple du nôtre, et n'en sont que le désespoir.

VI. Hanc, inquam, cogitandi pronuntiandique rationem, vimque dicendi, veteres Græci sapientiam nominabant. Hinc illi Lycurgi, hinc Pittaci, hinc Solones; atque ab hac similitudine Coruncanii nostri, Fabricii, Catones, Scipiones fuerunt, non tam fortasse docti, sed impetu mentis simili et voluntate. Eâdem autem alii prudentiâ, sed consilio ad vitæ studia dispari, quietem atque otium secuti, ut Pythagoras, Democritus, Anaxagoras, à regendis civitatibus totos se ad cognitionem rerum transtulerunt; quæ vita propter tranquillitatem, et propter ipsius scientiæ suavitatem, quâ nihil est hominibus jucundius, plures, quàm utile fuit rebus publicis, delectavit.

Itaque, ut ei studio se excellentissimis ingeniis homines dediderunt, ex ea summa facultate vacui ac liberi temporis, multò plura, quàm erat necesse, doctissimi homines, otio nimio, et ingeniis uberrimis affluentes, curanda sibi esse, ac quærenda, et investiganda duxerunt. Nam vetus quidem illa doctrina eadem videtur et rectè faciendi, et bene dicendi magistra, neque disjuncti doctores, sed iidem erant vivendi præceptores, atque dicendi : ut ille apud Homerum Phœnix, qui se à Peleo patre Achilli juveni comitem esse datum dicit ad bellum, ut illum efficeret *oratorem verborum, actoremque rerum* (1).

Crassus attribue en grande partie la prompte décadence de l'éloquence au divorce fâcheux opéré entre l'art de bien penser et celui de bien dire; divorce dont il accuse principalement Socrate.

VII. Hæc autem, ut ex Apennino fluminum, sic ex communi sapientium jugo sunt doctrinarum facta divortia, ut philosophi, tanquam in superum mare Ionium defluerent, Græcum quoddam et portuosum: oratores autem in inferum hoc Tuscum, et barbarum, scopulosum atque infestum, laberentur, in quo etiam ipse Ulysses errasset.

Quare si hâc eloquentiâ, atque hoc oratore contenti sumus, qui sciat aut negare oportere, quod arguare; aut, si id non possis, tum ostendere, quod is fecerit, qui insimuletur, aut rectè factum, aut alterius culpâ aut injuriâ, aut ex lege, aut non contra legem, aut imprudentiâ, aut necessariò; aut non eo nomine usurpandum, quo arguatur; aut non ita agi, ut debuerit ac licuerit : et, si satis esse putatis, ea, quæ isti scriptores artis docent, discere, quæ multò tamen ornatiùs, quàm ab illis dicuntur, et uberiùs explicavit Antonius; sed, si his contenti estis, atque iis etiam, quæ dici voluistis à me : ex ingenti quodam oratorem, immensoque campo in exiguum sanè gyrum compellitis.

Sin veterem illum Periclem, aut hunc etiam, qui

(1) Μύθων τε ῥητῆρ' ἔμεναι, πρηκτῆρά τε ἔργων.

familiarior nobis propter scriptorum multitudinem est, Demosthenem, sequi vultis; et, si illam præclaram et eximiam speciem oratoris perfecti, et pulchritudinem adamastis, aut vobis hæc Carneadia, aut illa Aristotelia vis comprehendenda est.

Namque veteres illi usque ad Socratem, omnem omnium rerum, quæ ad mores hominum, quæ ad vitam, quæ ad virtutem, quæ ad rempublicam pertinebant, cognitionem et scientiam cum dicendi ratione jungebant : postea dissociati à Socrate diserti a doctis, et deinceps a Socraticis item omnibus, philosophi eloquentiam despexerunt, oratores sapientiam : neque quidquam ex alterius parte tetigerunt, nisi quod illi ab his, aut ab illis hi mutuarentur; ex quo promiscuè haurirent, si manere in pristinâ communione voluissent.

Sed, ut pontifices veteres, propter sacrificiorum multitudinem, tres viros epulones esse voluerunt, quum essent ipsi a Numa, ut etiam illud ludorum epulare sacrificium facerent, instituti : sic Socratici à se causarum actores, et à communi philosophiæ nomine separaverunt, quum veteres dicendi et intelligendi mirificam societatem esse voluissent.

Crassus passe ensuite aux deux autres qualités du style qui lui restent à traiter : *les ornemens* et *les convenances*.

VIII. Ornatur oratio genere primùm, et quasi colore quodam, et succo suo : nam ut gravis, ut suavis, ut erudita sit, ut liberalis, ut admirabilis, ut polita, ut sensus, ut dolores habeat, quantùm opus sit, non est singulorum articulorum : in toto spectantur hæc corpore. Ut porrò conspersa sit quasi verborum sententiarumque floribus, id non debet esse fusum æquabiliter per omnem orationem, sed ita distinctum, ut sint quasi in ornatu disposita quædam insignia et lumina.

Genus igitur dicendi est eligendum, quod maximè teneat eos, qui audiant, et quod non solùm delectet, sed etiam sine satietate delectet.

Difficile enim dictu est, quænam causa sit, cur ea, quæ maximè sensus nostros impellunt voluptate, et specie primà acerrimè commovent, ab iis celerrimè fastidio quodam et satietate abalienemur. Quantò colorum pulchritudine et varietate floridiora sunt in picturis novis pleraque, quàm in veteribus? quæ tamen, etiamsi primo adspectu nos ceperunt, diutius non delectant; quum iidem nos in antiquis tabulis illo ipso horrido, obsoletoque teneamur. Quantò molliores sunt, et delicatiores in cantu flexiones, et falsæ voculæ, quàm certæ et severæ? quibus tamen non modò austeri, sed, si sæpius fiunt, multitudo ipsa reclamat.

Licet hoc videre in reliquis sensibus: unguentis minùs diu nos delectari, summà et acerrimà suavitate conditis, quàm his moderatis; et magis laudari quod ceram, quàm quod crocum olere videatur: in ipso tactu esse modum et mollitudinis et lævitatis. Quin etiam gustatus, qui est sensus ex omnibus maximè voluptarius, quique dulcitudine præter cæteros sensus commovetur, quàm citò id, quod valde dulce est, aspernatur ac respuit? quis potione uti, aut cibo dulci diutius potest? quum utroque in genere ea, quæ leviter sensum voluptate moveant, facillimè fugiant satietatem.

Sic omnibus in rebus, voluptatibus maximis fastidium finitimum est: quò hoc minùs in oratione miremur, in qua vel ex poëtis, vel ex oratoribus possumus judicare, concinnam, distinctam, ornatam, festivam, sine intermissione, sine reprehensione, sine varietate, quamvis claris sit coloribus picta, vel poësis, vel oratio, non posse in delectatione esse diuturna. Atque eò citiùs in oratoris, aut in poëtæ cincinnis ac fuco offenditur, quòd sensus in nimia voluptate, naturâ, non mente satiantur; in scriptis et in dictis non aurium solùm, sed animi judicio etiam magis, infucata vitia noscuntur.

Quels discours sont le plus susceptibles de recevoir les ornemens de l'éloquence? — Crassus, ou plutôt Cicéron par son organe, donne ici le précepte et l'exemple à la fois : il est riche, orné, varié, comme il exige que le soit l'orateur qu'il forme.

IX. Ornatissimæ sunt igitur orationes eæ, quæ latissimè vagantur, et à privata ac singulari controversia se ad universi generis vim explicandam conferunt et convertunt; ut ii, qui audiant, naturâ, et genere, et universâ re cognitâ, de singulis reis, et criminibus, et litibus statuere possint.

Hanc ad consuetudinem exercitationis vos, adolescentes, est cohortatus Antonius, atque a minutis angustisque concertationibus ad omnem vim, varietatemque vos disserendi traducendos putavit. Quare non est paucorum libellorum hoc munus, ut ii, qui scripserunt de dicendi ratione, arbitrati sunt, neque Tusculani, atque hujus ambulationis antemeridianæ, aut nostræ pomeridianæ sessionis. Non enim solùm acuenda nobis, neque procudenda lingua est; sed onerandum complendumque pectus maximarum rerum et plurimarum suavitate, copiâ, varietate.

Nostra est enim (si modò nos oratores sumus, si in civium disceptationibus, si in periculis, si in deliberationibus publicis adhibendi auctores et principes sumus) nostra est, inquam, omnis ista prudentiæ, doctrinæque possessio, in quam homines, quasi caducam atque vacuam, abundantes otio, nobis occupatis, involaverunt; atque etiam aut irridentes oratorem, ut ille in Gorgia Socrates, cavillantur, aut aliquid de oratoris arte paucis præcipiunt libellis, eosque *rhetoricos* inscribunt; quasi non illa sint propria rhetorum, quæ ab iisdem de justitia, de officio, de civitatibus instituendis et regendis, de omni vivendi, denique etiam de naturæ ratione dicuntur.

Quæ quoniam jam aliunde non possumus, sumenda sunt nobis ab iis ipsis, à quibus expilati sumus, dummodo illa ad hanc civilem scientiam, quò pertinent, et quam intuentur, transferamus; neque (ut antè dixi) omnem teramus in his discendis rebus ætatem, sed quum fontes viderimus, quos nisi qui celeriter cognòrit, nunquam cognoscet omnino, tum, quotiescunque opus erit, ex iis tantùm, quantùm res petet, hauriamus.

Nam neque tam est acris acies in naturis hominum et ingeniis, ut res tantas quisquam, nisi monstratas, possit videre; neque tanta tamen in rebus obscuritas, ut eas non penitùs acri vir ingenio cernat, si modò adspexerit. In hoc igitur tanto tam immensoque campo, quum liceat oratori vagari liberè, atque, ubicunque constiterit, consistere in suo, facilè suppeditat omnis apparatus, ornatusque dicendi.

Rerum enim copia verborum copiam gignit; et, si est honestas in rebus ipsis, de quibus dicitur, existit ex rei natura quidam splendor in verbis. Sit modo is, qui dicet, aut scribet, institutus liberaliter educatione doctrinàque puerili, et flagret studio, et à natura adjuvetur, et in universorum generum infinitis disceptationibus exercitatus; ornatissimos scriptores oratoresque ad cognoscendum imitandumque delegerit : næ ille haud sanè, quemadmodum verba struat et illuminet, à magistris istis requiret : ita facilè in rerum abundantia ad orationis ornamenta sine duce, naturâ ipsâ, si modò est exercitata, labetur.

Que Catulus a bien raison de s'écrier, à la suite de ce beau morceau :

« Dii immortales ! quantam rerum varietatem, quantam vim, quantam copiam, Crasse, complexus es! quantisque ex angustiis oratorem educere ausus es, et in *majorum suorum* regno collocare! »

Ces illustres *ancêtres*, en effet, ces anciens, ces premiers maîtres de la parole n'ont gardé si long-temps dans la Grèce le sceptre de l'éloquence, que parcequ'ils tenaient aussi celui de la philosophie; que parcequ'ils réunissaient la science de l'homme d'état au talent de l'orateur, aux connaissances du jurisconsulte.

X. Sed, ut ad Græcos referam orationem (quibus carere in hoc quidem sermonis genere non possumus : nam ut virtutis à nostris, sic doctrinæ sunt ab illis exempla repetenda) septem fuisse dicuntur uno tempore, qui sapientes et haberentur et vocarentur. Hi omnes, præter Milesium Thalen, civitatibus suis præfuerunt. Quis doctior iisdem illis temporibus, aut cujus eloquentia litteris instructior fuisse traditur, quàm Pisistrati? qui primus Homeri libros, confusos antea, sic disposuisse dicitur, ut nunc habemus. Non fuit ille quidem civibus suis utilis, sed ita eloquentiâ floruit, ut litteris doctrinâque præstaret.

Quid Pericles? de cujus dicendi copia sic accepimus, ut, quum contra voluntatem Atheniensium loqueretur pro salute patriæ severiùs, tamen id ipsum, quod ille contra populares homines diceret, populare omnibus et jucundum videretur: cujus in labris veteres comici, etiam quum illi maledicerent (quod tum Athenis fieri licebat), leporem habitâsse dixerunt; tantamque in eo vim fuisse, ut in eorum mentibus, qui audissent, quasi aculeos quosdam relinqueret. At hunc non clamator aliquis ad clepsydram latrare docuerat, sed, ut accepimus, Clazomenius ille Anaxagoras, vir summus in maximarum rerum scientia. Itaque hic doctrinâ, consilio, eloquentiâ excellens, quadraginta annos præfuit Athenis et urbanis eodem tempore, et bellicis rebus.

Quid Critias? quid Alcibiades? civitatibus suis quidem non boni, sed certè docti atque eloquentes, nonne Socraticis erant disputationibus eruditi? Quis Dionem Syracusium doctrinis omnibus expolivit? non Plato? atque eum idem ille non linguæ solùm, verùm etiam animi ac virtutis magister, ad liberandam patriam impulit, instruxit, armavit. Aliisne igitur artibus hunc Dionem instituit Plato; aliis Isocrates clarissimum virum Timotheum, Cononis, præstantissimi imperatoris, filium, summum ipsum imperatorem, hominemque doctissimum? aut aliis Pythagoreus ille Lysis Thebanum Epaminondam, haud scio an summum virum unum omnis Græciæ? aut Xenophon Agesilaum? aut Philolaum Archytas Tarentinus? aut ipse Pythagoras totam illam veterem Italiæ Græciam, quæ quondam magna vocitata est? Equidem non arbitror.

Sic enim video, unam quamdam omnium rerum, quæ essent homine erudito dignæ, atque eo, qui in republica vellet excellere, fuisse doctrinam: quam qui accepissent, si iidem ingenio ad pronuntiandum valuissent, et se ad dicendum quoque, non repugnante naturâ, dedissent, eloquentiâ præstitisse.

Itaque ipse Aristoteles, quum florere Isocratem nobilitate discipulorum videret, quòd ipse suas disputationes a causis forensibus et civilibus ad inanem sermonis elegantiam transtulisset, mutavit repentè totam formam propè disciplinæ suæ, versumque quemdam *Philoctetæ* (1) paulò secus dixit. Ille enim *turpe* sibi ait *esse tacere, quum barbaros*; hic autem, *quum Isocratem pateretur dicere.* Itaque ornavit et illustravit doctrinam illam omnem; rerumque cognitionem cum orationis exercitatione conjunxit. Neque verò hoc fugit sapientissimum regem, Philippum, qui hunc Alexandro filio doctorem acciérit, a quo eodem ille et agendi acciperet præcepta, et loquendi.

Cette brillante digression a, comme l'on voit, sensiblement écarté Crassus de son objet principal, les qualités du style : Cotta et Sulpicius l'en avertissent poliment, et le prient de leur développer les moyens de donner au style de l'éclat et de la beauté. Ces moyens consistent d'abord dans le choix et l'arrangement des mots.

XI. Omnis igitur oratio conficitur ex verbis; quorum primùm nobis ratio simpliciter videnda est, deinde conjunctè: nam est quidam ornatus orationis, qui ex singulis verbis est; alius, qui ex continuatis, conjunctisque constat. Ergo utemur verbis aut iis, propria quæ sunt, et certa quasi vocabula rerum, penè unà nata cum rebus ipsis; aut iis, quæ transferuntur, et quasi alieno in loco collocantur; aut iis quæ novamus, et facimus ipsi.

In propriis est igitur verbis illa laus oratoris, ut abjecta atque obsoleta fugiat; lectis atque illustribus utatur, in quibus plenum quiddam et sonans inesse videatur. Sed in hoc verborum genere propriorum

(1) Αἰσχρὸν σιωπᾶν, ἐᾶν δὲ βαρβάρους λέγειν.

delectus est quidam habendus, atque is aurium quodam judicio ponderandus; in quo consuetudo etiam bene loquendi valet plurimùm.

Etiam hoc, quod vulgò de oratoribus ab imperitis dici solet, *bonis is verbis*, aut, *aliquis non bonis utitur*, non arte aliquâ perpenditur, sed quodam quasi naturali sensu judicatur: in quo non magna laus est vitare vitium (quanquam id est magnum) veruntamen hoc quasi solum quoddam atque fundamentum est, verborum usus et copia bonorum.

Nous ne suivrons point Crassus dans ce qu'il dit ici des *Figures de mots* et de celles *de pensées*. Cet article se trouvera traité avec l'importance et l'étendue convenables dans la section de notre ouvrage consacrée à l'analyse des *Institutions oratoires* de Quintilien. Mais les jeunes écrivains ne sauraient se pénétrer trop tôt ni trop avant de ces excellens principes sur l'*harmonie du style*.

XII. Hanc diligentiam subsequitur modus etiam et forma verborum, quod jam vereor ne huic Catulo videatur esse puerile. Versus enim veteres illi in hâc soluta oratione propemodum, hoc est, numeros quosdam, nobis esse adhibendos putaverunt. Interspirationis enim, non defatigationis nostræ, neque librariorum notis, sed verborum et sententiarum modo interpunctas clausulas in orationibus esse voluerunt; idque princeps Isocrates instituisse fertur, ut inconditam antiquorum dicendi consuetudinem, delectationis, atque aurium causâ (quemadmodum scribit discipulus ejus Naucrates) numeris adstringeret.

Namque hæc duo, musici, qui erant quondam iidem poëtæ, machinati ad voluptatem sunt, versum atque cantum; ut et verborum numero, et vocum modo, delectatione vincerent aurium satietatem. Hæc igitur duo, vocis dico moderationem, et verborum conclusionem, quoad orationis severitas pati possit, à poëtica ad eloquentiam traducenda duxerunt.

In quo illud est vel maximum, quòd versus in oratione si efficitur conjunctione verborum, vitium est; et tamen eam conjunctionem, sicuti versum, numerosè cadere, et quadrare, et perfici volumus: neque est ex multis res una, quæ magis oratorem ab imperito dicendi ignaroque distinguat, quàm quòd ille rudis inconditè fundit, quantùm potest, et id, quod dicit, spiritu, non arte, determinat; orator autem sic illigat sententiam verbis, ut eam numero quodam complectatur, et adstricto, et soluto. Nam quum vinxit modis et formâ, relaxat et liberat immutatione ordinis, ut verba neque alligata sint quasi certâ aliquâ lege versûs, neque ita soluta, ut vagentur.

Quonam igitur modo tantum munus insistemus, ut arbitremur nos hanc vim numero dicendi consequi posse? Non est res tam difficilis, quàm necessaria: nihil est enim tam tenerum, neque tam flexibile, neque quod tam facilè sequatur, quòcunque ducas, quàm oratio.

Ex hâc versus, ex eâdem dispares numeri conficiuntur: ex hâc hæc etiam soluta variis modis, multorumque generum oratio. Non enim sunt alia sermonis, alia contentionis verba: neque ex alio genere ad usum quotidianum, alio ad scenam pompamque sumuntur: sed ea nos quum jacentia sustulimus è medio, sicut mollissimam ceram, ad nostrum arbitrium formamus et fingimus. Itaque tum graves sumus, tum subtiles, tum medium quiddam tenemus: sic institutam nostram sententiam sequitur orationis genus; idque ad omnem rationem, et aurium voluptatem, et animorum motum, mutatur et vertitur.

A quelles hautes considérations il s'élève ensuite! et combien la pompe, l'abondance et l'harmonie du style ajoutent encore ici à la noblesse des idées!

XIII. Sed ut in plerisque rebus incredibiliter hoc natura est ipsa fabricata, sic in oratione; ut ea, quæ maximam utilitatem in se continerent, eadem haberent plurimùm vel dignitatis, vel sæpe etiam venustatis. Incolumitatis ac salutis omnium causâ videmus hunc statum esse hujus totius mundi, atque naturæ, rotundum ut cœlum, terraque ut media sit, eaque suâ vi nutuque teneatur; Sol ut circumferatur, ut accedat ad brumale signum, et inde sensim adscendat in diversam partem; ut Luna accessu et recessu suo solis lumen accipiat; ut eadem spatia quinque stellæ dispari motu, cursuque conficiant.

Hæc tantam habent vim, ut paulùm immutata cohærere non possint: tantam pulchritudinem, ut nulla species ne excogitari quidem possit ornatior. Referte nunc animum ad hominum, vel etiam ceterarum animantium formam et figuram: nullam partem corporis sine aliqua necessitate affictam, totamque formam quasi perfectam reperietis arte, non casu.

Quid in arboribus, in quibus non truncus, non rami, non folia sunt denique, nisi ad suam retinendam conservandamque naturam? nusquam tamen est ulla pars, nisi venusta. Linquamus naturam, artesque videamus. Quid tam in navigio necessarium, quàm latera, quàm cavernæ, quàm prora, quàm puppis, quàm antennæ, quàm vela, quàm mali? quæ tamen hanc habent in specie venustatem, ut non solùm salutis, sed etiam voluptatis causâ, inventa esse videantur. Columnæ, et templa, et porticus sustinent : tamen habent non plus utilitatis, quàm dignitatis. Capitolii fastigium illud, et ceterarum ædium, non venustas, sed necessitas ipsa fabricata est. Nam quum esset habita ratio, quemadmodum ex utraque tecti parte aqua delaberetur; utilitatem templi, fastigii dignitas consecuta est : ut, etiam si in cœlo Capitolium statueretur, ubi imber esse non posset, nullam sine fastigio dignitatem habiturum fuisse videatur.

Hoc in omnibus item partibus orationis evenit, ut utilitatem ac propè necessitatem suavitas quædam, et lepos consequatur. Clausulas enim, atque interpuncta verborum, animæ interclusio, atque angustiæ spiritûs attulerunt. Id inventum ita suave, ut, si cui sit infinitus spiritus datus, tamen eum perpetuare verba nolimus : id enim auribus nostris gratum est inventum, quod hominum lateribus non tolerabile solùm, sed etiam facile esset posset.

Les trois genres de style (*sublime*, *simple*, *tempéré*), sont caractérisés avec autant de justesse que de précision.

XIV. Sed si habitum orationis etiam, et quasi colorem aliquem requiritis, est et plena quædam, sed tamen teres : et tenuis, non sine nervis ac viribus : et ea, quæ particeps utriusque generis quâdam mediocritate laudatur. His tribus figuris insidere quidam venustatis, non fuco illitus, sed sanguine diffusus debet color.

Tum denique nobis hic orator ita conformandus est et sentiis, ut, quemadmodum qui utuntur armis aut palæstrâ, non solùm sibi vitandi, aut feriendi rationem esse habendam putant, sed etiam, ut cum venustate moveantur : sic verbis quidem ad aptam compositionem et decentiam, sententiis verò ad gravitatem orationis utatur, ut ii, qui in armorum tractatione versantur.

Après avoir ouvert, ou du moins indiqué les sources diverses où le discours peut puiser ses ornemens, Crassus croit devoir dire quelque chose des *convenances* ou *bienséances* oratoires.

XV. Nunc, quid aptum sit, hoc est, quid maximè deceat in oratione, videamus. Quanquam id quidem perspicuum est, non omni causæ, nec auditori, neque personæ, neque tempori congruere orationis unum genus.

Nam et causæ capitis alium quemdam verborum sonum requirunt, alium rerum privatarum atque parvarum : et aliud dicendi genus deliberationes, aliud laudationes, aliud judicia, aliud sermones, aliud consolatio, aliud objurgatio, aliud disputatio, aliud historia desiderat. Refert etiam, qui audiant, senatus, an populus, an judices : frequentes, an pauci, an singuli : et quales ipsi quoque oratores, quâ sint ætate, honore, auctoritate, debet videri : tempus pacis, an belli : festinationis, an otii.

Itaque hoc loco nihil sanè est, quod præcipi posse videatur, nisi ut figuram orationis plenioris, et tenuioris, et item illius mediocris, ad id, quod agimus, accommodatam deligamus. Ornamentis iisdem uti ferè licebit, alias contentiùs, aliàs summissiùs : omnique in re posse, quod deceat, facere, artis et naturæ est ; scire, quid, quandoque deceat, prudentiæ.

Mais tant et de si rares qualités ne sont encore rien

pour l'orateur, si l'*action* ne leur donne pas leur véritable prix : l'action, qui était *tout l'orateur*, suivant Démosthène.

XVI. Actio, inquam, in dicendo una dominatur : sine hac summus orator esse in numero nullo potest; mediocris, hâc instructus, summos sæpe superare. Huic primas dedisse Demosthenes dicitur, quum rogaretur, quid in dicendo esset primum; huic tertias. Quò mihi meliùs etiam illud ab Æschino dictum videri solet, qui quum propter ignominiam judicii cessisset Athenis, et se Rhodum contulisset, rogatus a Rhodiis, legisse fertur orationem illam egregiam, quam in Ctesiphontem contra Demosthenem dixerat: quà perlectà, petitum est ab eo postridie, ut legeret illam etiam, quæ erat contra à Demosthene pro Ctesiphonte edita : quam quum suavissimâ et maximâ voce legisset, admirantibus omnibus: « Quantò, inquit, magis admiraremini, si audissetis ipsum ! » Ex quo satis significavit, quantùm esset in actione, qui orationem eamdem, aliam fore putaret, actore mutato.

Quid fuit in Graccho, quem tu, Catule, meliùs meministi, quod me puero tantopere ferretur? *Quò me miser conferam? quò vertam? in Capitoliumne? at fratris sanguine redundat. An domum? matremne ut miseram, lamentantemque videam, et abjectam?* Quæ sic ab illo acta esse constabat, oculis, voce, gestu, inimici ut lacrymas tenere non possent. Hæc eò dico pluribus, quòd genus hoc totum oratores, qui sunt veritatis ipsius actores, reliquerunt; imitatores autem veritatis histriones occupaverunt.

Animi est enim omnis actio, et imago animi vultus est, indices oculi. Nam hæc est una pars corporis, quæ, quot animi motus sunt, tot significations et commutationes possit efficere : neque verò est quisquam, qui, eadem contuens, efficiat. Theophrastus quidem Tauriscum quemdam dixit actorem aversum solitum esse dicere, qui in agendo, contuens aliquid pronunciaret.

Quare oculorum est magna moderatio : nam oris non est nimiùm mutanda species, ne aut ad ineptias, aut ad pravitatem aliquam deferamur. Oculi sunt, quorum tum intentione, tum remissione, tum conjectu, tum hilaritate, motus animorum significemus aptè cum genere ipso orationis. Est enim actio quasi sermo corporis : quò magis menti congruens esse debet. Oculos autem natura nobis, ut equo et leoni setas, caudam, âures, ad motus animorum declarandos dedit.

Quare in hac nostra actione secundùm vocem vultus valet : is autem oculis gubernatur. Atque in iis omnibus, quæ sunt actionis, inest quædam vis a natura data : quare etiam hâc imperiti, hâc vulgus, hâc denique barbari maximè commoventur. Verba enim neminem movent, nisi eum, qui ejusdem linguæ societate conjunctus est; sententiæque sæpe acutæ, non acutorum hominum sensus prætervolant. Actio, quæ præ se motum animi fert, omnes movet : iisdem enim omnium animi motibus concitantur, et eos iisdem notis et in aliis agnoscunt, et in se ipsi indicant.

Quelques réflexions sur l'accord difficile, mais indispensable dans le grand orateur, de l'expression extérieure avec l'impression des sentiments qu'il éprouve et qu'il veut communiquer, terminent dignement ce troisième et dernier *Dialogue*.

« C'est surtout dans ce troisième livre, dit La Harpe, qu'on aperçoit plus que partout ailleurs, sous quel point de vue aussi vaste que hardi et lumineux, Cicéron avait embrassé tout l'art oratoire. Il ne peut se résoudre à séparer l'orateur de l'homme d'état. Il se plaint du préjugé des esprits étroits et pusillanimes qui, rapetissant tout à leur mesure, ont séparé ce qui de sa nature devait être inséparable. Il reproche aux Rhéteurs d'avoir renoncé, par négligence et par paresse, à ce qui leur appartenait en propre, en se tenant au talent de bien dire, comme s'il était possible de bien dire sans bien penser, et souffrant que les philosophes s'attribuassent exclusivement tout ce qui est du ressort de la morale, usurpation évidente sur l'éloquence. Il va jusqu'à réclamer, en faveur de ses prétentions, cette chaîne immense qui lie ensemble toutes les connaissances de l'esprit humain. Il les voit comme nécessairement combinées et dépendantes les unes des autres; et cette idée, aussi grande que vraie, qui a été de nos jours la base de l'*Encyclopédie*, Cicéron paraît être le seul de tous les anciens qui l'ait connue. »

BRUTUS,

OU

DES ORATEURS ILLUSTRES.

AN DE ROME 707 — DE CICÉRON, 61.

Nous n'avons encore que des idées générales sur l'éloquence : rien de fixe, rien de positivement arrêté jusqu'ici. Antoine et Crassus ont admirablement parlé, sans doute; ils nous ont tracé de brillans portraits de l'orateur, tel qu'ils le concevaient; mais chacun d'eux, n'écoutant que son opinion particulière, n'a guère fait que réfléchir ses propres traits dans des images complaisamment fidèles; et le lecteur peut balancer, incertain encore entre les deux portraits. Admirateur sincère de ces grands orateurs, formé à leur école, et réunissant en lui seul les qualités diverses qui les distinguaient éminemment l'un et l'autre, Cicéron laisse assez entrevoir, mais n'exprime point encore ici sa véritable opinion. Avant de nous la donner tout entière, il va dérouler devant nous l'histoire complète de l'éloquence chez les Grecs et les Romains, faire passer sous nos yeux tous les hommes qui se sont acquis plus ou moins de célébrité par le talent de la parole; et dans cette longue et brillante revue, de nombreux portraits se détacheront de la foule, et se feront remarquer par la sûreté du trait, le mérite de la ressemblance et la richesse du coloris; c'est en quelque sorte l'application pratique, le commentaire en action des belles théories exposées dans le *Dialogue* précédent; et quoique huit longues années de sollicitudes publiques, d'anxiétés et d'alarmes personnelles séparent les deux ouvrages(1), celui-ci semble la suite naturelle du premier, comme il devient l'introduction nécessaire du suivant. Que sera donc, en effet, l'*orateur parfait*, puisque Cicéron ne l'aura pas trouvé encore parmi tant d'*orateurs illustres!*

Le sentiment pénible qui oppressait la grande âme de Cicéron, se révèle dès les premières lignes de l'ouvrage, dans les regrets qu'il donne à la perte récente d'Hortensius. Ce n'est pas seulement un collègue, un ami, un illustre compagnon de gloire et de travaux, qu'il gémit d'avoir perdu; c'est un citoyen vertueux, un de ces hommes rares dont le malheur et la perversité des temps rendent l'absence d'autant plus sensible que leur perte devient plus irréparable.

I. Augebat etiam molestiam, quòd magnâ sapientium civium, bonorumque penuriâ, vir egregius, conjunctissimusque mecum consiliorum omnium societate, alienissimo reipublicæ tempore exstinctus, et auctoritatis, et prudentiæ suæ triste nobis desiderium reliquerat; dolebamque, quòd non, ut plerique putabant, adversarium, aut obtrectatorem laudum mearum, sed socium potiùs, et consortem gloriosi laboris amiseram.

Etenim, si in leviorum artium studio memoriæ proditum est, poëtas nobiles poëtarum æqualium morte doluisse; quo tandem animo ejus interitum ferre debui, cum quo certare erat gloriosius, quàm omninò adversarium non habere? quum præsertim non modò nunquam sit aut illius à me cursus im-

(1) Ce dialogue ne peut avoir été écrit que dans les premiers mois de 707, dix-huit mois environ après la bataille de Pharsale. — La scène est à Tusculum, dans la maison de Cicéron: interlocuteurs, Brutus, T. Pomp. Atticus, et Cicéron lui-même.

peditus, aut ab illo meus; sed contrà semper alter ab altero adjutus et communicando, et monendo, et favendo.

Sed quoniam perpetuâ quâdam felicitate usus ille, cessit è vita, suo magis, quàm suorum civium tempore; et tum occidit, quum lugere faciliùs rempublicam posset, si viveret, quàm juvare; vixitque tamdiu, quàm licuit in civitate bene beatèque vivere; nostro incommodo, detrimentoque, si est ita necesse, doleamus: illius verò mortis opportunitatem benevolentiâ potiùs quàm misericordiâ prosequamur, ut, quotiescunque de clarissimo et beatissimo viro cogitemus, illum potiùs, quàm nosmetipsos, diligere videamur.

Nam, si id dolemus, quòd eo jam frui nobis non licet, nostrum est id malum; quod modicè feramus, ne id non ad amicitiam, sed ad domesticam utilitatem referre videamur: sin, tanquam illi ipsi acerbitatis aliquid acciderit, angimur; summam ejus felicitatem non satis grato animo interpretamur.

Triste et déplorable motif de consolation! C'en est une cependant, à ces funestes époques où une mort naturelle semble en effet une faveur signalée de la Providence.

II. Etenim si viveret Q. Hortensius, cetera fortassè desideraret unà cum reliquis bonis et fortibus civibus; hunc autem et præter ceteros, aut cùm paucis sustineret dolorem, quum forum populi Romani, quod fuisset quasi theatrum illius ingenii, voce eruditâ, et Romanis, Græcisque auribus dignâ, spoliatum atque orbatum videret.

Equidem angor animo, non consilii, non ingenii, non auctoritatis armis egere rempublicam, quæ didiceram tractare, quibusque me assuefeceram, quæque erant propria quum præstantis in republica viri, tum bene moratæ et bene constitutæ civitatis. Quòd si fuit in republica tempus ullum, quum extorquere arma posset è manibus iratorum civium, boni civis auctoritas et oratio; tum profectò fuit, quum patrocinium pacis exclusum est aut errore hominum, aut timore.

Ita nobismetipsis accidit ut, quanquam essent multò magis alia lugenda, tamen hoc doleremus, quòd, quo tempore ætas nostra perfuncta rebus amplissimis, tanquam in portum confugere deberet, non inertiæ neque desidiæ, sed otii moderati atque honesti; quumque ipsa oratio jam nostra canesceret, haberetque suam quamdam maturitatem, et quasi senectutem; tum arma sunt ea sumpta, quibus illi ipsi, qui didicerant eis uti gloriosè, quemadmodum salutariter uterentur, non reperiebant.

Itaque ii mihi videntur fortunatè beatèque vixisse, quum in ceteris civitatibus, tum maximè in nostra, quibus quum auctoritate, rerumque gestarum gloriâ, tum etiam sapientiæ laude perfrui licuit : quorum memoria et recordatio in maximis nostris gravissimisque curis jucunda sanè fuit, quum in eam nuper ex sermone quodam incidissemus.

Voici ce qui donna lieu à ce mémorable entretien. Retiré dans sa maison de Tusculum, Cicéron se promenait un jour seul dans son jardin : ses fidèles amis, Brutus et Pomponius Atticus, arrivent; ils viennent chercher auprès de lui, et lui offrir, de leur côté, quelque distraction à leurs chagrins mutuels. Le moyen le plus sûr, comme le plus honorable pour de tels hommes, de détourner un moment leur pensée des calamités publiques, était de la reporter sur des questions de haute littérature; et c'est ce que fait Atticus, en rappelant à Cicéron cette *Histoire des orateurs* dont il lui a déjà dit quelque chose : Atticus en a parlé à Brutus; et c'est le désir de mettre et d'entendre Cicéron sur cette riche matière, qui l'amène en grande partie à Tusculum. Cicéron consent : on s'assied sur un tapis de verdure, au pied de la statue de Platon; et un entretien qui ne serait pas indigne de ce philosophe, commence aussitôt. C'est Cicéron qui parle, et qui expose :

Ce que fût d'abord l'éloquence chez les Grecs, et à quelle époque.

III. Laudare eloquentiam, et quanta vis sit ejus, expromere, quantamque iis, qui sint eam consecuti, dignitatem afferat, neque propositum nobis est hoc loco, neque necessarium. Hoc verò sine ulla dubitatione confirmaverim, sive illa arte pariatur aliquâ, sive exercitatione quâdam, sive naturâ, rem unam esse omnium difficillimam : quibus enim ex quinque rebus constare dicitur, earum unaquæque est ars ipsa magna per sese. Quare quinque artium concursus maximarum quantam vim, quantamque difficultatem habeat, existimari potest.

Testis est Græcia, quæ quum eloquentiæ studio sit incensa, jamdiuque excellat in ea, præstetque ceteris, tamen omnes artes vetustiores habet, et multò antè non inventas solùm, sed etiam perfectas, quàm hæc est à Græcis elaborata dicendi vis atque copia. In quam quum intueor, maximè mihi occurrunt, Attice, et quasi lucent Athenæ tuæ : qua in urbe primùm se orator extulit, primùmque etiam monumentis et litteris oratio est cœpta mandari.

Tamen ante Periclem, cujus scripta quædam feruntur, et Thucydidem, qui non nascentibus Athenis sed jam adultis fuerunt, littera nulla est, quæ quidem ornatum aliquem habeat, et oratoris esse videatur. Quanquam opinio est, et eum, qui multis annis ante hos fuerit, Pisistratum, et paulò seniorem etiam Solonem, posteaque Clisthenem multùm, ut temporibus illis, valuisse dicendo.

Post hanc ætatem aliquot annis, ut ex Atticis monumentis potest perspici, Themistocles fuit; quem constat quum prudentiâ, tum etiam eloquentiâ præstitisse : pòst Pericles, qui quum floreret omni genere virtutis, hâc tamen fuit laude clarissimus. Cleonem etiam temporibus illis, turbulentum illum quidem civem, sed tamen eloquentem constat fuisse.

Huic ætati suppares Alcibiades, Critias, Theramenes : quibus temporibus quod dicendi genus viguerit, ex Thucydidi scriptis, qui ipse tum fuit, intelligi maximè potest. Grandes erant verbis, crebri sententiis, compressione rerum breves, et ob eam ipsam causam interdum subobscuri.

Elle devient un art : de nombreux professeurs ouvrent des cours publics; Socrate se prononce contre eux.

IV. Sed ut intellectùm est, quantam vim haberet accurata, et facta quodam modo oratio, tum etiam magistri dicendi multi subitò exstiterunt : tum Leontinus Gorgias, Thrasymachus Chalcedonius, Protagoras Abderites, Prodicus Ceus, Hippias Eleus in honore magno fuit; aliique multi temporibus eisdem docere se profitebantur, arrogantibus sanè verbis, quemadmodum causa inferior, ita enim loquebantur, dicendo fieri superior posset.

Iis opposuit sese Socrates, qui subtilitate quâdam disputandi refellere eorum instituta solebat verbis.

Hujus ex uberrimis sermonibus exstiterunt doctissimi viri; primùmque tum philosophia, non illa de natura, quæ fuerat antiquior, sed hæc, in qua de bonis rebus et malis, deque hominum vita et moribus disputatur, inventa dicitur: quod quoniam genus ab hoc, quod proposuimus, abhorret, philosophos aliud in tempus rejiciamus; ad oratores, a quibus digressi sumus, revertamur.

Caractères des principaux orateurs grecs, Isocrate, Lysias et Démosthène.

V. Exstitit igitur jam senibus illis, quos paulò antè diximus, Isocrates, cujus domus cunctæ Græciæ quasi ludus quidam patuit, atque officina dicendi, magnus orator, et perfectus magister, quanquam forensi luce caruit, intraque parietes aluit eam gloriam, quam nemo, meo quidem judicio, est postea consecutus. Is et ipse scripsit multa præclarè, et docuit alios; et quum cetera meliùs, quàm superiores, tum primus intellexit, etiam in soluta oratione, dum versum effugeres, modum tamen et numerum quemdam oportere servari.

Ante hunc enim verborum quasi structura, et quædam ad numerum conclusio, nulla erat; aut, si quando erat, non apparebat eam deditâ operâ esse quæsitam; quæ forsitan laus sit : verumtamen natura magis tum, casuque nonnunquam, quàm aut ratione aliquâ aut observatione fiebat.

Ipsa enim natura circumscriptione quâdam verborum comprehendit, concluditque sententiam : quæ quum aptis constricta verbis est, cadit etiam plerumque numerosè. Nam et aures ipsæ quid plenum, quid inane sit, judicant, et spiritu, quasi necessitate aliquâ, verborum comprehensio terminatur : in quo non modò defici, sed etiam laborare turpe est.

Tum fuit *Lysias*, ipse quidem in causis forensibus non versatus, sed egregiè subtilis scriptor atque elegans, quem jam propè audeas oratorem perfectum dicere; nam planè quidem perfectum, et cui nihil admodum desit, Demosthenem facilè dixeris. Nihil acutè inveniri potuit in eis causis, quas scripsit, nihil, ut ita dicam, subdolè, nihil versutè, quod ille non viderit; nihil subtiliter dici, nihil pressè, nihil enucleatè, quo fieri possit aliquid limatius; nihil contrà grande, nihil incitatum, nihil ornatum vel verborum gravitate, vel sententiarum, quo quidquam esset elatius.

Huic Hyperides proximus, et Æschines fuit, Lycurgus, et Dinarchus, et is, cujus nulla exstant scripta, Demades, aliique plures. Hæc enim ætas effudit hanc copiam; et, ut opinio mea fert, succus ille et sanguis incorruptus usque ad hanc ætatem oratorum fuit, in qua naturalis inesset, non fucatus nitor.

Démétrius de Phalère altère, le premier, le véritable caractère de l'éloquence.

VI. Phalereus enim successit eis senibus adolescens, eruditissimus ille quidem horum omnium, sed non tam armis institutus, quàm palæstrâ: itaque delectabat magis Athenienses, quàm inflammabat: processerat enim in solem et pulverem, non ut è militari tabernaculo, sed ut è Theophrasti, doctissimi hominis, umbraculis.

Hic primus inflexit orationem, et eam mollem, teneramque reddidit; et suavis, sicut fuit, videri maluit, quàm gravis, sed suavitate eâ, quâ perfunderet animos, non quâ perfringeret; et tantùm ut memoriam concinnitatis suæ, non (quemadmodum de Pericle scripsit Eupolis) cum delectatione aculeos etiam relinqueret in animis eorum, à quibus esset auditus.

Résumé de l'histoire de l'éloquence chez les Grecs.

VII. Et Græciæ quidem oratorum partus, atque fontes vides, ad nostrorum annalium rationem, veteres; ad ipsorum, sanè recentes. Nam antequam delectata est Atheniensium civitas hâc laude dicendi, multa jam memorabilia et in domesticis et in bellicis rebus effecerat. Hoc autem studium non erat commune Græciæ, sed proprium Athenarum.

Quis enim aut Argivum oratorem, aut Corinthium, aut Thebanum scit fuisse temporibus illis? nisi quid de Epaminonda, docto homine, suspicari libet: Lacedæmonium verò usque ad hoc tempus audivi fuisse neminem. Menelaum ipsum, dulcem illum quidem tradit Homerus, sed pauca dicentem. Brevitas autem, laus est interdum in aliqua parte dicendi, in universa eloquentia laudem non habet.

At verò extra Græciam magna dicendi studia fuerunt; maximique huic laudi habiti honores illustre oratorum nomen reddiderunt. Nam ut semel è Piræeo eloquentia evecta est, omnes peragravit insulas, atque ita peregrinata totâ Asiâ est, ut se externis oblineret moribus, omnemque illam salubritatem Atticæ dictionis, et quasi sanitatem perderet, ac loqui penè dedisceret. Hinc Asiatici oratores non contemnendi quidem, nec celeritate, nec copiâ, sed parùm pressi, et nimis redundantes: Rhodii saniores, et Atticorum similiores. Sed de Græcis hactenùs.

De l'éloquence chez les Romains, aux premiers temps de la république.

VIII. Quis putet aut celeritatem ingenii L. Bruto

illi, nobilitatis vestræ principi, defuisse? qui de matre suavianda ex oraculo Appollinis tam acutè, argutèque conjecerit; qui summam prudentiam simulatione stultitiæ texerit; qui potentissimum regem, clarissimi regis filium, expulerit, civitatemque perpetuo dominatu liberatam magistratibus annuis, legibus, judiciisque devinxerit; qui collegæ suo imperium abrogaverit, ut è civitate regalis nominis memoriam tolleret: quod certè effici non potuisset, nisi esset oratione persuasum.

Videmus item paucis annis post reges exactos, quum plebes prope ripam Anienis ad tertium milliarium consedisset, eumque montem, qui Sacer appellatus est, occupavisset, M. Valerium dictatorem dicendo sedavisse discordias, eique ob eam rem honores amplissimos habitos, et eum primum ob eam ipsam causam Maximum esse appellatum. Ne L. Valerium quidem Potitum arbitror non aliquid potuisse dicendo, qui post decemviralem invidiam, plebem in patres incitatam, legibus et concionibus suis mitigaverit.

Possumus Appium Claudium suspicari disertum, quia senatum jamjam, inclinatum, a Pyrrhi pace revocaverit. Possumus C. Fabricium, quia sit ad Pyrrhum de captivis recuperandis missus orator: T. Coruncanium, quòd ex pontificum commentariis longè plurimùm ingenio valuisse videatur: M'. Curium, quòd is tribunus plebis, interrege Appio Cæco, diserto homine, comitia contra leges habente, quum de plebe consulem non accipiebat, patres antè auctores fieri coëgerit; quod fuerit permagnum, nondum lege Mænià latà.

Licet aliquid etiam de M. Popilii ingenio suspicari, qui quum consul esset, eodemque tempore sacrificium cum læna faceret, quòd erat flamen Carmentalis, plebis contra patres concitatione et seditione nuntiatâ, ut erat lænâ amictus, ita venit in concionem, seditionemque quum auctoritate, tum oratione sedavit. Sed eos oratores habitos esse, aut omninò tum ullum eloquentiæ præmium fuisse, nihil sanè mihi legisse videor: tantummodò conjecturâ ducor ad suspicandum.

Dicitur etiam C. Flaminius, is, qui tribunus plebis legem de agro Gallico et Piceno viritim dividendo tulerit, qui consul apud Trasimenum sit interfectus, ad populum valuisse dicendo. Q. etiam Maximus Verrucosus, orator habitus est temporibus illis; et Q. Metellus, is, qui bello Punico secundo cum L. Veturio Philone consul fuit.

Mais ces hommes que les circonstances inspirèrent quelquefois si heureusement, et que le génie seul rendit éloquents, n'étaient point ce que l'on appelle des *orateurs* : il faut, pour en trouver à Rome, franchir l'espace de plusieurs siècles et arriver à *Caton-l'Ancien*: ses discours étaient du moins l'un des plus authentiques monuments de l'éloquence romaine (1). Cicéron, dont on ne contestera sans doute pas la compétence en pareille matière, en faisait le plus grand cas, et en fait ici le plus bel éloge; il reproche même aux orateurs, ses contemporains, leur dédaigneuse indifférence pour ces vénérables monuments de l'art.

IX. Catonem verò quis nostrorum oratorum, qui quidem nunc sunt, legit? aut quis novit omninò? At quem virum? dii boni! mitto civem, aut senatorem, aut imperatorem : oratorem enim hoc loco quærimus. Quis illo gravior in laudando? acerbior in vituperando? in sententiis argutior? in docendo,

(1) Ut nullius scriptum exstet, dignum quidem lectione, quod sit antiquius.

edisserendoque subtilior? Refertæ sunt orationes ampliùs centum quinquagintà (quas quidem adhuc invenerim, et legerim), et verbis, et rebus illustribus: licet ex his eligant ea, quæ notatione et laude digna sint; omnes oratoriæ virtutes in eis reperientur.

Jam verò Origines ejus quem florem, aut quod lumen eloquentiæ non habent? Amatores huic desunt, sicuti multis jam antè seculis et Philisto Syracusio, et ipsi Thucydidi. Nam ut horum concisis sententiis, interdum etiàm non satis apertis, quum brevitate, tum nimio acumine, officit Theopompus elatione, atque altitudine orationis suæ; quod idem Lysiæ Demosthenes: sic Catonis luminibus obstruxit hæc posteriorum quasi exaggerata altiùs oratio.

Antiquior est hujus sermo, et quædam horridiora verba: ita enim tum loquebantur. Id muta, quod tum ille non potuit, et adde numeros, ut aptior sit oratio: ipsa verba compone, et quasi coagmenta, quod ne Græci quidem veteres factitaverunt: jam neminem antepones Catoni.

Peut-être cela dut-il paraître un peu fort à Brutus et à Pomp. Atticus; nous ne voyons pas toutefois qu'ils aient rien objecté; ce qui prouve de leur part une adhésion formelle à l'avis de Cicéron.

A la suite de Caton, l'historien de l'éloquence cite un grand nombre de ses contemporains, qui, plus âgés ou plus jeunes que lui, se distinguèrent plus ou moins par le talent de la parole.

Lélius, justement surnommé le *Sage*, Scipion, le second Africain, et Serv. Galba, arrêtent surtout son attention. Il rapporte, à cette occasion, une circonstance où le dernier de ces orateurs obtint un triomphe éclatant.

X. Memorià teneo, Smyrnæ me ex P. Rutilio Rufo audisse, quum diceret, adolescentulo se accidisse, ut ex senatus consulto P. Scipio et D. Brutus, ut opinor, consules de re atroci, magnaque quærerent. Nam quum in silva Sila facta cædes esset, notique homines interfecti, insimularèturque familia, partim etiam liberi societatis ejus, quæ picarias de P. Cornelio, L. Mummio censoribus redemisset; decrevisse senatum, ut de ea re cognoscerent et statuerent consules.

Causam pro publicanis accuratè, ut semper solitus esset, eleganterque dixisse Lælium. Quum consules, re auditâ, *amplius* de consilii sententia pronuntiavissent; paucis interpositis diebus iterum Lælium multò diligentiùs, meliùsque dixisse, iterumque eodem modo a consulibus rem esse prolatam. Tum Lælium, quum eum socii domum reduxissent, egissentque gratias, et, ne defatigaretur, oravissent, locutum esse ita, se, quæ fecisset, honoris eorum causâ, studiosè, accuratèque fecisse; sed se arbitrari, causam illam à Ser. Galba, quod is in dicendo fortior acriorque esset, graviùs et vehementiùs posse defendi. Itaque auctoritate C. Lælii publicanos causam detulisse ad Galbam.

Illum autem, quòd ei viro succedendum esset, verecundè et dubitanter recepisse: unum, quasi comperendinatus, medium diem fuisse, quem totum Galbam in consideranda causa, componendaque posuisse; et, quum cognitionis dies esset, et ipse Rutilius rogatu sociorum domum ad Galbam manè venisset, ut eum admoneret, et ad dicendi tempus adduceret; usque illum, quoad ei nuntiatum esset consules descendisse, omnibus exclusis commentatum in quâdam testudine cum servis litteratis fuisse; quorum aliud alii dictare eodem tempore solitus esset: interim quum esset ei nuntiatum tempus esse, exisse in ædes eo colore, et iis oculis, ut egisse causam, non commentatum putares.

Addebat etiam, idque ad rem pertinere putabat, scriptores illos malè mulcatos exisse cum Galba : ex quo significabat, illum non in agendo solùm, sed etiam in meditando vehementem atque incensum fuisse. Quid multa? magnâ expectatione, plurimis audientibus, coram ipso Lælio sic illam causam tantâ vi, tantâque gravitate dixisse Galbam, ut nulla fere pars orationis silentio præteriretur. Itaque multis querelis, multâque miseratione adhibitâ, socios, omnibus approbantibus, illâ die quæstione liberatos esse.

Brutus s'étonne que l'on ne trouve, dans les discours qui restaient alors de Galba, aucune trace d'un talent si remarquable et si puissant. Cicéron en prend occasion d'exprimer ce qu'il pense de l'*improvisation* et des *discours écrits*.

XI. Nec enim est eadem, inquam, Brute, causa non scribendi, et non tam bene scribendi, quàm dixerint. Nam videmus alios oratores inertiâ nihil scripsisse, ne domesticus etiam labor accederet ad forensem; pleræque enim scribuntur orationes habitæ jam, non ut habeantur.

Alios non laborare, ut meliores fiant : nulla enim res tantùm ad dicendum proficit, quantùm scriptio : memoriam autem in posterum ingenii sui non desiderant, quum se putant satis magnam adeptos esse dicendi gloriam, eamque etiam majorem visum iri, si in existimantium arbitrium sua scripta non venerint : alios, quòd meliùs putent dicere se posse, quàm scribere; quod peringeniosis hominibus, neque satis doctis, plerumque contingit, ut ipsi Galbæ.

Quem fortassè vis non ingenii solùm, sed etiam animi, et naturalis quidam dolor dicentem incendebat, efficiebatque, ut et incitata, et gravis, et vehemens esset oratio; dein quum otiosus stilum prehenderat, motusque omnis animi, tanquam ventus, hominem defecerat, flaccessebat oratio: quod iis, qui limatius dicendi consectantur genus, accidere non solet, propterea quòd prudentia nunquam deficit oratorem, quâ ille utens eodem modo possit et dicere et scribere: ardor animi non semper adest; isque quum consedit, omnis illa vis et quasi flamma oratoris extinguitur. Hanc igitur ob causam videtur Lælii mens spirare etiam in scriptis; Galbæ autem vis occidisse.

Après avoir rapidement passé en revue une foule d'orateurs moins célèbres que ceux dont il vient de parler; après en avoir signalé quelques autres, et C. Gracchus surtout, à l'admiration de ses auditeurs, Cicéron arrive enfin à des *orateurs* vraiment *illustres;* et trace avec l'importance et l'étendue convenable les caractères distinctifs de L. Crassus et d'Antoine, que nous avons entendus avec tant de plaisir et d'intérêt dans le précédent *Dialogue.*

XII. Omnia veniebant Antonio in mentem; eaque suo quæque loco, ubi plurimùm proficere et valere possent, ut ab imperatore equites, pedites, levis armatura; sic ab illo in maximè opportunis orationis partibus collocabantur. Erat memoria summa, nulla meditationis suspicio: imparatus semper aggredi ad dicendum videbatur; sed ita erat paratus, ut judices, illo dicente, nonnunquam viderentur non satis parati ad cavendum fuisse.

Verba ipsa, non illa quidem elegantissimo sermone; itaque diligenter loquendi laude caruit: neque tamen est admodum inquinatè locutus : sed illâ, quæ propriè laus oratoris est in verbis. Nam ipsum latinè loqui, est illud quidem, ut paulo antè dixi, in magna laude ponendum; sed non tam suâ sponte, quàm quòd est à plerisque neglectum : non enim tam præclarum est scire latinè, quàm turpe nescire : neque tam id mihi oratoris boni, quàm civis Romani proprium videtur. Sed tamen Antonius in verbis et eligendis (neque id ipsum tam leporis causâ, quàm ponderis) et collocandis, et comprehensione devinciendis, nihil non ad rationem, et tanquam ad artem dirigebat; verùm multò magis hoc idem in sententiarum ornamentis et conformationibus. Quo genere quia præstat omnibus Demosthenes, idcirco à doctis oratorum est princeps judicatus. Σχήματα enim quæ vocant Græci, ea maximè ornant oratorem; eaque non tam in verbis pingendis habent pondus, quàm illuminandis sententiis.

Sed quum hæc magna in Antonio, tum actio singularis : quæ si partienda est in gestum atque vocem, gestus erat non verba exprimens, sed cum sententiis congruens : manus, humeri, latera, supplosio pedis, status, incessus, omnisque motus cum verbis, sententiisque consentiens, vox permanens, verùm subrauca naturâ : sed hoc vitium huic uni in bonum vertebat.

Habebat enim flebile quiddam in conquestionibus, aptumque quum ad fidem faciendam, tum ad misericordiam commovendam; ut verum videretur in hoc illud, quod Demosthenem ferunt ei, qui quæsivisset quid primum esset in dicendo, actionem; quid secundùm, idem; et idem tertium, respondisse. Nulla res magis penetrat in animos, eosque fingit, format, flectit; talesque oratores videri facit, quales ipsi se videri volunt.

A ce portrait succède celui de Crassus, mis en parallèle avec Antoine et Q. Scévola.

XIII. Huic (Antonio) alii parem esse dicebant, alii anteponebant L. Crassum. Illud quidem certè omnes ita judicabant, neminem esse, qui, horum alterutro patrono, cujusquam ingenium requireret. Equidem quanquam Antonio tantùm tribuo, quantùm suprà dixi, tamen Crasso nihil statuo fieri potuisse perfectius. Erat summa gravitas, erat cum gravitate junctus facetiarum, et urbanitatis oratorius, non scurrilis, lepos : latinè loquendi accurata, et sine molestia diligens elegantia : in disserendo mira explicatio : quum de jure civili, quum de æquo et bono disputaretur, argumentorum et similitudinum copia. Nam, ut Antonius conjecturâ movendâ, aut sedandâ suspicione, aut excitandâ, incredibilem vim habebat ; sic in interpretando, in definiendo, in explicanda æquitate, nihil erat Crasso copiosius ; idque quum sæpe aliàs, tum apud centumviros in M'. Curii causa cognitum est.

Ita enim multa tum contra scriptum pro æquo et bono dixit, ut hominem acutissimum, Q. Scævolam, et in jure, in quo illa causa versabatur, paratissimum, obrueret argumentorum exemplorumque copiâ : atque ita tum ab his patronis æqualibus, etiam consularibus, causa illa dicta est, quum uterque ex contraria parte jus civile defenderet, ut eloquentium jurisperitissimus Crassus, jurisperitorum eloquentissimus Scævola putaretur : qui quidem quum peracutus esset ad excogitandum, quid in jure, aut in æquo verum aut esset, aut non esset, tum verbis erat ad rem cum summa brevitate mirabiliter aptus.

Quare sit nobis orator in hoc interpretandi, explanandique, et disserendi genere mirabilis, sic ut simile nihil viderim ; in augendo, in ornando, in refellendo magis existimator metuendus, quàm admirandus orator. Verùm ad Crassum revertamur.

Crassus erat elegantium parcissimus; Scævola parcorum elegantissimus: Crassus in summa comitate habebat etiam severitatis satis; Scœvolæ multa in severitate non deerat tamen comitas.

Licet omnia hoc modo: sed vereor, ne fingi videantur hæc, ut dicantur à me quodam modo; res se tamen sic habet. Quum omnis virtus sit, ut vestra, Brute, vetus Academia dixit, mediocritas; uterque horum medium quiddam volebat sequi: sed ita cadebat, ut alter ex alterius laude partem, uterque autem suam totam haberet.

D'après de pareils éloges, et donnés par un tel juge, nous devons regretter avec Brutus qu'Antoine n'ait laissé qu'un petit traité *de l'Art oratoire*; que Crassus n'ait pas écrit davantage, et que de cela même rien ne soit arrivé jusqu'à nous.

Une petite excursion dans le Latium et chez les peuples alliés amène sur la scène quelques orateurs, dont le *Brutus* seul a transmis les noms à la postérité. Mais Cicéron s'empresse de rentrer dans ses foyers, *sed domum redeamus*; et le premier orateur digne de remarque qu'il trouve à Rome, est L. Philippe, celui même contre qui Crassus prononça cette divine harangue à la suite de laquelle il tomba malade et mourut. (Voyez ci-devant, DIAL. III *de l'Orateur*.) Mais Cicéron s'aperçoit bientôt lui-même qu'il s'arrête trop long-temps sur des hommes qui n'ont rien laissé, et dont ne parlent aucuns monuments : *de quibus nulla monumenta loquuntur*; et il se hâte de passer aux orateurs qu'il a lui-même entendus.

Deux interlocuteurs du Dialogue précédent, Sulpicius et Cotta, se présentent ici les premiers, et l'on va voir comment ils réalisèrent les espérances que donnait alors leur jeunesse.

XIV. Fuit Sulpicius vel maximè omnium, quos quidem ego audiverim, grandis, et, ut ita dicam, tragicus orator : vox quum magna, tum suavis et splendida : gestus et motus corporis ita venustus, ut tamen ad forum, non ad scenam institutus videretur : incitata et volubilis, nec ea redundans tamen, nec circumfluens oratio. Crassum hic volebat imitari ; Cotta malebat Antonium : sed ab hoc vis aberat Antonii ; Crassi ab illo lepos.

Atque in his oratoribus illud animadvertendum est, posse esse summos, qui inter se sint dissimiles. Nihil enim tam dissimile, quàm Cotta Sulpicio ; et uterque æqualibus suis plurimùm præstitit. Quare hoc doctoris intelligentis est, videre, quò ferat natura sua quemque ; et eà duce utentem sic instituere, ut Isocratem in acerrimo ingenio Theopompi, et lenissimo Ephori dixisse traditum est, alteri se calcaria adhibere, alteri frenos.

Sulpicii orationes, quæ feruntur, eas post mortem ejus scripsisse P. Canutius putatur, æqualis meus, homo extra nostrum ordinem, meo judicio disertissimus. Ipsius Sulpicii nulla oratio est ; sæpeque ex eo audivi, quum se scribere neque consuêsse, neque posse diceret. Cottæ pro se lege Variâ quæ inscribitur, eam L. Ælius scripsit Cottæ rogatu. Fuit is omninò vir egregius, et eques Romanus cum primis honestus, idemque eruditissimus et Græcis litteris et Latinis ; antiquitatisque nostræ et in inventis rebus, et in actis, scriptorumque veterum litteratè peritus : quam scientiam Varro noster acceptam ab illo, auctamque per sese, vir ingenio præstans, omnique doctrinâ, pluribus et illustrioribus litteris explicavit.

Sed idem Ælius, Stoicus esse voluit; orator autem nec studuit unquam, nec fuit : scribebat tamen orationes, quas alii dicerent; ut Q. Metello filio, ut Q. Cæpioni, ut Q. Pompeio Rufo : quanquam is etiam ipse scripsit eas, quibus pro se est usus, sed non sine Ælio. His enim scriptis etiam ipse interfui, quum essem apud Ælium adolescens, cumque audire perstudiosè solerem. Cottam autem miror summum ipsum oratorem, minimèque ineptum, Ælianas leves oratiunculas voluisse existimari suas.

Qualités et défauts de l'orateur Curion ; avantages d'une belle élocution.

XV. Nullum ille poëtam noverat, nullum legerat oratorem, nullam memoriam antiquitatis collegerat; non publicum jus, non privatum et civile cognoverat : quanquam id quidem fuit etiam in aliis, et magnis quidem oratoribus, quos parùm his instructos artibus vidimus, ut Sulpicium, ut Antonium. Sed ii tamen unum illud habebant, dicendi opus elaboratum; idque quum constaret ex quinque notissimis partibus, nemo in aliqua parte earum omninò nihil poterat : in quacunque enim una planè claudicaret, orator esse non posset.

Sed tamen alius in alia excellebat magis : reperiebat, quid dici opus esset, et quo modo præparari, et quo loco locari; memoriâque ea comprehendebat Antonius : excellebat autem actione; erantque ei quædam ex his paria cum Crasso, quædam etiam superiora. At Crassi magis enitebat oratio. Nec verò Sulpicio, neque Cottæ dicere possumus, neque cuiquam bono oratori, rem ullam ex illis quinque partibus planè, atque omninò defuisse. Itaque in Curione hoc verissimè judicari potest, nullâ re unâ magis oratorem commendari, quàm verborum splendore et copiâ : nam quum tardus in cogitando, tum in instruendo dissipatus fuit.

Reliqua duo sunt, agere, et meminisse : in utroque cachinnos irridentium commovebat. Motus erat is, quem et C. Julius in perpetuum notavit, quum ex eo, in utramque partem toto corpore vacillante, quæsivit, *quis loqueretur e lintre* : et Cn. Sicinius, homo impurus, sed admodùm ridiculus ; neque aliud in eo oratoris simile quidquam.

Is quum tribunus plebis Curionem et Octavium consules produxisset, Curioque multa dixisset, sedente Cn. Octavio collegâ, qui devinctus erat fasciis, et multis medicamentis, propter dolorem artuum, delibutus : *Nunquam*, inquit, *Octavi*, *collegæ tuo gratiam referes ; qui nisi se suo more jactavisset, hodie te istic muscæ comedissent ?* Memoriâ autem ita fuit nullâ, ut aliquoties, tria quum proposuisset, aut quartum adderet, aut tertium quæreret : qui in judicio privato vel maximo, quum ego pro Titinia Cottæ peroravissem, ille contra me pro Ser. Nævio diceret, subitò totam causam oblitus est, idque veneficiis et cantionibus Titiniæ factum esse dicebat.

Magna hæc immemoris ingenii signa ; sed nihil turpius, quàm quòd etiam in scriptis obliviscebatur, quid paulò antè posuisset.

Jam qui hâc parte animi, quæ custos est ceterarum ingenii partium, tam debilis esset, ut ne in scripto quidem meminisset, quid paulò antè posuisset, huic minimè mirum est ex tempore dicenti solitam effluere mentem.

Itaque quum ei nec officium deesset, et flagraret studio dicendi, perpaucæ ad eum causæ deferebantur. Orator autem, vivis ejus æqualibus, proximus optimis numerabatur, propter verborum bonitatem, ut an[illegible]t expeditam ac profluentem quodam m[illegible]o celeritat[illegible] Itaque ejus orationes adspiciendas tamen censeo : sunt illæ quidem languidiores; veruntamen possunt augere, et quasi alere id bonum, quod in illo mediocriter fuisse concedimus; quod habet tantam vim, ut solum, sine aliis, in Curione speciem oratoris alicujus effecerit.

Vivement pressé par Brutus de s'expliquer sur les orateurs contemporains, et en particulier sur M. Marcellus (1) et César, Cicéron s'en défend habilement, sous prétexte que Brutus connaît aussi bien que lui le talent oratoire de ces deux hommes. Mais Brutus, très jeune encore lors du départ de César pour l'Espagne et pour les Gaules, n'avait eu que trop peu de temps pour l'entendre et pour le juger; quant à Marcellus, il l'avait souvent entendu : « Qu'en pensez-vous donc? lui demande Cicéron.

XVI. Quid igitur de illo judicas, quem sæpe audisti? — Quid censes, inquit, nisi id, quòd habiturus es similem tuî? — Næ ego, inquam, si ita est, velim tibi eum placere quàm maximè. Atqui et ita est, inquit, et vehementer placet; nec verò sine causa; nam et didicit, et, omissis ceteris studiis, unum id egit, seseque quotidianis commentationibus acerrimè exercuit.

Itaque et lectis utitur verbis, et frequentibus; et splendore vocis, et dignitate motûs fit speciosum et illustre, quod dicitur, omniaque sic suppetunt, ut ei nullam deesse virtutem oratoris putem; maximèque laudandus est, qui hoc tempore ipso, quum liceat, in hoc communi nostro, et quasi fatali malo, consoletur se quum conscientiâ optimæ mentis,

(1) Le même qui, consul en 702, était alors exilé à Mitylène; et dont le rappel (en 707) suivit de près l'époque où ce dialogue fut composé, et donna lieu à la belle harangue *Pro Marcello*.

tum etiam usurpatione et renovatione doctrinæ. Vidi enim Mytilenis nuper virum, atque, ut dixi, vidi planè virum. Itaque quum eum antea tuî similem in dicendo viderim, tum verò nunc à doctissimo viro, tibique, ut intellexi, amicissimo Cratippo, instructum omni copiâ, multò videbam similiorem.

Satisfait de ce jugement, Cicéron témoigne alors le désir de savoir ce que pense Atticus de César, considéré comme orateur et comme écrivain : le voici.

XVII. Sed tamen, Brute, inquit Atticus, de Cæsare et ipse ita judico, et de hoc hujus generis acerrimo æstimatore (Tullio scil.) sæpissime audio, illum omnium ferè oratorum latinè loqui elegantissimè : nec id solùm domesticâ consuetudine, ut dudum de Læliorum et Muciorum familiis audiebamus ; sed, quanquam id quoque credo fuisse, tamen ut esset perfecta illa bene loquendi laus, multis litteris, et iis quidem reconditis et exquisitis, summoque studio et diligentiâ est consecutus.

Quin etiam, in maximis occupationibus, quum ad te ipsum, inquit in me intuens, de ratione Latinè loquendi accuratissimè scripserit ; primoque in libro dixerit, verborum delectum originem esse eloquentiæ ; tribueritque, mi Brute, huic nostro, qui me de illo maluit, quam se dicere, laudem singularem (nam scripsit his verbis, quum hunc nomine esset affatus : *Ac, si cogitata præclarè eloqui possent, nonnulli studio et usu elaboraverunt, cujus te pænè principem copiæ atque inventorem, bene de nomine ac dignitate populi Romani meritum esse existimare debemus*) hunc facilem, et quotidianum novisse sermonem, nunc pro relicto est habendum.

Solum quidem, et quasi fundamentum oratoris vides, locutionem emendatam et latinam; cujus penes quos laus adhuc fuit, non fuit rationis, aut scientiæ, sed quasi bonæ consuetudinis. Mitto C. Lælium, P. Scipionem : ætatis illius ista fuit laus, tanquam innocentiæ, sic latinè loquendi; nec omnium tamen; nam illorum æquales, Cæcilium et Pacuvium, malè locutos videmus; sed omnes tum ferè, qui nec extra urbem hanc vixerant, nec eos aliqua barbaries domestica infuscaverat, rectè loquebantur. Sed hanc certè rem deteriorem vetustas fecit et Romæ, et in Græciâ; confluxerunt enim et Athenas, et in hanc urbem multi inquinatè loquentes ex diversis locis : quò magis expurgandus est sermo, et adhibenda, tanquam obrussa, ratio, quæ mutari non potest; nec utendum pravissimâ consuetudinis regulâ.

T. Flamininum, qui cum Q. Metello consul fuit, pueri vidimus : existimabatur bene latinè, sed litteras nesciebat. Catulus erat ille quidem minimè indoctus, ut a te paulò est antè dictum : sed tamen suavitas vocis, et lenis appellatio litterarum, bene loquendi famam confecerat. Cotta, quia se valde dilatandis litteris a similitudine Græcæ locutionis abstraxerat, sonabatque contrarium Catulo, subagreste quiddam, planèque subrusticum; aliâ quidem, quasi incultâ et silvestri viâ, ad eamdem laudem pervenerat.

Cæsar autem rationem adhibens, consuetudinem vitiosam et corruptam purâ et incorruptâ consuetudine emendat. Itaque quum ad hanc elegantiam verborum latinorum (quæ, etiamsi orator non sis, et sis ingenuus civis Romanus, tamen necessaria est) adjungit illa oratoria ornamenta dicendi; tum videtur tanquam tabulas bene pictas collocare in bono lumine. Hanc quum habeat præcipuam laudem in communibus, non video cui debeat cedere : splendidam quamdam, minimèque veteratoriam rationem dicendi tenet, voce, motu; formà etiam magnificà, et generosà quodam modo.

Tum Brutus : Orationes quidem ejus mihi vehementer probantur; complures autem legi. Atque etiam commentarios quosdam scripsit rerum suarum. Valde quidem, inquam, probandos : nudi enim sunt, recti et venusti, omni ornatu orationis, tanquam veste, detracto ; sed dum voluit alios habere parata, unde sumerent, qui vellent scribere historiam; ineptis gratum fortassè fecit, qui volent illa calamistris inurere : sanos quidem homines à scribendo deterruit. Nihil enim est in historia, purà et illustri brevitate dulcius.

Mais si des motifs de convenance ont en quelque sorte forcé Cicéron de se servir d'interprètes pour louer dignement Marcellus, encore en disgrâce, et César, qu'il ne voulait pas flatter, mais qu'il devait ménager, il ne laissera à personne le soin de rendre une franche et éclatante justice aux talens d'Hortensius, à la mémoire duquel il a déjà consacré de si belles pages au commencement de ce *Dialogue*.

XVIII. Hortensius igitur, quum admodùm adolescens orsus esset in foro dicere, celeriter ad majores causas adhiberi cœptus est : quanquam inciderat in Cottæ et Sulpicii ætatem, qui annis decem majores, excellente tum Crasso, et Antonio, deinde Philippo, pòst Julio, cum iis ipsis dicendi glorià comparabatur. Primùm memoria tanta, quantam in nullo cognovisse me arbitror, ut, quæ secum commentatus esset, ea sine scripto verbis eisdem redderet, quibus cogitavisset. Hoc adjumento ille tanto sic utebatur, ut sua et commentata, et scripta, et, nullo referente, omnia adversariorum dicta meminisset.

Ardebat autem cupiditate sic, ut in nullo unquam flagrantius studium viderim : nullum enim patiebatur esse diem, quin aut in foro diceret, aut meditaretur extra forum : sæpissime autem eodem die utrumque faciebat. Attuleratque minimè vulgare genus dicendi : duas quidem res, quas nemo alius; partitiones, quibus de rebus dicturus esset, et collectiones, memor et quæ essent dicta contrà, quæque ipse dixisset.

Erat in verborum splendore elegans, compositione aptus, facultate copiosus; eaque erat quum summo ingenio, tum exercitationibus maximis consecutus : rem complectebatur memoriter, dividebat acutè, nec prætermittebat ferè quidquam, quod esset in causa, aut ad confirmandum, aut ad refellendum. Vox canora et suavis : motus et gestus etiam plus artis habebat, quàm erat oratori satis. Hoc igitur florescente, Crassus est mortuus, Cotta pulsus, judicia intermissa bello, nos in forum venimus.

Cicéron va parler maintenant de ses travaux, de son talent et de ses succès, avec le noble désintéressement d'un homme supérieur qui se juge lui même comme il est jugé par les bons esprits de son siècle, comme il désire l'être un jour par la postérité.

XIX. Duo tum excellebant oratores, qui me imitandi cupiditate incitarent, Cotta et Hortensius : quorum alter remissus et lenis, et propriis verbis comprehendens solutè et facilè sententiam; alter ornatus, acer, et non talis, qualem tu eum, Brute, jam deflorescentem cognovisti, sed verborum, et actionis genere commotior. Itaque cum Hortensio mihi magis arbitrabar rem esse; quòd et dicendi ardore eram propior, et ætate conjunctior. Etenim videram in iisdem causis, ut pro M. Canuleio, pro Cn. Dolabella consulari, quum Cotta princeps adhibitus esset, priores tamen agere partes Hortensium. Acrem enim oratorem, incensum, et agentem, et canorum, concursus hominum, forique strepitus desiderat.

Unum igitur annum quum rediissemus ex Asia, causas nobiles egimus quum quæsturam nos, consulatum Cotta, ædilitatem peteret Hortensius. Interim me quæstorem Siciliensis excepit annus : Cotta ex consulatu est profectus in Galliam : princeps et erat et habebatur Hortensius. Quum autem anno pòst è Sicilia me recepissem, jam videbátur illud in me, quidquid esset, esse perfectum, et habere maturitatem quamdam suam. Nimis multa videor de me, ipse præsertim; sed omni huic sermoni propositum est, non ut ingenium, et eloquentiam meam perspicias, undè longè absum, sed ut laborem, et industriam. Quum igitur essem in plurimis causis, et in principibus patronis quinquennium ferè versatus, tum in patrocinio Siciliensi maximè in certamen veni designatus ædilis cum designato consule Hortensio.

Sed quoniam omnis hic sermo noster non solùm enumerationem oratoriam, verùm etiam præcepta quædam desiderat; quid tanquam notandum et animadvertendum sit in Hortensio, breviter licet dicere.

Nam is post consulatum (credo quòd videret, ex consularibus neminem esse secum comparandum, negligeret autem eos qui consules non fuissent) summum illud suum studium remisit, quo à puero fuerat incensus, atque in omnium rerum abundantia voluit beatiùs, ut ipse putabat, remissiùs certè, vivere. Primus, et secundus annus, et tertius tantùm quasi de picturæ veteris colore detraxerat, quantùm non quivis unus ex populo, sed existimator doctus, et intelligens posset cognoscere. Longiùs autem procedens, quum in ceteris eloquentiæ partibus, tum maximè in celeritate et continuatione verborum adhærescens, suî dissimilior videbatur fieri quotidie.

Nos autem non desistebamus, quum omni genere exercitationis, tum maximè stilo, nostrum illud, quod erat, augere, quantumcumque erat. Atque, ut multa omittam, in hoc spatio, et in iis post ædilitatem annis, et prætor primus, et incredibili populari voluntate sum factus. Nam quum propter assiduitatem in causis et industriam, tum propter exquisitius, et minimè vulgare orationis genus, animos hominum ad me dicendi novitate converteram.

Quelques efforts que fît ce grand citoyen pour écarter de son esprit l'accablante pensée de la perte de l'éloquence, à jamais entraînée dans la ruine des libertés publiques, elle s'y représente involontairement sans cesse; et c'est elle qui lui dicte le touchant *Épilogue* qui termine ce bel ouvrage.

XX. Nos autem, Brute, quoniam post Hortensii, clarissimi oratoris, mortem orbæ eloquentiæ quasi tutores relicti sumus, domi teneamus eam, septam liberali custodiâ; et hos ignotos atque impudentes procos repudiemus, tueamurque, ut adultam virginem, castè; et ab armatorum impetu, quantùm possumus, prohibeamus. Equidem, etsi doleo, me in vitam paulò seriùs, tanquam in viam, ingressum, priusquam confectum iter sit, in hanc reipublicæ noctem incidisse : tamen eâ consolatione sustentor, quam tu mihi, Brute, adhibuisti tuis suavissimis litteris; quibus me forti animo esse oportere censebas, quòd ea gessissem, quæ de me, etiam me tacente, ipsa loquerentur, mortuoque, viverent. Quæ, si rectè esset, salute reipublicæ; sin secus, interitu ipso, testimonium meorum de republica consiliorum darent.

Sed in te intuens, Brute, doleo; cujus in adolescentiam, per medias laudes quasi quadrigis vehentem, transversa incurrit misera fortuna reipublicæ : hic me dolor angit, hæc me cura sollicitat, et hunc mecum, socium ejusdem et amoris et judicii. Tibi favemus, te tuâ frui virtute cupimus : tibi optamus eam rempublicam, in qua duorum generum amplissimorum renovare memoriam, atque augere possis. Tuum enim forum, tuum erat illud curriculum : tu illuc veneras unus, qui non linguam modò acuisses exercitatione dicendi, sed et ipsam eloquentiam locupletavisses graviorum artium instrumento, et iisdem artibus decus omne virtutis cum summâ eloquentiæ laude junxisses.

Ex te duplex nos afficit sollicitudo, quòd et ipse republicâ careas, et illa te. Tu tamen (etsi cursum ingenii tui, Brute, premit hæc importuna clades civitatis) contine te in tuis perennibus studiis, et effice id, quod jam propemodum, vel planè potiùs effeceras, ut te eripias ex eâ, quam ego congessi in hunc sermonem, turbâ patronorum.

« Ce dialogue est l'histoire la plus complète que l'antiquité nous ait laissée de la littérature romaine. L'auteur y raconte les commencemens et les progrès de l'art oratoire, les noms et les époques des orateurs qui se sont distingués. Il marque leurs défauts et leurs perfections; il fait plus, il définit tous les genres d'éloquence, et il révèle, comme en passant, ses mystères de ce grand art; en sorte que, si tous les ouvrages didactiques étaient perdus, cet entretien pourrait presque en tenir lieu. A l'histoire et aux flexions de goût, Cicéron semble avoir voulu joindre des exemples et des modèles, sans toutefois sortir des convenances du dialogue; ainsi, dans cet ouvrage on trouve tous les tons, toutes les manières, depuis la simplicité, la familiarité même, jusqu'au style le plus élevé; et tout cela traité comme savait le faire un homme qui embellit tout ce qu'il touche, et dans la bouche duquel la parole acquiert une grâce inconnue.

« Il est curieux, il est beau de voir un tel orateur passer en revue, et juger avec la supériorité de son génie, tous les personnages qui avaient paru avec plus ou moins d'éclat au barreau et à la tribune politique. On croit voir Apelles au milieu d'une galerie de tableaux, expliquant les chefs-d'œuvre qui l'environnent. Cicéron se donne lui-même, dans ce *Muséum* de l'éloquence antique, la place que lui assignent la modestie et les bienséances, accompagnées de la noble confiance d'un talent qui se connait. Après avoir jugé les autres, il laisse à Brutus, à Atticus, ou plutôt à la postérité, le soin de le juger lui-même. Mais il nous fait l'histoire de ses études, et il nous montre par quels travaux et par quels degrés il est parvenu à cette hauteur où l'admiration des hommes n'a encore placé à côté de lui que Démosthène et Bossuet. » (BURNOUF, *Introduct.* à sa traduction nouvelle du BRUTUS, tome V des *Œuvres complètes de Cicéron*, édition de Le Clerc.)

L'ORATEUR.

A M. BRUTUS.

AN DE ROME 707 — DE CICÉRON 61.

Dans ce Traité, composé à la prière et pour l'instruction de son cher Brutus, Cicéron se propose de tracer les caractères *de la plus parfaite éloquence* (1). Mais ne trouvant rien dans les modèles existans qui réalise l'idée qu'il s'en fait; rien dans les préceptes des rhéteurs qui puisse conduire à cet idéalisme de perfection, dont cependant il ne désespère pas, il s'élève sur les ailes de Platon à une prodigieuse hauteur au-dessus des idées communes; c'est dans un monde nouveau qu'il va chercher le type de l'éloquence, telle qu'il la conçoit; et c'est de là qu'il rapporte ces grands principes, où l'on ne sait ce qu'on doit admirer le plus, de la haute raison qui les dicte, ou du style admirable qui les exprime.

Cicéron ne se dissimule pas tout ce qu'il y a de nouveau, de hardi dans son projet.

I. Atque ego in summo oratore fingendo talem informabo, qualis fortassè nemo fuit. Non enim quæro quis fuerit, sed quid sit illud quo nihil possit esse præstantius: quod in perpetuitate dicendi non sæpè, atque haud scio an unquam, in aliquâ autem parte eluceat aliquandò, idem apud alios densiùs, apud alios fortassè rariùs.

Sed ego sic statuo, nihil esse in ullo genere tam

(1) Cicéron lui-même intitule plus d'une fois ce Traité: *De optimo genere dicendi.* (*Ad Div.* XII, 17; *ad Att.* XIV, 20.)

pulchrum, quo non pulchrius id sit undè illud, ut ex ore aliquo, quasi imago exprimatur, quod neque oculis, neque auribus, neque ullo sensu percipi potest; cogitatione tantùm et mente complectimur.

Itaque et Phidiæ simulacris, quibus nihil in illo genere perfectius videmus, et his picturis quas nominavi, cogitare tamen possumus pulchriora. Nec verò ille artifex, quùm faceret Jovis formam, aut Minervæ, contemplabatur aliquem, è quo similitudinem duceret: sed ipsius in mente insidebat species pulchritudinis eximia quædam, quam intuens, in eâque defixus, ad illius similitudinem artem et manum dirigebat. Ut igitur in formis et figuris est aliquid perfectum et excellens, cujus ad cogitatam speciem imitando referuntur ea, quæ sub oculos ipsa cadunt; sic perfectæ eloquentiæ speciem animo videmus, effigiem auribus quærimus.

Has rerum formas appellat *ideas* ille non intelligendi solùm, sed etiam dicendi gravissimus auctor et magister Plato; easque gigni negat, et ait semper esse, ac ratione et intelligentiâ contineri: cætera nasci, occidere, fluere, labi, nec diutiùs esse uno et eodem statu. Quidquid est igitur de quo ratione et viâ disputetur, id est ad ultimam sui generis formam speciemque redigendum.

Ac video, hanc primam ingressionem meam non ex oratoriis disputationibus ductam, sed è mediâ philosophiâ repetitam, et eam quidem quùm antiquam, tùm subobscuram, aut reprehensionis aliquid, aut certè admirationis habituram: nam aut mirabuntur quid hæc pertineant ad ea quæ quærimus; quibus satisfaciet res ipsa cognita, ut non sine causâ altè repetita videatur: aut reprehendent, quòd inusitatas vias indagemus, tritas relinquamus.

Ego autem et me sæpè nova videri dicere intelligo, quùm pervetera dicam, sed inaudita plerisque; et fateor me oratorem, si modò sim, aut etiam quicumque sim, non ex rhetorum officinis, sed ex Academiæ spatiis exstitisse. Illa enim sunt curricula multiplicium variorumque sermonum, in quibus Platonis primùm impressa sunt vestigia; sed et hujus et aliorum philosophorum disputationibus, et exagitatus maximè orator est, et adjutus. Omnis enim ubertas, et quasi silva dicendi, ducta ab illis est; nec satis tamen instructa ad forenses causas; quas, ut illi ipsi dicere solebant, agrestioribus Musis reliquerunt.

Sic eloquentia hæc forensis, spreta à philosophis et repudiata, multis quidem illa adjumentis magnisque caruit, sed tamen, ornata verbis atque sententiis, jactationem habuit in populo, nec paucorum judicium reprehensionemque pertimuit. Ita et doctis eloquentia popularis, et disertis elegans doctrina defuit.

Aussi une crainte bien naturelle semble-t-elle l'arrêter dès les premiers pas, c'est que cette perfection même, désespérante en effet pour le plus grand nombre, n'écarte de la carrière de l'éloquence une foule d'orateurs qui, sans être appelés à y tenir le premier rang, s'y pourraient toutefois avantageusement produire; et voici comme il rassure et encourage, à cet égard, les jeunes aspirans.

II. Quæris igitur, idque jam sæpiùs, quod eloquentiæ genus probem maximè, et quale mihi videatur illud, cui nihil addi possit, quod ego summum et perfectissimum judicem. In quo vereor ne, si id quod vis effecero, eumque oratorem, quem quæris, expressero, tardem studia multorum, qui, desperatione debilitati, experiri id nolent, quod se assequi posse diffidant: sed par est omnes omnia experiri, qui res magnas et magno opere expetendas concupiverunt.

Quòd si quem aut natura sua, aut illa præstantis ingenii vis forté deficiet, aut minùs instructus erit magnarum artium disciplinis, teneat tamen eum cursum quem poterit : prima enim sequentem, honestum est in secundis tertiisque consistere. Nam in poetis, non Homero soli locus est, ut de Græcis loquar, aut Archilocho, aut Sophocli, aut Pindaro; sed horum vel secundis, vel etiam infra secundos. Nec verò Aristotelem in philosophià deterruit à scribendo amplitudo Platonis; nec ipse Aristoteles admirabili quàdam scientià et copià cæterorum studia restinxit.

Nec solùm ab optimis studiis excellentes viri deterriti non sunt, sed ne opifices quidem se ab artibus suis removerunt, qui aut Ialysi (1), quem Rhodi vidimus, non potuerunt, aut Coæ Veneris pulchritudinem imitari. Nec simulacro Jovis Olympii, aut Doryphori statuà deterriti, reliqui minùs experti sunt quid efficere, aut quò progredi possent : quorum tanta multitudo fuit, tanta in suo cujusque genere laus, ut, quum summa miraremur, inferiora tamen probaremus.

In oratoribus verò, Græcis quidem, admirabile est quantùm inter omnes unus excellat. Attamen, quum esset Demosthenes, multi oratores magni et clari fuerunt, et anteà fuerant, nec posteà defecerunt. Quarè non est cur eorum, qui se studio eloquentiæ dediderunt, spes infringatur, aut languescat industria. Nam neque illud ipsum quod est optimum, desperandum est; et, in præstantibus rebus, magna sunt ea quæ sunt optimis proxima.

(1) Tableau célèbre du peintre de Protogènes. — *La fameuse Vénus* d'Apelle. *Le Jupiter olympien* de Phidias. — *Le Doryphore* de Polyclète.

La philosophie sera donc la première base, le caractère distinctif de l'éloquence amenée au dernier terme de sa perfection.

III. Positum sit igitur in primis, quod pòst magis intelligetur, sine philosophiâ non posse effici, quem quærimus, eloquentem; non ut in eâ tamen omnia sint, sed ut sic adjuvet, ut palæstra histrionem: parva enim magnis sæpè rectissimè conferuntur.

Nam nec latiùs, nec copiosiùs, de magnis variisque rebus sine philosophiâ potest quisquam dicere. Siquidem etiam in Phædro Platonis hoc Periclem præstitisse cæteris dicit oratoribus Socrates, quòd is Anaxagoræ physici fuerit auditor; à quo censet, eum, quùm alia præclara quædam et magnifica didicisset, uberem et fecundum fuisse, gnarumque, quod est eloquentiæ maximum, quibus orationis modis quæque animorum partes pellerentur. Quod idem de Demosthene existimari potest; cujus ex epistolis intelligi licet, quàm frequens fuerit Platonis auditor.

Nec verò, sine philosophorum disciplinâ, genus et speciem cujusque rei cernere, neque eam definiendo explicare, nec tribuere in partes possumus; nec judicare quæ vera, quæ falsa sint; neque cernere consequentia, repugnantia videre, ambigua distinguere. Quid dicam de naturâ rerum, cujus cognitio magnam orationis suppeditat copiam? de vitâ, de officiis, de virtute, de moribus, sine multâ earum ipsarum rerum disciplinâ, aut dici, aut intelligi potest?

Ad has tot tantasque res adhibenda sunt ornamenta innumerabilia, quæ sola tum quidem tradebantur ab iis qui dicendi numerabantur magistri; quo fit, ut veram illam et absolutam eloquentiam nemo consequatur, quòd alia intelligendi, alia dicendi disciplina est; et ab aliis rerum, ab aliis verborum doctrina quæritur.

Cicéron va nous donner d'abord une idée générale des trois styles, ou plutôt des trois caractères de perfection qu'il exige de son orateur. Il est important de remarquer exactement les propriétés et les convenances qu'il attribue à chaque genre de l'éloquence, pour se mettre en état de mieux juger de l'application qu'il en fera dans la suite.

IV. Tria sunt omninò genera dicendi, quibus in singulis quidam floruerunt; peræquè autem (id quod volumus) perpauci in omnibus. Nam et grandiloqui, ut ita dicam, fuerunt cum amplâ et sententiarum gravitate, et majestate verborum, vehementes, varii, copiosi, graves, ad permovendos et convertendos animos instructi et parati : quod ipsum alii asperâ, tristi, horridâ oratione, neque perfectâ, neque conclusâ; alii lævi, et instructâ, et terminatâ.
Et contrà tenues, acuti, omnia docentes, et dilucidiora, non ampliora, facientes, subtili quâdam et pressâ oratione limati : in eodemque genere alii callidi, sed impoliti, et consultò rudium similes et imperitorum; alii in eâdem jejunitate concinniores, id est, faceti, florentes etiam, et leviter ornati.
Est autem quidam interjectus, inter hos medius, et quasi temperatus, nec acumine posteriorum, nec fulmine utens superiorum, ut cinnus (1) amborum, in neutro excellens, utriusque particeps, vel utriusque (si verum quærimus) potiùs expers. Isque uno tenore, ut aiunt, in dicendo fluit, nihil afferens præter facilitatem et æquabilitatem; aut addit aliquos, ut in coronâ, toros (2), omnemque oratio-

(1) *Cinnus.* Proprement le mélange de plusieurs objets. *Cinnus amborum*, qui participe de l'un et de l'autre.
(2) *Toros.* Les muscles des membres; et, par métaphore, les parties saillantes, les ornemens en relief d'une couronne.

nem ornamentis modicis verborum sententiarumque distinguit.

Horum singulorum generum quicumque vim singuli consecuti sunt, magnum in oratoribus nomen habuerunt : sed quærendum est satisne id, quod volumus effecerint. Videmus enim fuisse quosdam qui iidem ornatè ac graviter, iidem versutè et subtiliter dicerent. Atque utinam in Latinis talis oratoris simulacrum reperire possemus! esset egregium non quærere externa, domesticis esse contentos.

Sed ego idem qui, in illo sermone nostro, qui est expositus in *Bruto*, multùm tribuerim Latinis, vel ut hortarer alios, vel quòd amarem meos, recordor longè omnibus unum anteferre Demosthenem, qui vim accommodàrit ad eam, quam sentiam, eloquentiam, non ad eam, quam in aliquo ipse cognoverim. Hoc nec gravior exstitit quisquam, nec callidior, nec temperatior. Itaque nobis monendi sunt ii quorum sermo imperitus increbuit, qui aut dici se desiderant atticos, aut ipsi atticè volunt dicere, ut mirentur hunc maximè, quo ne Athenas quidem ipsas magis credo fuisse atticas. Quid enim sit *atticum*, discant, eloquentiamque ipsius viribus, non imbecillitate suà, metiantur : nunc enim tantùm quisque laudat, quantùm se posse sperat imitari. Sed tamen eos studio optimo, judicio minùs firmo præditos, docere quæ sit propria laus Atticorum, non alienum puto.

Définition et caractères du véritable atticisme.

V. Semper oratorum eloquentiæ moderatrix fuit auditorum prudentia. Omnes enim qui probari volunt, voluntatem eorum qui audiunt, intuentur, ad eamque et ad eorum arbitrium et nutum totos se fingunt et accommodant. Itaque Caria, et Phrygya, et Mysia, quòd minimè politæ, minimèque elegantes sunt, adsciverunt aptum suis auribus opimum quoddam et tanquàm adipatæ dictionis genus, quod eorum vicini, non ita lato interjecto mari, Rhodii nunquàm probaverunt, Græci autem multò minùs, Athenienses verò funditùs repudiaverunt : quorum semper fuit prudens sincerumque judicium, nihil ut possent, nisi incorruptum, audire, et elegans.

Eorum religioni quum serviret orator, nullum verbum insolens, nullum odiosum ponere audebat. Itaque hic quem præstitisse diximus cæteris, in illà *pro Ctesiphonte* oratione longè optimà, summissiùs à primo; deindè, dùm de legibus disputat, pressiùs; pòst sensim incedens, judices ut vidit ardentes, in reliquis exultavit audaciùs. Ac tamen in hoc ipso, diligenter examinante verborum omnium pondera, reprehendit Æschines quædam, et exagitat; illudensque, dura, odiosa, intolerabilia esse dicit. Quin etiam quærit ab ipso, quum quidem eum belluam appellet, utrùm illa verba an portenta sint : ut Æschini ne Demosthenes quidem videatur *atticè* dicere.

Facile est enim verbum aliquod ardens, ut ità dicam, notare, idque restinctis jam animorum incendiis irridere. Itaque se purgans jocatur Demosthenes : negat, in eo positas esse fortunas Græciæ, « hoc an illo verbo usus sit; hùc an illùc manum porrexerit. » Quonam igitur modo audiretur Mysus aut Phryx Athenis, quum etiam Demosthenes exagitetur ut putidus? Quum verò inclinatà ululantique voce, more Asiatico, canere cœpisset, quis eum ferret? aut quis potiùs non juberet auferri? Ad Atticorum igitur aures teretes et religiosas qui se accommodant, ii sunt existimandi *atticè* dicere.

Quorum genera plura sunt; hi unum modò quale sit, suspicantur. Putant enim, qui horridè incultèque dicat, modò id eleganter enucleatèque faciat, eum solum atticè dicere. Errant, quòd solum : quòd atticè, non falluntur. Istorum enim judicio, si solum illud est atticum, ne Pericles quidem dixit atticè, cui primæ sine controversiâ deferebantur : qui si tenui genere uteretur, nunquàm ab Aristophane poetâ *fulgere, tonare, permiscere Græciam* dictus esset(1).

Dicat igitur atticè venustissimus ille scriptor ac politissimus Lysias : quis enim id possit negare? dùm intelligamus, hoc esse atticum in Lysiâ, non quòd tenuis sit, atque inornatus, sed quòd nihil habeat insolens aut ineptum. Ornatè verò, et graviter, et copiosè dicere, aut atticorum sit, aut ne sit Æschines, neve Demosthenes atticus.

Mais en quoi consiste cette perfection? à quels traits la reconnaître? comment saisir, par quels moyens fixer leur excessive mobilité? C'est ici que le sujet se présente à Cicéron dans toute sa difficulté : « *Magnum opus omninò et arduum, Brute, conamur.* » Mais son amitié pour Brutus l'emporte sur toute autre considération : « *sed nihil difficile amanti puto.* » Il entre donc franchement en matière.

VI. In omni re difficillimum est, formam, (quæ χαρακτὴρ græcè dicitur), exponere optimi; quòd aliud aliis videtur optimum. Ennio delector, ait quispiam, quòd non discedit à communi more verborum; Pacuvio, inquit alius : omnes apud hunc ornati, elaboratique sunt versus; multa apud alterum negligentiùs. Fac alium Attio. Varia enim sunt judicia, ut in Græcis; nec facilis explicatio, quæ

(1) Ἐντεῦθεν ὀργῇ Περικλέης οὐλύμπιος
Ἤστραπτεν, ἐβρόντα, ξυνεκύκα τὴν Ἑλλάδα.
ACHARN. 529.

forma maximè excellat. In picturis alios horrida, inculta, abdita, et opaca; contrà alios nitida, læta, collustrata delectant. Quid est quo præscriptum (1) aliquod aut formulam exprimas; quum in suo quodque genere præstet, et genera plura sint? Hàc ego religione non sum ab hoc conatu repulsus, existimavique in omnibus rebus esse aliquid optimum, etiam si lateret; idque ab eo posse, qui ejus rei gnarus esset, judicari.

Il ne s'agit plus ici de ces formes froidement didactiques, étalées avec tant de morgue et d'emphase sur les bancs des rhéteurs. Ce n'est pas que le *parfait* orateur, l'orateur *philosophe*, ne doive connaître et pratiquer au besoin les règles de l'art; mais au lieu de se traîner servilement à leur suite dans des sentiers battus et rebattus cent fois avant lui, c'est lui qui doit leur commander en maître, et les forcer de prendre et de suivre son allure.

VII. Quoniam tria videnda sunt oratori, *quid dicat*, et *quo quidque loco*; et *quomodo*; dicendum omninò est quid sit optimum in singulis, sed aliquantò secùs, atque in tradendà arte dici solet. Nulla præcepta ponemus (neque enim id suscepimus), sed excellentis eloquentiæ speciem et formam adumbrabimus: nec, quibus rebus ea paretur exponemus; sed qualis nobis esse videatur.

Facilè igitur hic noster (non enim declamatorem aliquem de ludo, aut rabulam de foro, sed doctissimum et perfectissimum quærimus), quoniam loci certi traduntur, percurret omnes; utetur aptis ge-

(1) *Præscriptum*. Modèle d'écriture que les maîtres donnent à copier à leurs élèves.

neratìm; discet ex quo emanent etiam qui *communes* appellantur *loci*. Nec verò utetur imprudenter hàc copià; sed omnia expendet, et seliget: non enim semper, nec in omnibus causis, ex iisdem eadem argumentorum momenta sunt.

Judicium igitur adhibebit; nec inveniet solùm quid dicat, sed etiam expendet. Nihil enim est feracius ingeniis, iis præsertìm quæ disciplinis exculta sunt. Sed ut segetes fecundæ et uberes, non solùm fruges, verùm herbas etiam effundùnt inimicissimas frugibus: sic interdùm ex illis locis, aut levia quædam, aut causis aliena, aut non utilia gignuntur; quorum ab oratoris judicio delectus magnus adhibebitur. Alioqui quonam modo ille in bonis hærebit, et habitabit suis? aut molliet dura, aut occultabit quæ dilui non poterunt, atque omninò opprimet, si licebit, aut abducet animos? aut aliud afferet, quod oppositum probabilius sit, quàm illud, quod obstabit?

Jam verò ea quæ invenerit, quà diligentià collocabit? Quoniam id secundum erat de tribus. Vestibula nimirùm honesta, aditusque ad causam faciet illustres: quumque animos primà aggressione occupaverit; infirmabit excludetque contraria: de firmissimis alia prima ponet, alia postrema; inculcabitque leviora.

Nous ne saurions trop recommander aux jeunes orateurs du barreau principalement, la lecture et la méditation du morceau suivant, sur *l'action oratoire*. Ils y verront tout ce que la manière de les dire peut prêter ou ôter de charme, de force et de poids aux choses que l'on dit.

VIII. Quo modo autem dicatur, id est in duobus, in agendo, et in eloquendo. Est enim actio quasi corporis quædam eloquentia, quum constet è voce atque motu. Vocis mutationes totidem sunt, quot animorum, qui maximè voce commoventur. Itaque ille perfectus quem jamdudùm nostra indicat oratio, utcumque se affectum videri et animum audientis moveri volet, ità certum vocis admovebit sonum. De quo plura dicerem, si hoc præcipiendi tempus esset (1), aut si tu hoc quæreres; dicerem etiam de gestu, cum quo junctus est vultus: quibus omnibus, dici vix potest, quantùm intersit, quemadmodùm utatur orator.

Nam et infantes, actionis dignitate, eloquentiæ sæpè fructum tulerunt; et diserti, deformitate agendi, multi infantes putati sunt: ut jam non sine causâ Demosthenes tribuerit et primas, et secundas, et tertias, actioni. Si enim eloquentia nulla sine hàc; hæc autem, sine eloquentià, tanta est: certè plurimùm in dicendo potest.

Volet igitur ille, qui eloquentiæ principatum petet, et contentâ voce, atrociter dicere; et summissâ, leniter; et inclinatâ, videri gravis; et inflexâ, miserabilis.

Mira est enim quædam natura vocis: cujus quidem è tribus omninò sonis, inflexo, acuto, gravi, tanta sit et tam suavis varietas perfecta in cantibus. Est autem in dicendo etiam quidam cantus obscurior, non hic è Phrygiâ et Cariâ rhetorum epilogus, pænè canticum; sed ille, quem significat Demosthenes, et Æschines, quum alter alteri objicit vocis flexiones. Dicit plura etiam Demosthenes, illumque sæpè dicit voce dulci et clarâ fuisse.

In quo illud etiam notandum mihi videtur ad studium persequendæ suavitatis in vocibus. Ipsa enim

(1) Voyez ci-devant, p. 73.

natura, quasi modularetur hominum orationem, in omni verbo posuit acutam vocem, nec unâ plus, nec à postremâ syllabâ citra tertiam : quo magis naturam ducem ad aurium voluptatem sequatur industria.

Ac vocis quidem bonitas optanda est : non est enim in nobis, sed tractatio atque usus in nobis. Ergò ille princeps variabit, et mutabit; omnes sonorum, tùm intendens, tùm remittens, persequetur gradus; idemque motu sic utetur, nihil ut supersit in gestu.

Status erectus et celsus; rarus incessus, nec ità longus; excursio moderata, eaque rara; nulla mollitia cervicum; nullæ argutiæ digitorum; non ad numerum articulus cadens; trunco magis toto se ipse moderans, et virili laterum flexione, brachii projectione in contentionibus, contractione in remissis.

Vultus verò, qui secundùm vocem plurimùm potest, quantam affert tùm dignitatem, tùm venustatem! In quo quum effeceris ne quid ineptum aut vultuosum sit, tùm oculorum est quædam magna moderatio : nam ut imago est animi vultus, sic indices oculi; quorum et hilaritatis, et vicissìm tristitiæ modum res ipsæ de quibus agetur, temperabunt.

Cicéron n'accorde, comme on a vu, que peu d'importance, et très peu de place aux deux premières parties du discours, l'*Invention* et la *Disposition*; mais le beau idéal de l'éloquence devait être l'*Élocution :* pour celui qui avait épuisé toutes les combinaisons, tous les artifices du style, et déployé toutes les richesses de l'une des plus belles langues que les hommes aient jamais parlées : aussi, avec quelle complaisance marquée il va traiter ce dernier sujet!

IX. Sed jam illius perfecti oratoris et summæ

eloquentiæ species exprimenda est; quem hoc uno excellere, id est oratione, cætera in eo latere, indicat nomen ipsum. Non enim inventor, aut compositor, aut actor, hæc complexus est omnia; sed et græcè ab eloquendo ῥήτωρ, et latinè *eloquens* dictus est. Cæterarum enim rerum quæ sunt in oratore, partem aliquam sibi quisque vindicat : dicendi autem, id est eloquendi, maxima vis soli huic conceditur.

Quanquàm enim et philosophi quidam ornatè locuti sunt (siquidem et Theophrastus divinitate loquendi nomen invenit, et Aristoteles Isocratem ipsum lacessivit, et Xenophontis voce Musas quasi locutas ferunt; et longè omnium, quicumque scripserunt aut locuti sunt, exstitit et suavitate et gravitate princeps Plato) : tamen horum oratio neque nervos neque aculeos oratorios ac forenses habet. Loquuntur cum doctis, quorum sedare animos malunt quàm incitare. Sic de rebus placatis, ac minimè turbulentis, docendi causâ, non capiendi, loquuntur; ut in eo ipso, quòd delectationem aliquam dicendo aucupentur, plus nonnullis, quàm necesse sit, facere videantur. Ergo ab hoc genere non difficile est hanc eloquentiam, de quâ nunc agitur, secernere.

Mollis est enim oratio philosophorum, et umbratilis, nec sententiis, nec verbis instructa popularibus, nec vincta numeris, sed soluta liberiùs; nihil iratum habet, nihil invidum, nihil atrox, nihil mirabile, nihil astutum; casta, verecunda, virgo incorrupta quodam modo. Itaque sermo potiùs, quàm oratio, dicitur; quanquam enim omnis locutio oratio est, tamen unius oratoris locutio hoc proprio signata nomine est.

Sophistarum, de quibus suprà dixi, magis distinguenda similitudo videtur, qui omnes eosdem volunt flores quos adhibet orator in causis, persequi. Sed hoc differunt, quòd quum sit his propositum non perturbare animos, sed placare potiùs, nec tam persuadere quàm delectare; et apertiùs id faciunt quàm nos, et crebriùs, concinnas magis sententias exquirunt quàm probabiles; à re sæpè discedunt, intexunt fabulas, verba apertiùs transferunt, eaque ità disponunt, ut pictores varietatem colorum: paria paribus referunt, adversa contrariis, sæpissimèque similiter extrema definiunt.

Avec quelle justesse, quelle sûreté de goût, il distingue ensuite les nuances qui doivent séparer le style de l'orateur, de celui de l'historien, du poète et du philosophe!

X. Huic generi historia finitima est, in quà et narratur ornatè, et regio sæpè aut pugna describitur: interponantur etiam conciones et hortationes; sed in his tracta quædam et fluens expetitur, non hæc contorta et acris oratio. Ab his non multò secùs quàm à poetis hæc eloquentia quam quærimus sevocanda est. Nam etiam poetæ quæstionem attulerunt, quidnam esset illud, quo ipsi differrent ab oratoribus: numero maximè videbantur anteà, et versu; nunc apud oratores jam ipse numerus increbuit.

Quidquid est enim quod sub aurium mensuram aliquam cadit, etiam si abest à versu (nam id quidem orationis est vitium), numerus vocatur, qui Græcè ῥυθμὸς dicitur. Itaque video visum esse nonnullis, Platonis et Democriti locutionem, etsi absit à versu, tamen, quòd incitatiùs feratur, et clarissimis verborum luminibus utatur, potiùs poema putandum, quàm comicorum poetarum, apud quos, nisi quòd versiculi sunt, nihil est aliud quotidiani dissimile sermonis. Nec tamen id est poetæ maximum; etsi est eò laudabilior, quòd virtutes oratoris persequitur, quum versu sit adstrictior.

Ego autem, etiam si quorumdam grandis et ornata vox est poetarum, tamen in eà quùm licentiam statuo majorem esse quàm in nobis faciendorum jungendorumque verborum, tum etiam nonnullorum voluptati vocibus magis quàm rebus inserviunt. Nec verò, si quid est unum inter eos simile (id autem est judicium, electioque verborum), proptereà cæterarum rerum dissimilitudo intelligi non potest : sed id nec dubium est; et, si quid habet quæstionis, hoc tamen ipsum ad id quod propositum est, non est necessarium. Sejunctus igitur orator à philosophorum eloquentià, à sophistarum, ab historicorum, à poetarum, explicandus est nobis qualis futurus sit.

Cette judicieuse distinction conduit naturellement au chapitre des *convenances*, qui doivent s'observer également dans les pensées et dans le style.

XI. Erit igitur eloquens (hunc enim, auctore Antonio, quærimus) is qui in foro causisque civilibus ità dicet, ut probet, ut delectet, ut flectat. Probare, necessitatis est; delectare, suavitatis; flectere, victoriæ : nam id unum ex omnibus ad obtinendas causas potest plurimùm. Sed quot officia oratoris, tot sunt genera dicendi : subtile in probando, modicum in delectando, vehemens in flectendo; in quo uno vis omnis oratoris est.

Magni igitur judicii, summæ etiam facultatis esse debebit moderator ille et quasi temperator hujus tripartitæ varietatis : nam et judicabit quid cuique opus sit; et quocumque modo postulabit causa, dicere. Sed est eloquentiæ, sicut reliquarum rerum, fundamentum sapientia. Ut enim in vitâ, sic in oratione, nihil est difficilius, quàm quid deceat videre. Πρέπον appellant hoc Græci; nos dicamus sanè decorum : de quo præclarè, et multa præcipiuntur, et res est cognitione dignissima. Hujus ignoratione non modò in vitâ, sed sæpissimè et in poematis, et in oratione peccatur.

Est autem, *quid deceat*, oratori videndum, non in sententiis solùm, sed etiam in verbis; non enim omnis fortuna, non omnis honos, non omnis autoritas, non omnis ætas, nec verò locus, aut tempus, aut auditor omnis, eodem aut verborum genere tractandus est, aut sententiarum : semperque in omni parte orationis, ut vitæ, quid deceat, est considerandum; quod et in re de quâ agitur positum est, et in personis et eorum qui dicunt, et eorum qui audiunt.

Itaque hunc locum, longè et latè patentem, philosophi solent in officiis tractare (non quum de recto ipso disputant, nam id quidem unum est); grammatici in poetis, eloquentes in omni et genere et parte causarum. Quàm enim indecorum est, de stillicidiis quum apud unum judicem dicas, amplissimis verbis, et locis uti communibus; de majestate populi Romani summissè et subtiliter! Hic genere toto. At personâ alii peccant, aut suâ, aut judicum, aut etiam adversariorum; nec re solùm, sed sæpè verbo : etsi sine re nulla vis verbi est, tamen eadem res sæpè aut probatur, aut rejicitur alio atque alio elata verbo.

In omnibusque rebus videndum est, quatenùs : etsi enim suus cuique modus est, tamen magis offendit nimium quàm parum. In quo Apelles pictores quoque eos peccare dicebat, qui non sentirent quid esset satis. Magnus esset locus hic, Brute, quod te non fugit, et magnum volumen aliud desiderat. Sed ad id quod agitur, illud satis; quum hoc decere, quod semper usurpamus in omnibus dictis et factis, minimis et maximis; quum hoc, inquam, decere dicimus, illud non decere, et id usquequàque, quantum sit, appareat; in alioque ponatur, aliudque totum sit, utrùm *decere* an *oportere* dicas.

Oportere enim, perfectionem declarat officii, quo et semper utendum est, et omnibus: decere, quasi aptum esse consentaneumque tempori et personæ; quod qùùm in factis sæpissimè, tum in dictis valet, in vultu deniquè, et gestu, et incessu; contràque item dedecere. Quod si poeta fugit, ut maximum vitium, qui peccat etiam, qùum probam orationem affingit improbo, stultove sapientis; si deniquè pictor ille (1) vidit, quum immolandâ Iphigeniâ tristis Chalchas esset, mœstior Ulysses, mœreret Menelaüs, obvolvendum caput Agamemnonis esse, quoniam summum illum luctum penicillo non posset imitari; si deniquè histrio, quid deceat, quærit: quid faciendum oratori putemus? Sed, quum hoc tantum sit, quid in causis earumque quasi membris faciat, orator viderit; illud quidem perspicuum est, non modò partes orationis, sed etiam causas totas, alias aliâ formâ dicendi esse tractandas.

Après ces considérations générales sur l'art, envisagé sous des rapports si philosophiques, Cicéron recherche et caractérise la perfection de détail dont chaque genre de style est susceptible; et pour donner, par exemple, une idée de la *perfection du style simple*, il la trouve dans l'orateur vraiment *attique*.

XII. Summissus est, et humilis, consuetudinem

(1) Le peintre Timanthes, dans son *Sacrifice d'Iphigénie*.

imitans, ab indisertis re plus quàm opinione differens. Itaque eum qui audiunt, quamvis ipsi infantes sint, tamen illo modo confidunt se posse dicere: nam orationis subtilitas imitabilis illa quidem videtur esse existimanti; sed nihil est experienti minùs. Etsi enim non plurimi sanguinis est, habeat tamen succum aliquem oportet, ut, etiam si illis maximis viribus careat, sit (ut ita dicam) integrâ valetudine.

Primùm igitur eum tanquàm è vinculis numerorum eximamus. Sunt enim quidam, ut scis, oratori numeri observandi ratione quâdam, sed alio in genere orationis, in hoc omnino relinquendi: solutum quiddam sit, nec vagum tamen, ut ingredi liberè, non ut licenter videatur errare. Verba etiam verbis quasi coagmentare negligat. Habet enim ille tanquàm hiatus concursu vocalium molle quiddam, et quod indicet non ingratam negligentiam, de re hominis magis quàm de verbis, laborantis.

Sed erit videndum de reliquis, quum hæc duo ei liberiora fuerint, circuitus, conglutinatioque verborum. Illa enim ipsa contracta, et minuta, non negligenter tractanda sunt; sed quædam etiam negligentia est diligens. Nam ut mulieres esse dicuntur nonnullæ inornatæ, quas idipsum deceat; sic hæc subtilis oratio etiam incompta delectat. Fit enim quiddam in utroque, quo sit venustius, sed non ut appareat. Tum removebitur omnis insignis ornatus, quasi margaritarum; ne calamistri quidem adhibebuntur: fucati verò medicamenta candoris, et ruboris, omnia repellentur; elegantia modò, et munditia remanebit.

Sermo purus erit et latinus: dilucidè, planèque dicetur: quid deceat, circumspicietur. Unum aderit, quod quartum numerat Theophrastus in orationis laudibus, ornatum illud suave et affluens : acutæ crebræque sententiæ ponentur, et nescio undè ex abdito erutæ, atque in hoc oratore dominabuntur. Verecundus erit usus oratoriæ quasi supellectilis. Supellex est enim quodam modo nostra, quæ est in ornamentis, alia rerum, alia verborum. Ornatus autem verborum, duplex : unus simplicium, alter collocatorum. Simplex probatur in propriis usitatisque verbis, quòd aut optimè sonat, aut rem maximè explanat. In alienis, aut translatum, aut sumptum aliundè, ut mutuò; aut factum ab ipso; aut novum, aut priscum et inusitatum. Sed etiam inusitata ac prisca sunt in propriis, nisi quòd rarò utimur.

Collocata autem verba habent ornatum, si aliquid concinnitatis efficiunt, quod verbis mutatis non maneat, manente sententiâ. Nam sententiarum ornamenta quæ permanent, etiamsi verba mutaveris, sunt illa quidem permulta; sed, quæ emineant, pauciora.

Ergo ille tenuis orator, modò sit elegans, nec in faciendis verbis erit audax, et in transferendis verecundus, et parcus in priscis, reliquisque ornamentis et verborum et sententiarum demissior : translatione fortassè crebrior, quâ frequentissimè sermo omnis utitur non modò urbanorum, sed etiam rusticorum; siquidem est eorum, *gemmare vites, sitire agros, lætas esse segetes, luxuriosa frumenta.*

Nihil horum parùm audacter : sed aut simile est illi undè transferas; aut, si res suum nullum habet nomen, docendi causâ sumptum, non ludendi, videtur. Hoc ornamento liberiùs paulò quàm cæteris utetur, hic summissus, nec tam licenter tamen, quàm si genere dicendi uteretur amplissimo.

Caractère du *style tempéré* : Démétrius de Phalère modèle du genre.

XIII. Uberius est aliud, aliquantòque robustius, quàm hoc humile de quo dictum est; summissius autem quàm illud, de quo jam dicetur, amplissimum. Hoc in genere, nervorum vel minimùm, suavitatis autem est vel plurimùm. Est enim plenius quàm hoc enucleatum : quàm autem illud ornatum copiosumque, summissius. Huic omnia dicendi ornamenta conveniunt, plurimùmque est, in hâc orationis formâ, suavitatis.

In quâ multi floruerunt apud Græcos : sed Phalereus Demetrius meo judicio præstitit cæteris; cujus oratio quùm sedatè placidèque loquitur, tùm illustrant eam, quasi stellæ quædam, tralata verba, atque immutata. Tralata ea dico, ut sæpè jam, quæ per similitudinem ab aliâ re, aut suavitatis aut inopiæ causâ, transferuntur; mutata, in quibus pro verbo proprio subjicitur aliud quod idem significet, sumptum ex re aliquâ consequenti.

Quod quanquàm transferendo fit, tamen alio modo transtulit, quùm dixit Ennius, *arcem et urbem orbas*; alio modo, si pro patriâ arcem dixisset : et *horridam Africam terribili tremere tumultu* quùm dicit, pro Afris immutat Africam. Hanc *hypallagen* rhetores, quia quasi summutantur verba pro verbis; *metonymiam* grammatici vocant, quòd nomina transferuntur.

Aristoteles autem translationi hæc ipsa subjungit, et abusionem, quam κατάχρησιν vocant : ut quùm *minutum* dicimus animum, pro parvo, et abutimur verbis propinquis, si opus est, vel quòd delectat, vel quòd decet. Jam quùm fluxerunt plures continuæ tralationes, alia planè fit oratio. Itaque genus hoc Græci appellant ἀλληγορίαν, nomine rectè, genere meliùs ille, qui ista omnia translationes vocat. Hæc frequentat Phalereus maximè, suntque dulcissima; et quanquàm translatio est apud eum multa, tamen immutationes nusquàm crebriores.

In idem genus orationis (loquor enim de illâ modicâ ac temperatâ) verborum cadunt lumina omnia, multa etiam sententiarum: latæ eruditæque disputationes ab eodem explicantur, et loci communes sine contentione inducuntur. Quid multa? è philosophorum scholis tales ferè evadunt: et, nisi coràm erit comparatus ille fortior, per se hic, quem dico, probabitur.

Est enim quoddam etiam insigne, et florens orationis, pictum et expolitum genus, in quo omnes verborum, omnes sententiarum illigantur lepores. Hoc totum è sophistarum fontibus defluxit in forum; sed spretum à subtilibus, repulsum à gravibus, in eâ, de quâ loquor, mediocritate consedit.

Quelques lignes vont suffire à Cicéron pour caractériser le *style sublime :* mais ces lignes seront elles-mêmes du *sublime* de diction, et l'exemple est ici dans le précepte.

XIV. Tertius est ille amplus, copiosus, gravis, ornatus, in quo profectò vis maxima est. Hic est enim, cujus ornatum dicendi et copiam admiratæ gentes, eloquentiam in civitatibus plurimùm valere passæ sunt; sed hanc eloquentiam quæ cursu magno sonituque ferretur, quam suspicerent omnes, quam admirarentur, quam se assequi posse diffiderent. Hujus eloquentiæ est tractare animos, hujus omni modo permovere. Hæc modò perfringit, modò irrepit in sensus; inserit novas opiniones, evellit insitas.

Mais comme les jeunes écrivains ne sont que trop portés à prendre pour *un beau défaut* la prétention continuelle *au grand, au sublime, à la force, à la chaleur*, il est bon de leur mettre sous les yeux ce que pensait, et ce que conseille Cicéron à cet égard.

XV. Sed multùm interest inter hoc dicendi genus, et superiora. Qui in illo subtili et acuto elaboravit, ut callidè argutèque diceret, nec quidquam altius cogitaret, hoc uno perfecto, magnus orator est, si non maximus, minimèque in lubrico versabitur, et, si semel constiterit, nunquàm cadet. Medius ille autem, quem modicum et temperatum voco, si modò suum illud satis instruxerit, non extimescit ancipites dicendi incertosque casus: etiam, si quandò minùs succedet, ut sæpè fit, magnum tamen periculum non adibit: altè enim cadere non potest.

At verò hic noster, quem principem ponimus, gravis, acer, ardens, si ad hoc unum est natus, aut in hoc solo se exercuit, aut huic generi studet uni, nec suam copiam cum illis duobus generibus temperavit, maximè est contemnendus. Ille enim summissus, quòd acutè et veteratoriè dicit, sapiens jam; medius, suavis; hic autem copiosissimus, si nihil est aliud, vix satis sanus videri solet. Qui enim nihil potest tranquillè, nihil leniter, nihil partitè, definitè, distinctè, facetè dicere, præsertìm quum causæ partìm totæ sint eo modò, partìm aliquâ ex parte tractandæ; si is non præparatis auribus inflammare rem cœpit, furere apud sanos, et quasi inter sobrios bacchari vinolentus videtur.

Tenemus, igitur, Brute, quem quærimus; sed animo: nam manu si prehendissem, ne ipse quidem suâ tantâ eloquentiâ mihi persuasisset ut se dimitterem. Sed inventus profectò est ille eloquens quem nunquàm vidit Antonius. Quis est igitur is? Complectar brevi, disseram pluribus. Is enim est eloquens, qui et humilia subtiliter, et magna graviter, et mediocria temperatè potest dicere.

Nemo is, inquies, unquàm fuit. Ne fuerit. Ego enim, quid desiderem, non quid viderim, disputo; redeoque ad illam Platonis, de quâ dixeram, rei formam et speciem, quem etsi non cernimus, tamen animo tenere possumus. Non enim eloquentem quæro, neque quidquam mortale et caducum, sed illud ipsum cujus qui sit compos, sit eloquens; quod nihil est aliud, nisi eloquentia ipsa, quam nullis nisi mentis oculis videre possumus. Is erit igitur eloquens, ut idem illud iteremus, qui poterit parva summissè, modicâ temperatè, magna graviter dicere.

Quel orateur, quel écrivain a plus fidèlement rempli jamais les conditions que Cicéron impose ici aux autres; qui jamais a su mieux que lui : *et humilia subtiliter, et magna graviter, et mediocria temperatè dicere?* Quelle foule d'exemples se disputeraient ici un choix que nous nous contenterons, pour le moment, de signaler au zèle laborieux des jeunes élèves!

Ils trouveront donc des modèles :

1° Du style *Simple*, dans les discours, *In Verrem*, III, IV et V; — *Pro Rabirio;* — *Pro Sylla;* — *Pro Cælio, etc.;*

2° Du style *Tempéré*, dans les discours, *Pro Fonteio;* — *Pro lege Maniliâ;* — *In Catil.*, II, III, IV; — *Pro Murenâ;* — *Pro Archiâ-poetâ;* — *Pro Marcello;* — *Pro Quinctio;*

3° Du style *Sublime* et *Véhément*, dans les discours, *Pro Rosc. Amer.;* — *In Verr.*, VII; — *In Catil.*, I; — *In Vatin.;* — *In Pisonem;* — *Pro Milone;* — *Philipp.*, II.

Cicéron, qui certes avait bien acquis le droit de

se citer lui-même, et qui, comme nous l'avons vu, s'était déjà jugé avec un si noble désintéressement (1), rappelle ici quelques uns de ses *discours*, bien moins pour les offrir comme modèles de cette *perfection* désirée, que comme d'heureuses tentatives pour tâcher d'y parvenir. Nous allons même voir ce qu'il en pense.

XVI. Nec enim nunc de nobis, sed de re dicimus: in quo tantùm abest ut nostra miremur, ut usque eò difficiles ac morosi simus, ut nobis non satisfaciat ipse Demosthenes; qui quanquàm unus eminet inter omnes in omni genere dicendi, tamen non semper implet aures meas: ita sunt avidæ et capaces, et semper aliquid immensum infinitumque desiderant!

On présume bien que le juge dont Démosthène ne satisfaisait pas complètement l'insatiable avidité du *beau*, ne s'épargnait pas lui-même sur les productions de sa première jeunesse; sévérité d'autant plus louable, que les fautes qu'il relève pouvaient lui paraître justifiées par le succès. «Mais Cicéron, ajoute La Harpe, n'était pas de ces hommes qui croient qu'on n'a rien à leur répliquer lorsqu'ils ont dit: *J'ai été applaudi!* Cicéron, au contraire, nous dit, en homme qui aime encore mieux l'art que son talent: *J'ai été applaudi, et j'avais tort.*» Il fait plus: il le prouve, au sujet d'un morceau de l'un de ses premiers plaidoyers.

XVII. Quantis illa clamoribus adolescentuli diximus de supplicio parricidarum! quæ nequaquàm sa-

(1) Dans le *Brutus*, ci-devant, p. 102.

tis deferbuisse post aliquantò sentire cœpimus. *Quid enim tàm commune, quàm spiritus vivis, terra mortuis, mare fluctuantibus, littus ejectis? Ità vivunt, dum possunt, ut ducere animam de cœlo non queant; ità moriuntur, ut eorum ossa terra non tangat; ità jactantur fluctibus, ut nunquàm alluantur; ità postremò ejiciuntur, ut ne ad saxa quidem mortui conquiescant* (1); et quæ sequuntur. Sunt enim omnia, sicut adolescentis, non tam re et maturitate, quam spe et exspectatione, laudati.

Cicéron se borne à condamner en masse tout le passage; La Harpe en donne la critique de détail. « Il ne faut qu'un moment de réflexion, dit-il, pour voir que toute cette description séduisante n'est qu'un vain cliquetis de mots qui éblouissent en se choquant, un assemblage d'idées frivoles ou fausses. Qu'est-ce que cette distinction de l'air qui est *commun aux vivans*, et de la terre qui est *commune aux morts?* est-ce que la terre n'est pas aussi commune aux vivans? De plus, il est faux qu'un homme jeté à la mer dans un sac ne soit pas mouillé par les flots, et ne puisse pas être porté sur un rocher. Mais quand tout cela serait vrai, qu'importe? et qu'est ce que cela prouve?»

Enfin il ne manque plus rien à la perfection idéale du style de l'orateur, que l'éclat qu'il peut emprunter du sage et judicieux emploi des *figures de mots* et *de pensées*, et Cicéron va l'indiquer; mais au lieu d'une nomenclature technique, au lieu d'une sèche et froide classification de toutes ces *figures*, appelées de leurs noms, et rangées dans leur ordre, Cicéron les

(1) Pro *Rosc. Amerin.*, XXVI.

met pour ainsi dire en action dans un tableau rapide, animé, où leur effet n'est pas désigné seulement, mais réellement produit par le mouvement même du style et la marche de la phrase. C'est que, suivant la judicieuse remarque de l'habile traducteur de ce même traité, M. Le Clerc : « Les grands génies ne cherchent qu'à simplifier; les rhéteurs divisent et subdivisent. »

XVIII. Sed jam forma ipsa restat, et character ille qui dicitur; qui qualis esse debeat, ex ipsis, quæ suprà dicta sunt, intelligi potest. Nam et singulorum verborum et collocatorum lumina attigimus; quibus sic abundabit, ut verbum ex ore nullum, nisi aut elegans aut grave exeat ; ex omnique genere frequentissimæ translationes erunt, quòd eæ propter similitudinem transferunt animos, et referunt, ac movent hùc et illùc; qui motus cogitationis, celeriter agitatus, per se ipse delectat. Et reliqua, ex collocatione verborum quæ sumuntur quasi lumina, magnum afferunt ornatum orationi. Sunt enim similia illis quæ in amplo ornatu scenæ, aut fori, appellantur insignia : non quòd sola ornent, sed quòd excellant.

Eadem ratio est horum, quæ sunt orationis lumina, et quodam modo insignia; quum aut duplicantur iteranturque verba, aut breviter commutata ponuntur, aut ab eodem verbo ducitur sæpiùs oratio, aut in idem conjicitur, aut in utrumque, aut adjungitur idem iteratum, aut idem ad extremum refertur, aut continenter unum verbum non in eâdem sententiâ ponitur ; aut quum similiter vel cadunt verba, vel desinunt; aut multis modis contrariis relata contraria; aut quum gradatim sursùm versus redditur; aut quum, demptis conjunctionibus, dissolutè plura dicuntur; aut quum aliquid prætereuntes, cur id faciamus, ostendimus; aut quum corrigimus nosmetipsi, quasi reprehendentes; aut si est aliqua exclamatio vel admirationis, vel conquestionis; aut quum ejusdem nominis casus sæpiùs commutatur.

Sed sententiarum ornamenta majora sunt: quibus quia frequentissimè Demosthenes utitur, sunt qui putent, idcircò ejus eloquentiam maximè esse laudabilem. Et verò nullus ferè ab eo locus sine quâdam conformatione sententiæ dicitur; nec aliud quidquam est, dicere, nisi omnes, aut certè plerasque, aliquâ specie illuminare sententias; quas quum tu optimè, Brute, teneas, quid attinet nominibus uti, aut exemplis? tantùm notetur locus.

Sic igitur dicet ille, quem expetimus, ut verset sæpè multis modis eadem et unam rem, et hæreat in eâdem commoreturque sententiâ; sæpè etiam ut extenuet aliquid; sæpè ut irrideat; ut declinet à proposito, deflectatque sententiam; ut proponat quid dicturus sit; ut, quum transegerit jam aliquid, definiat; ut se ipse revocet; ut, quod dixit, iteret; ut argumentum ratione concludat; ut interrogando urgeat; ut rursùs quasi ad interrogata sibi ipse respondeat; ut contrà ac dicat, accipi et sentiri velit; ut addubitet, quid potiùs, aut quomodò dicat; ut dividat in partes; ut aliquid relinquat ac negligat; ut antè præmuniat; ut in eo ipso, in quo reprehendatur, culpam in adversarium conferat; ut sæpè cum iis qui audiunt, nonnunquàm etiam cum adversario, quasi deliberet;

Ut hominum sermones moresque describat; ut muta quædam loquentia inducat, ut ab eo quod agitur, avertat animos; ut sæpe in hilaritatem risumve convertat; ut antè occupet, quod videat opponi; ut comparet similitudines; ut utatur exemplis; ut aliud alii tribuens dispertiat; ut interpellatorem coerceat; ut aliquid reticere se dicat; ut denuntiet quid caveant;

ut liberius quid audeat; ut irrascatur etiam, ut objurget aliquandò, ut deprecetur, ut supplicet, ut medeatur; ut à proposito declinet aliquantulùm; ut optet, ut exsecretur; ut fiat iis, apud quos dicet, familiaris. Atque alias etiam dicendi quasi virtutes sequatur; brevitatem, si res petet: sæpè etiam rem dicendo subjiciet oculis; sæpè suprà feret quàm fieri possit: significatio sæpè erit major, quàm oratio; sæpè hilaritas; sæpè vitæ naturarumque imitatio. Hoc in genere, nam quasi silvam vides, omnis eluceat oportet eloquentiæ magnitudo.

Tout ce que Cicéron ajoute ensuite sur l'harmonie périodique du style, sur l'origine, la cause, la nature et l'emploi du nombre oratoire, sans être à beaucoup près d'un intérêt aussi général pour nous, n'est pas moins remarquable comme morceau de critique, où la matière est traitée à fond par celui de tous les orateurs latins qui en avait fait l'étude la plus suivie et la plus complète. Que l'on ne se figure pas toutefois, que ce même écrivain, auquel on a si souvent reproché de se trop complaire dans le retour des mêmes chutes de phrases, dans l'harmonieuse séduction de ses périodes, attachât à tout cela plus de prix qu'il ne faut et qu'on ne doit. Non sans doute : écoutons-le prononcer lui-même. « Que celui qui parle d'une manière sonore et harmonieuse, mais sans idées, est un fou : *compositè et aptè sine sententiis dicere, insania est*. Et que celui qui a des idées, mais point d'ordre, point de nombre dans l'expression, n'est pas un orateur : *sententiosè autem, sine verborum et ordine et modo, infantia.* »

Si quelque chose pouvait ajouter encore au mérite de cette belle production, et lui donner un nouveau prix à nos yeux, ce serait sans doute les circonstances mêmes où elle fut composée; circonstances si bien caractérisées et si parfaitement décrites dans le passage suivant (1).

« L'orateur, dit M. Le Clerc, qui prouvait alors par sa conduite, que le cœur d'un bon citoyen peut rester libre dans une patrie asservie, venait d'achever l'éloge de Caton, et il dédiait au neveu de cet ennemi de César presque tous ses ouvrages de rhétorique ou de philosophie, qui seuls pouvaient le distraire des malheurs de Rome. Il gardait encore dans le sénat ce noble silence qu'il ne rompit, quelques mois après, que pour remercier César du rappel de Marcellus, et pour défendre, au tribunal du vainqueur, Ligarius, accusé de s'être déclaré contre lui, c'est-à-dire d'avoir trop aimé la république.

» Toute cette époque, si l'on veut en étudier avec soin les détails, paraîtra vraiment honorable pour Cicéron. Nous le voyons sortir peu à peu de cet abattement où l'avaient plongé la catastrophe de Pharsale et les dangers qu'il avait courus en Italie; il me semble même qu'on peut attribuer la composition de cet ouvrage, ce portrait qu'il va tracer du grand *orateur*, au souvenir de l'humiliation où il se trouva un instant, lorsqu'il attendit à Brindes, après la défaite de Pompée, ce qu'on appelait alors le pardon de César; il voulait, je crois, se relever à ses propres yeux et aux yeux de ses concitoyens; il voulait prouver au fier conquérant de sa patrie qu'on pouvait égaler sa funeste gloire par une gloire pacifique. Près d'emporter avec lui l'éloquence romaine et la république elle-même, il regrette les triomphes de la parole, protectrice de l'innocence et des lois; il lègue à la

(1) Voyez l'INTRODUCTION à la *Traduction nouvelle* de l'ORATEUR : Œuvres complètes de Cicéron, t. V, p. 308.

postérité ce manifeste, comme une protestation éclatante contre le despotisme des armes. Il rappelle son panégyrique de Pompée, son éloge de Caton ; il peint l'orateur fécond, harmonieux, sublime, ennemi de tous les ennemis de l'état ; et ce portrait est le sien. Il défend contre Brutus la mémoire d'Isocrate, pour avoir le droit de nous apprendre que lui aussi, dans un temps où sa langue conservait encore des traces de barbarie et de rudesse, il lui enseigna le premier les secrets du nombre oratoire ; il se compare souvent à Démosthène ; et malgré les formules de la modestie, il laisse la palme indécise. Que serait-ce donc s'il eût écrit cet ouvrage plus tard, et qu'il eût pu mettre dans la balance ces *Philippiques* romaines qui devaient être sur les bords du Tibre le dernier chef-d'œuvre de l'éloquence, et le dernier cri de la liberté ?

QUINTILIEN.

DE L'INSTITUTION DE L'ORATEUR.

ANS DE J.-C. 92—à—94.

L'habile et sage *Instituteur* prend son élève au berceau, forme, pour ainsi dire, ses premiers pas, articule avec lui ses premiers sons. Il le suit, avec une sollicitude toute paternelle, dans sa première éducation, l'accompagne dans les écoles publiques, et l'amène enfin au barreau; là il le suit avec un nouvel intérêt, ne le perd pas de vue dans le silence même du cabinet; et ne le quitte, en un mot, que dans la retraite, où ses conseils ne l'abandonnent même pas encore.

Nous ne suivrons pas nous-même Quintilien dans les détails religieusement circonstanciés d'un *Cours* si vaste, si complet, d'éducation morale et d'études oratoires : la raison en est bien simple. Nous nous adressons, d'un côté, à de jeunes rhéteurs déjà avancés dans la carrière, et qui n'ont plus besoin des préceptes tracés pour le premier âge, mais des conseils du goût et des leçons de l'expérience : de l'autre côté, nous parlons à des maîtres qui savent et pratiquent tout ce que Quintilien leur pourrait apprendre de l'importance de leurs devoirs; et ils ont sur lui l'inestimable avantage de marcher éclairés de lumières bien supérieures encore à celles qui le guidaient. Nous ne croyons pas non plus devoir reproduire dans cette analyse les nombreux passages où l'ouvrage de

Quintilien n'est, à proprement parler, que le *commentaire* ou la paraphrase éloquente, mais parfois un peu verbeuse, des grands principes posés par Cicéron dans ses admirables traités de l'art oratoire. C'eût été grossir inutilement le volume, sans rien ajouter à son intérêt, rien à son utilité.

Mais combien de hautes considérations littéraires, de remarques judicieuses, de règles d'une critique aussi fine que délicate, plus nécessaires à rappeler que jamais, et perdues jusqu'ici pour l'instruction des jeunes littérateurs, parcequ'elles l'étaient elles-mêmes dans un livre plus cité que connu, plus vanté sur parole qu'estimé avec connaissance de cause!

C'est ce qu'avait parfaitement bien compris celui de tous les maitres modernes (notre respectable Rollin) qui eut le plus de rapport peut-être avec l'excellent esprit et la belle âme du célèbre professeur romain, lorsqu'il conçut et exécuta son édition abrégée des *Institutions oratoires*. Mais cet *abrégé* parut encore beaucoup *trop long* (1): Quintilien lui-même nous avait en quelque sorte tracé le plan que nous devions suivre, en recommandant aux maîtres de *choisir* parmi ses préceptes, de ne les pas *proposer tous*, *d'écarter* ce qu'il y a d'étranger; et voilà ce que nous avons fait: mais ce que nous avons dû surtout conserver, et fidèlement reproduire, c'est ce cachet de probité, empreint d'un bout à l'autre de l'ouvrage; c'est ce parfum de vertu, si je puis m'exprimer ainsi, qui s'exhale de ces belles pages, dictées par un amour si vrai de la jeunesse, par un zèle si ardent pour ses progrès dans les bonnes mœurs, plus encore que dans les belles-lettres!

Et remarquons d'abord avec quelle énergie de con-

(1) Voyez Gibert, *Jugemens des savans sur les auteurs qui ont traité de la Rhétorique*, tome II, p. 60.

viction il commence par établir en principe que, sans la probité, il n'y a point de talent véritable : point d'orateur parfait, que l'homme essentiellement vertueux.

I. Oratorem autem instituimus illum perfectum, qui esse, nisi vir bonus, non potest : ideòque non dicendi modò eximiam in eo facultatem, sed omnes animi virtutes exigimus. Neque enim hoc concesserim, rationem rectæ honestæque vitæ (ut quidam pùtaverunt) ad philosophos relegandam : cùm vir ille verè civilis, et publicarum privatarumque rerum administrationi accommodatus, qui regere consiliis urbes, fundare legibus, emendare judiciis possit, non alius sit profectò, quàm orator. Quare, tametsi me fâteor usurum quibusdam, quæ philosophorum libris continentur, tamen ea jure verèque contenderim esse operis nostri, proprièque ad artem oratoriam pertinere. An, si frequentissimè de justitiâ, fortitudine, temperantiâ, cæterisque similibus sit disserendum, adeo ut vix ulla possit causa reperiri, in quam non aliqua quæstio ex his incidat, eaque omnia inventione atque elocutione sint explicanda : dubitabitur, ubicumque vis ingenii et copia dicendi postulatur, ibi partes oratoris esse præcipuas?

Fueruntque hæc, ut Cicero apertissimè colligit (1), quemadmodum juncta naturâ, sic officio quoque copulata : ut iidem sapientes atque eloquentes haberentur. Scidit deinde se studium, atque inertiâ factum est, ut artes esse plures viderentur. Nam, ut primùm lingua esse cœpit in quæstu, institutumque eloquentiæ bonis malè uti, curam morum, qui diserti habebantur, reliquerunt. Ea verò destituta, infirmioribus ingeniis velut prædæ fuit. Inde quidam, con-

(1) *De Orat.*, III.

tempto bene dicendi labore, ad formandos animos, statuendasque vitæ leges regressi, partem quidem potiorem (si dividi posset) retinuerunt; nomen tamen sibi insolentissimum arrogaverunt, ut soli sapientiæ studiosi vocarentur : quod neque summi imperatores, neque in consiliis rerum maximarum, ac totius administratione reipublicæ præclarissimè versati, sibi unquam vindicare sunt ausi. Facere enim optima, quàm promittere, maluerunt. Ac veterum quidem sapientiæ professorum multos et honesta præcepisse, et, ut præceperunt, etiam vixisse, facilè concesserim : nostris verò temporibus, sub hoc nomine maxima in plerisque vitia latuerunt. Non enim virtute ac studiis, ut haberentur philosophi, laborabant; sed vultum, et tristitiam, et dissentientem à cæteris habitum pessimis moribus prætendebant.

Ce ne sont pas, comme l'on voit, les vrais philosophes, ce sont les tartufes de mœurs, les parleurs de vertu, dont Quintilien interdit avec raison le commerce aux jeunes rhéteurs. Il était trop sage, trop éclairé lui-même, pour leur fermer les sources de la sagesse; mais c'est à la véritable qu'il veut les conduire.

II. Sit igitur orator vir talis, qualis verè sapiens appellari possit : nec moribus modò perfectus (nam id mea quidem opinione, quanquam sint qui dissentiant, satis non est), sed etiam scientia, et omni facultate dicendi, qualis adhuc fortasse nemo fuerit. Sed non ideo minùs nobis ad summam tendendum est : quod fecerunt plerique veterum, qui etsi nondum quemquam sapientem repertum putabant, præcepta tamen sapientiæ tradiderunt. Nam est certè aliquid consummata eloquentia, neque ad eam pervenire natura humani ingenii prohibet : quod si non contingat, altiùs tamen ibunt, qui ad summa nitentur, quàm qui, præsumpta desperatione quò velint evadendi, protinùs circa ima substiterint.

Que de soins, que de peines il s'impose pour y arriver plus sûrement! Avec quel zèle inquiet il descend jusqu'aux plus petits détails, préside au choix même de la nourrice et des premiers maîtres que l'on donne à l'enfant! Son élève touche à peine à sa septième année: déjà commence le cours de ses études; et voici ce que Quintilien oppose de victorieux à ceux qui prétendent qu'il ne faut appliquer un enfant à aucune espèce d'étude, dans un âge encore si tendre.

III. Quidam litteris instituendos, qui minores septem annis essent, non putaverunt, quòd illa prima ætas et intellectum disciplinarum capere, et laborem pati non possit. In qua sententia Hesiodum esse plurimi tradunt, qui antè grammaticum Aristophanem fuerunt: nam is primus ὑποθήκας (1), in quo libro scriptum hoc invenitur, negavit esse hujus poetæ. Sed alii quoque auctores, inter quos Eratosthenes, idem præceperunt. Meliùs autem, qui nullum tempus vacare curâ volunt, ut Chrysippus. Nam is, quamvis nutricibus triennium dederit, tamen ab illis quoque jam informandam quàm optimis institutis mentem infantium judicat. Cur autem non pertineat ad litteras ætas, quæ ad mores jam pertinet? Neque ignoro, toto illo, de quo loquor, tempore vix tantum effici, quantum conferre unus postea possit annus: sed tamen mihi, qui id senserunt, videntur non tam discentibus in hac parte, quàm docentibus, pepercisse. Quid melius alioqui

(1) *Les Préceptes*: ouvrage attribué à Hésiode par les uns; et par d'autres au centaure Chiron.

facient, ex quo loqui poterunt? Faciant enim aliquid necesse est. Aut cur hoc, quantulumcunque est, usque ad septem annos lucrum fastidiamus? Nam certè quamlibet parum sit, quod contulerit ætas prior, majora tamen aliqua discet puer eò ipso anno, quo minora didicisset. Hoc per singulos annos prorogatum, in summam proficit; et quantum in infantia præsumptum est temporis, adolescentiæ acquiritur. Idem etiam de sequentibus annis præceptum sit; ne, quod cuique discendum est, serò discere incipiat. Non ergo perdamus primum statim tempus: atque eò minùs, quòd initia litterarum solâ memoriâ constant, quæ non modò jam est in parvis, sed tum etiam tenacissima est.

Nec sum adeò ætatum imprudens, ut instandum teneris protinùs acerbè putem, exigendamque plenam operam. Nam id in primis cavere oportebit, ne studia, qui amare nondum potest, oderit: et amaritudinem semel perceptam, etiam ultra rudes annos reformidet. Lusus hic sit: et rogetur, et laudetur, et nunquam non scisse se gaudeat. Aliquando, ipso nolente, doceatur alius, cui invideat: contendat interim, et sæpiùs vincere se putet: præmiis etiam, quæ capit illa ætas, evocetur.

Ici se présente la question si souvent agitée depuis, et encore indécise pour quelques personnes: *L'éducation domestique* est-elle préférable à celle *des écoles publiques?* Quintilien ne balance pas à se prononcer en faveur de ces dernières: leurs avantages lui paraissent incontestables pour les disciples comme pour les maîtres.

Et voici comme il le prouve.

IV. Ante omnia, futurus orator, cui in maxima celebritate, et in media reipublicæ luce vivendum est, assuescat jam à tenero non reformidare homines, neque illa solitaria et velut umbratili vitâ pallescere. Excitanda mens et attollenda semper est, quæ in hujusmodi secretis aut languescit, et quemdam velut in opaco situm ducit; aut contrà tumescit inani persuasione. Necesse est enim sibi nimium tribuat, qui se nemini comparat. Deinde, cùm proferenda sunt studia, caligat in sole, et omnia nova offendit : ut qui solus didicerit, quod inter multos faciendum est.

Mitto amicitias, quæ ad senectutem usque firmissimæ durant, religiosa quâdam necessitudine imbutæ. Neque enim est sanctius, sacris iisdem, quàm studiis initiari.

Sensum ipsum, qui communis dicitur, ubi discet, cùm se à congressu, qui non hominibus solùm, sed mutis quoque animalibus naturalis est, segregarit?

Adde, quòd domi ea sola discere potest, quæ ipsi præcipientur : in schola, etiam quæ aliis. Audiet multa quotidie probari, multa corrigi : proderit alicujus objurgata desidia, proderit laudata industria : excitabitur laude æmulatio : turpe ducet cedere pari, pulchrum superasse majores. Accendunt omnia hæc animos; et licet ipsa vitium sit ambitio, frequenter tamen causa virtutum est. Non inutilem scio servatum esse à præceptoribus meis morem, qui cùm pueros in classes distribuerant, ordinem dicendi secundùm vires ingenii dabant; et ita superiore loco quisque declamabat, ut præcedere profectu videbatur. Hujus rei judicia præbebantur : ea nobis ingens palmæ contentio : ducere verò classem, multò pulcherrimum. Nec de hoc semel decretum erat : tricesimus dies reddebat victo certaminis potestatem. Ita, nec superior successu curam remittebat, et dolor victum ad depellendam ignominiam concitabat. Id nobis acriores ad studia dicendi faces subdidisse, quàm exhortationes docentium, pædagogorum custodiam, vota parentum, quantum animi mei conjecturà colligere possum, contenderim.

Sed sicut firmiores in litteris profectus alit æmulatio, ita incipientibus, atque adhuc teneris, condiscipulorum quàm præceptorum jucundior, hoc ipso quòd facilior, imitatio est. Vix enim se prima elementa ad spem tollere effingendæ, quam summam putant, eloquentiæ audebunt; proxima amplectuntur magis, ut vites arboribus applicitæ, inferiores priùs apprehendendo ramos, in cacumina evadunt. Quod adeò verum est, ut ipsius etiam magistri, si tamen ambitiosis utilia præferet, hoc opus sit, cùm adhuc rudia tractabit ingenia, non statim onerare infirmitatem discentium, sed temperare vires suas, et ad intellectum audientis descendere. Nam, ut vascula oris angusti superfusam humoris copiam respuunt, sensim autem influentibus, vel etiam instillatis complentur : sic animi puerorum quantum excipere possint, videndum est. Nam majora intellectu, velut parùm aptos ad percipiendum, animos non subibunt. Utile igitur est habere, quos imitari primùm, mox vincere velis. Ita paulatim et superiorum spes erit.

Voilà quant aux élèves : voyons maintenant par rapport aux maîtres.

V. His adjicio, præceptores ipsos non idem mentis ac spiritûs in dicendo posse concipere, singulis tantùm præsentibus, quod illâ celebritate audientium instinctos. Maxima enim pars eloquentiæ constat animo. Hunc affici, hunc concipere imagines rerum, et transformari quodammodo ad naturam eorum, de quibus loquimur, necesse est. Is porrò, quò generosior celsiorque est, hoc majoribus velut organis commovetur, ideòque et laude crescit, et impetu augetur, et aliquid magnum agere gaudet. Est quædam tacita dedignatio, vim dicendi tantis comparatam laboribus ad unum auditorem demittere : pudet supra modum sermonis attolli. Et sanè concipiat quis mente vel declamantis habitum, vel orantis vocem, incessum, pronuntiationem, illum denique animi et corporis motum, sudorem, et (ut alia prætercam) fatigationem, audiente uno : nonne quiddam pati simile furori videatur ? Non esset in rebus humanis eloquentia, si tantùm cum singulis loqueremur.

Après avoir donné sur le choix des premiers instituteurs, sous le rapport de la conduite et des mœurs, des conseils dont s'honorerait le maître chrétien le plus religieux, Quintilien réfute le double préjugé, 1° que l'homme médiocre est plus capable, par cela même, d'enseigner les premiers élémens ; 2° que le talent supérieur ne saurait descendre de si haut à ces puérilités grammaticales, ni se mettre à la portée des jeunes intelligences confiées à son zèle ; erreur funeste, en effet, qui ne tendrait à rien moins qu'à retenir dans le cercle d'une honteuse médiocrité des hommes capables de s'élever à de plus grandes choses, et de condamner le premier âge à ne recevoir que des notions vagues, superficielles, quelquefois même fausses et erronées. Je ne vois rien à opposer à la solidité des motifs dont Quintilien appuie ici son opinion.

VI. Ne illorum quidem persuasio silentio transeunda est, qui, etiam cùm idoneos rhetori pueros putaverunt, non tamen continuò tradendos eminentissimo credunt, sed apud minores aliquandiu detinent : tanquam instituendis artibus magis sit apta mediocritas præceptoris, cùm ad intellectum atque imitationem facilior, tum ad suscipiendas elementorum molestias minùs superba.

Qua in re mihi non arbitror diu laborandum, ut ostendam, quantò sit melius optimis imbui, quantaque in eluendis, quæ semel insederint, vitiis, difficultas consequatur : cùm geminatum onus succedentes premat, et quidem dedocendi gravius, ac prius, quàm docendi. Propter quod Timotheum clarum in arte tibiarum, ferunt duplices ab iis, quos alius instituisset, solitum exigere mercedes, quàm si rudes traderentur.

Error tamen est in re duplex : unus, quòd interim sufficere illos minores existimant : et bono sanè stomacho contenti sunt. Quæ quanquam et ipsa reprehensione digna securitas, tamen esset utcunque tolerabilis, si ejusmodi præceptores minus docerent, non pejus. Alter, ille etiam frequentior, quòd eos qui ampliorem dicendi facultatem sunt consecuti, non putant ad minora descendere : idque interim fieri, quia fastidiant præstare hanc inferioribus curam ; interim, quia omnino non possint. Ego porrò eum qui nolit, in numero præcipientium non habeo : posse autem maximè, si velit, optimum quemque contendo. Primùm, quòd eum qui eloquentiâ cæteris præstet, illa quoque per quæ ad eloquentiam pervenitur, diligentissimè percepisse credibile est. Deinde, quia plurimum in præcipiendo valet ratio, quæ doctissimo cuique planissima est. Postremò, quia nemo sic in majoribus eminet, ut eum minora deficiant. Nisi fortè Jovem quidem Phidias optimè fecit, illa autem quæ in ornamentum operis ejus accedunt, alius meliùs elaborasset : aut orator loqui nesciet : aut leviores morbos curare non poterit medicus præstantissimus.

Quid ergo? non est quædam eloquentia major,

quàm ut eam intellectu consequi puerilis infirmitas possit? Ego verò confiteor; sed hunc disertum præceptorem, prudentem quoque, et non ignarum docendi esse oportebit, summittentem se ad mensuram discentis : ut velocissimus quisque, si fortè iter cum parvulò faciat, det manum, et gradum suum minuat, nec procedat ultrà quàm comes possit. Quid? si plerumque accidit, ut faciliora sint ad intelligendum, et lucidiora multò, quæ à doctissimo quoque dicuntur? Nam et prima est eloquentiæ virtus, perspicuitas; et quo quisque ingenio minùs valet, hoc se magis attollere et dilatare conatur : ut staturâ breves in digitos eriguntur, et plura infirmi minantur. Nam tumidos, et corruptos, et tinnulos, et quocunque alio cacozeliæ genere peccantes, certum habeo non virium, sed infirmitatis vitio laborare: ut corpora non robore, sed valetudine inflantur : et recto itinere lapsi plerumque divertunt. Erit ergo obscurior etiam, quo quisque deterior.

Comment, en effet, l'homme médiocre pourrait-il étudier, reconnaître et signaler dans un certain nombre d'élèves le caractère particulier du talent qui se révèle d'abord, et lui approprier le genre de culture propre à développer insensiblement ces premiers germes? C'est en cela cependant que consistent surtout le mérite et le devoir du maître habile.

VII. Virtus præceptoris haberi solet, nec immeritò, diligenter in iis quos erudiendos susceperit, notare discrimina ingeniorum, et quò quemque natura maximè ferat, scire. Nam est in hoc incredibilis quædam varietas, nec pauciores animorum pænè, quàm corporum, formæ. Quod intelligi etiam ex ipsis oratoribus potest, qui tantum inter se distant genere dicendi, ut nemo sit alteri similis : quamvis plurimi se ad eorum, quos probabant, imitationem composuerint. Utile deinde plèrisque visum est, ita quemque instituere, ut propria naturæ bona, doctrinâ foverent, et in id potissimum ingenia, quò tenderent, adjuvarentur. Ut si quis palæstræ peritus, cùm in aliquod plenum pueris gymnasium venerit, expertus eorum omni modo corpus animumque, discernat, cui quisque certamini sit præparandus: ita præceptorem eloquentiæ, cùm sagaciter fuerit intuitus, cujus ingenium presso limatoque genere dicendi, cujus acri, gravi, dulci, aspero, nitido, urbano maximè gaudeat, ita se commodaturum singulis, ut in eo, quo quisque eminet, provehatur: quòd et adjutâ curâ natura magis evalescat; et qui in diversa ducatur, nec in iis, quibus minùs aptus est satis possit efficere, et ea, in quæ natus videtur, deserendo faciat infirmiora.

Quod mihi (libera enim, vel contra receptas persuasiones rationem sequenti sententia est) in parte verum videtur. Nam proprietates ingeniorum dispicere prorsus necessarium est. In his quoque certum studiorum facere delectum nemo dissuaserit. Namque erit alius hitoriæ magis idoneus, alius compositus ad carmen, alius utilis studio juris, et nonnulli rus fortasse mittendi. Sic discernet hæc dicendi magister, quomodo palæstricus ille cursorem faciet, aut pugilem, aut luctatorem, aliudve quid ex iis quæ sunt sacrorum certaminum. Verùm ei, qui foro destinabitur, non in unam partem aliquam, sed in omnia quæ sunt ejus operis, etiam si qua difficiliora videbuntur, elaborandum est. Nam et omninò supervacua erat doctrina, si natura sufficeret.

An si quis ingenio corruptus, ac tumidus (ut pleríque sunt) inciderit, in hoc eum ire patiemur? aridum atque jejunum non alemus, et quasi vestiemus? Nam si quædam detrahere necessarium est, cur non sit adjicere concessum? Neque ego contra naturam pugno. Non enim deserendum id bonum, si quod ingenitum est, existimo : sed augendum, addendumque quod cessat.

Imbecillis tamen ingeniis sanè sic obsequendum sit, ut tantùm in id, quò vocat natura, ducantur. Ita enim, quod solum possunt, meliùs efficient. Si verò liberalior natura contigerit, et in qua meritò ad spem oratoris simus aggressi, nulla dicendi virtus omittenda est. Nam licèt sit aliquam in partem pronior, ut necesse est, cæteris tamen non repugnabit, atque ea curà paria faciet iis in quibus eminebat. Sicut ille (ne ab eodem exemplo recedamus) exercendi corpora peritus, non si docendum pancratiasten susceperit, pugno ferire vel calce tantùm, aut nexus modò, atque in his certos aliquos docebit, sed omnia quæ sunt ejus certaminis.

Erit qui ex his aliqua non possit : in id maximè quod poterit, incumbet. Nam sunt hæc duo vitanda prorsus : unum, ne tentes quod effici non possit ; alterum, ne ab eo quod quis optimè facit, in aliud, cui minùs est idoneus, tranferas.

Mais l'habileté du maître et l'aptitude reconnue de l'élève ne sont encore que des élémens de succès : il faut, pour en obtenir de solides et de durables, qu'un commerce réciproque d'affection d'une part, d'estime et de respect de l'autre, s'établisse entre le maître et le disciple ; que la parfaite harmonie des âmes seconde, en un mot, la bonne intelligence des esprits.

VIII. Sumat igitur ante omnia (magister) parentis erga discipulos suos animum, ac succedere se in eorum locum, à quibus sibi liberi traduntur, existimet. Ipse nec habeat vitia, nec ferat. Non austeritas ejus tristis, non dissoluta sit comitas : ne inde odium, hinc contemptus oriatur. Plurimus ei de honesto ac bono sit sermo ; nam quo sæpiùs monuerit, hoc rariùs castigabit. Minimè iracundus, nec tamen eorum quæ emendanda erunt, dissimulator : simplex in docendo, patiens laboris, assiduus potiùs quàm immodicus. Interrogantibus libenter respondeat, non interrogantes percontetur ultro. In laudandis discipulorum dictionibus nec malignus, nec effusus ; quia res altera tædium laboris, altera securitatem parit. In emendando quæ corrigenda erunt, non acerbus, minimèque contumeliosus. Nam id quidem multos à proposito studendi fugat, quòd quidam sic objurgant, quasi oderint. Ipse aliquid, imò multa quotidie dicat, quæ secum audita referant. Licet enim satis exemplorum ad imitandum ex lectione suppeditet, tamen, viva illa, ut dicitur, vox alit pleniùs, præcipuèque præceptoris, quem discipuli, si modò rectè sunt instituti, et amant, et verentur. Vix autem dici potest, quantò libentiùs imitemur eos, quibus favemus.

Minimè verò permittenda pueris, ut fit apud plerosque, assurgendi exultandique in laudando licentia. Quin etiam juvenum modicum esse, cùm audient, testimonium debet. Ita fiet, ut ex judicio præceptoris discipulus pendeat, atque id se dixisse rectè, quod ab eo probabitur, credat. Illa verò vitiosissima, quæ jam humanitas vocatur, invicem qualiacumque laudandi, cùm est indecora et theatralis, et severe intitutis scholis aliena, tum studiorum perniciosissima hostis. Supervacua enim videntur cura ac labor, paratâ, quicquid effuderint, laude. Vultum igitur præceptoris intueri tam qui audiunt debent, quàm ipse qui dicit. Ita enim probanda atque improbanda discernent : sic stylo facultas continget, auditione judicium.

Plura de officiis docentium locutus, discipulos id unum interim moneo, ut præceptores suos non minùs quàm ipsa studia ament : et parentes esse non quidem corporum, sed mentium credant. Multum hæc pietas confert studio. Nam ita et libenter audient, et dictis credent, et esse similes concupiscent : in ipsos denique cœtus scholarum læti et alacres convenient. Emendati non irascentur, laudati gaudebunt : ut sint carissimi, studio merebuntur. Nam ut illorum officium est docere, sic horum præbere se dociles. Alioqui neutrum sine altero sufficiet. Et sicut frustra sparseris semina, nisi illa præmollitus foverit sulcus : ita eloquentia coalescere nequit, nisi sociatâ tradentis accipientisque concordiâ.

Quintilien fait passer son élève par tous les degrés d'instruction qui doivent précéder, selon lui, l'étude de l'éloquence, depuis les premiers éléments de la *grammaire*, jusqu'à ceux de la *musique* et de la *géométrie*. Il sent bien que l'on va s'étonner, s'effrayer peut-être de tout ce qu'il exige d'études préparatoires, et de connaissances acquises avant de paraître sur les bancs de *rhéthorique*. Voici sa réponse et ses motifs :

IX. Nunc de cæteris artibus, quibus instituendos, priusquàm tradantur Rhetori, pueros existimo, strictim subjungam, ut efficiatur orbis ille doctrinæ, quem Græci ἐγκύκλιον παιδείαν vocant. Nam iisdem ferè annis aliarum quoque disciplinarum studia ingredienda sunt : quæ quià et ipsæ artes sunt, et esse perfecta sine his orandi scientia non potest, nec rursus ad efficiendum oratorem satis valent solæ, an sint huic operi necessariæ, quæritur. Nam quid, inquiunt, ad agendam causam, dicendumve sententiam pertinet scire, quemadmodum in data linea constitui triangula æquis lateribus possint?

aut quo meliùs vel defendet reum, vel reget consilia, qui citharæ sonos nominibus et spatiis distinxerit? Enumerent etiam fortasse multos quamlibet utiles foro, qui nec Geometren audiverunt, nec Musicos, nisi hac communi voluptate aurium, intelligant.

Quibus ego primùm hoc respondeo, quod et Marcus Cicero scripto ad Brutum libro frequentiùs testatur, non eum à nobis institui oratorem, qui sit, aut fuerit : sed imaginem quamdam concepisse nos animo perfecti illius, ex nulla parte cessantis. Nam et sapientem formantes eum qui sit futurus consummatus undique, et (ut dicunt) mortalis quidam deus, non modò cognitione cœlestium vel mortalium putant instruendum, sed per quædam parva sanè, si ipsa demùm æstimes, ducunt, sicut exquisitas interim ambiguitates : non quia *Ceratinæ* aut *Crocodilinæ* (1) possint facere sapientem, sed quia illum ne in minimis quidem oporteat falli. Similiter oratorem, qui debet esse sapiens, non Geometres faciet, aut Musicus, quæque his alia subjungam; sed hæ quoque artes, ut sit consummatus, juvabunt. Nisi fortè antidotum quidem, atque alia, quæ morbis aut vulneribus medentur, ex multis atque interim contrariis quoque inter se effectibus, componi videmus, quorum ex diversis fit illa mistura una, quæ nulli earum similis est, quibus constat, sed proprias vires ex omnibus sumit; et muta animalia mellis illum inimitabilem humanæ rationi saporem, vario florum ac succorum genere perficiunt : nos

(1) Il faut donner une idée de ces misérables arguties des écoles. Voici un exemple des *Ceratinæ* (*quæstiunculæ*), rapporté par Sénèque : *Quidquid non perdidisti, habes ; cornua non perdidisti, ergo habes cornua.* L'autre exemple est dans Lucien. Une femme demandait à un *crocodile* s'il lui rendrait son enfant : *si tu me dis la vérité.* — *Non reddes, inquit illa.* — *Turpe et miserabile !*

mirabitur, si oratio, qua nihil præstantius homini dedit providentia, pluribus artibus eget; quæ, etiam cùm se non ostendunt in dicendo, nec proferunt, vim tamen occultam suggerunt, et tacitè quoque sentiuntur. Fuit aliquis sine his disertus: ast ego oratorem volo. Non multùm adjiciunt, sed æquè non erit totum, cui vel parva deerunt; et optimum quidem hoc esse conveniet; cujus etiamsi in arduo spes est, nos tamen præcipiamus omnia, ut saltem plura fiant. Sed cur deficiat animus? Natura enim perfectum oratorem esse non prohibet: turpiterque desperatur, quidquid fieri potest.

Il ne prétend cependant faire de son disciple ni un musicien, ni un géomètre, ni un acteur, etc. Mais il veut qu'il ait de ces différents arts une teinture suffisante, pour en emprunter au besoin les secours dont ils peuvent être pour l'orateur. Rien de plus beau, de plus digne d'un homme qui sent toute la noblesse de sa profession, que l'espèce de péroraison qui termine ce morceau.

X. Nam nec ego consumi studentem in his artibus volo; nec moduletur, aut musicis modis cantica excipiat; nec utique ad minutissima usque geometriæ opera descendat. Non comœdum in pronuntiando, nec saltatorem in gestu facio: quæ si omnia exigerem, suppeditabat tamen tempus. Longa est enim, quæ discit, ætas, et ego non de tardis ingeniis loquor. Denique cur in his omnibus, quæ discenda oratori futuro puto, eminuit Plato? qui non contentus disciplinis, quas præstare poterant Athenæ, non Pythagoreorum, ad quos in Italiam navigaverat, Ægypti quoque sacerdotes adiit, atque eorum arcana perdidicit.

Difficultatis patrocinia prætexinius segnitiæ. Neque enim nobis operis amor est : nec quia sit honesta, atque pulcherrima rerum, eloquentia, petitur ipsa, sed ad vilem usum, et sordidum lucrum accingimur. Dicant sine his in foro multi, et acquirant, dum sit locupletior aliquis sordidæ mercis negotiator, et plus voci suæ debeat præco. Ne velim quidem lectorem dari mihi, quid studia referant computaturum. Qui verò imaginem ipsam eloquentiæ divina quadam mente conceperit, quique illam (ut ait non ignobilis tragicus), reginam rerum orationem ponet ante oculos, fructumque non ex stipe advocationum, sed ex animo suo, et contemplatione ac scientia petet, perpetuum illum, nec fortunæ subjectum; facilè persuadebit sibi, ut tempora quæ spectaculis, campo, tesseris, otiosis denique sermonibus, ne dicam somno, et conviviorum morâ conterunt, geometriæ potiùs ac musicæ impendat, quanto plus delectationis habiturus, quàm ex illis ineruditis voluptatibus? Dedit enim hoc providentia hominibus munus, ut honesta magis juvarent.

Notre savant professeur n'ignorait pas qu'un préjugé trop répandu de son temps, et malheureusement renouvelé du nôtre, voulait que l'on eût, ou que l'on parût du moins avoir d'autant plus d'esprit que l'on avait moins d'érudition; ou, ce qui revient au même, que l'on sût davantage, à proportion que l'on avait moins appris. Il s'élève de toute la supériorité de sa raison contre une doctrine dont l'inévitable résultat serait le bouleversement de tous les principes, le mépris et l'oubli de toutes les règles, en morale, comme en littérature.

XI. Ne hoc quidem negaverim, sequi plerumque hanc opinionem, ut fortiùs dicere videantur indocti. Primùm, vitio malè judicantium, qui majorem habere vim credunt ea, quæ non habent artem : ut effringere, quàm aperire; rumpere, quàm solvere; trahere, quàm ducere, putant robustius. Nam et gladiator, qui armorum inscius in pugnam ruit, et luctator, qui totius corporis nixu in id quod semel invasit, incumbit, fortior ab his vocatur; cùm interim et hic frequenter suis viribus ipse prosternitur, et illum, vehementis impetûs, excipit adversarii mollis articulus.

Sed sunt in hac parte, quæ imperitos etiam naturaliter fallant. Nam et *divisio* cùm plurimum valeat in causis, speciem virium minuit : et rudia politis majora, et sparsa compositis numerosiora, creduntur.

Est præterea quædam virtutum vitiorumque vicinia, qua *maledicus* pro *libero*, *temerarius* pro *forti*, *effusus* pro *copioso* accipitur. Maledicit autem ineruditus apertiùs et sæpiùs, vel cum periculo suscepti litigatoris, frequenter etiam suo. Affert et ista res opinionem, quia libentissimè homines audiunt ea, quæ dicere ipsi noluissent.

Illud quoque alterum, quod est in elocutione ipsa periculum, minùs vitat, conaturque perditè : unde evenit nonnunquam, ut aliquid grande inveniat, qui semper quærit quod nimium est : verùm et rarò evenit, et cætera vitia non pensat.

Propter hoc quoque interdum videntur indocti copiam habere majorem, quòd dicunt omnia : doctis est et electio, et modus.

His accedit, quòd à cura docendi quod intenderint, recedunt. Itàque illud quæstionum et argumentorum apud corrupta judicia frigus evitant : nihilque aliud, quàm quò vel pravis voluptatibus aures assistentium permulceant, quærunt.

Sententiæ quoque ipsæ, quas solas petunt, magis

eminent, cùm omnia circa illas sordida et abjecta sint : ut *lumina non inter umbras*, quemadmodum Cicero dicit, *sed planè in tenebris clariora sunt.* Itaque ingeniosi vocentur, ut libet, dum tamen constet contumeliosè sic laudari disertum.

Nihilominus confitendum est etiam detrahere doctrinam aliquid, ut limam rudibus, et cotes hebetibus, et vino vetustatem ; sed vitia detrahit : atque eo solo minus est, quod litteræ perpolierunt, quo melius.

On peut reprocher à Quintilien de s'arrêter un peu trop long-temps à des questions d'une subtilité purement scolastique ; à démontrer *l'essence, la fin, l'utilité* de la Rhétorique ; mais son excellent esprit le ramène bientôt à des idées plus simples, plus justes par conséquent ; et l'on va voir s'il sait assigner les restrictions convenables, si la raison devient pédantesque chez lui, et la sévérité tyrannique.

XII. Nemò autem à me exigat id præceptorum genus, quod est à plerisque scriptoribus artium traditum, ut quasi quasdam leges immutabili necessitate conscriptas studiosis dicendi feram : utique *proœmium*, et id quale ; proxima huic *narratio*, quæ lex deinde narrandi : *propositio* post hanc, vel, ut quibusdam placuit, *excursio* : tum *certus ordo quæstionum*, cæteraque, quæ, velut si aliter facere fas non sit, quidam tanquam jussi sequuntur. Erat enim rhetorice res prorsus facilis ac parva, si uno et brevi præscripto contineretur : sed mutantur pleraque causis, temporibus, occasione, necessitate. Atque ideo res in oratore præcipua consilium est, quia variè, et ad rerum momenta convertitur.

Quid enim si præcipias imperatori, quoties aciem instruet, ut dirigat frontem, cornua utrinque promoveat, equites pro cornibus locet? Erit hæc quidem rectissima fortasse ratio, quoties licebit: sed mutabitur naturâ loci, si mons occurret, si flumen obstabit, si collibus, sylvis, asperitatéve aliqua prohibebitur. Mutabit hostium genus, mutabit præsentis conditio discriminis: nunc acie directa, nunc cuneis, nunc auxiliis, nunc legione pugnabitur: nonnunquam terga etiam dedisse simulatâ fugâ proderit. Ita prooemium necessarium, an supervacuum, breve an longius, ad judicem omni sermone directo, an aliquando averso per aliquam figuram, dicendum sit; constricta, an latiùs fusa narratio, continua an divisa, recta, an ordine permutato, causæ docebunt. Itemque de quæstionum ordine, cùm rectè in eadem controversia aliud alii parti priùs quæri frequenter expediat. Neque enim rogationibus, plebisve scitis sancta sunt ista præcepta; sed hoc, quicquid est, utilitas excogitavit. Non negabo autem sic utile esse plerumque, alioqui nec scriberem: verùm si eadem illa nobis aliud suadebit utilitas, hanc, relictis magistrorum auctoritatibus sequemur.

Equidem id maximè præcipiam, *ac repetens iterumque, iterumque monebo:* res duas in omni actu spectet orator; *quid deceat, quid expediat.* Expedit autem sæpe mutare ex illo constituto traditoque ordine aliqua, et interim decet: ut in statuis atque picturis videmus variari habitus, vultus, status. Nam recti quidem corporis vel minima gratia est. Neque enim adversa sit facies, et demissa brachia, et juncti pedes, et à summis ad ima rigens opus. Flexus ille, et ut sic dixerim, motus, dat actum quemdam effictis. Ideo nec ad unum modum formatæ manus, et in vultu mille species. Cursum habent quædam et impetum; sedent alia, vel incumbunt; nuda hæc, illa velata sunt; quædem mista ex utroque. Quid tam distortum et elaboratum, quàm est ille Discobolos Myronis? Si quis tamen, ut parum rectum improbet opus, nonne ab intellectu artis abfuerit, in qua vel præcipue laudabilis est illa ipsa novitas ac difficultas? Quam quidem gratiam et delectationem afferunt *figuræ*, quæque in sensibus, quæquæ in verbis sunt. Mutant enim aliquid à recto, atque hanc præ se virtutem ferunt, quòd à consuetudine vulgari recesserunt.

Habet in pictura speciem tota facies. Apelles tamen imaginem Antigoni latere tantùm altero ostendit, ut amissi oculi deformitas lateret. Quid? non in oratione operienda sunt quædam, sive ostendi non debent, sive exprimi pro dignitate non possunt?

Propter quæ mihi semper moris fuit, quàm minimè alligare me ad præcepta quæ, καθολικὰ vocant, id est (ut dicamus quomodo possumus) *universalia*, vel *perpetualia*. Rarò enim reperitur hoc genus, ut non labefactari parte aliqua, aut subrui possit.

Interim nolo se juvenes satis instructos, si quem ex his, qui breves plerumque circumferuntur, artis libellum edidicerint, et velut decretis *Technicorum*, tutos putent. Multo labore, assiduo studio, varia exercitatione, plurimis experimentis, altissima prudentia, præsentissimo consilio constat ars dicendi. Sed adjuvantur his quoque, si tamen rectam viam, non unam orbitam, monstrent : à qua declinare qui crediderit nefas; patiatur necesse est illam per funes ingredientium tarditatem. Itaque, et stratum militari labore iter sæpe deserimus, compendio ducti; et, si rectum limitem rupti torrentibus pontes inciderint, circumire cogemur; et, si janua tenebitur incendio, per parietem exibimus.

Lequel contribue donc plus puissamment à l'éloquence, *de l'art ou de la nature?* — Telle est la question que se fait Quintilien ; et voici comment il y répond.

XIII. Scio quæri etiam, *naturane* plus ad eloquentiam conferat, *an doctrina*. Quod ad propositum quidem nostri operis nihil pertinet : nec enim consummatus orator, nisi ex utraque, fieri potest. Plurimum tamen referre arbitror, quam esse quæstionem in hoc loco velimus. Nam si parti utrilibet omninò alteram detrahas, natura etiam sine doctrina multum valebit, doctrina nulla esse sine natura poterit. Sin ex pari coeant, in metribus quidem utrisque majus adhuc naturæ credam esse momentum, consummatos autem plus doctrinæ debere, quàm naturæ, putabo : sicut terræ nullam fertilitatem habenti nihil optimus agricola profuerit, è terra uberi utile aliquid etiam nullo colente nascetur; at in solo fecundo plus cultor, quam ipsa per se bonitas soli, efficiet. Et si Praxiteles signum aliquod ex molari lapide conatus esset exsculpere, Parium marmor mallem rude : at si illud idem artifex expolisset; plus in manibus fuisset, quàm in marmore. Denique natura materia doctrinæ est : hæc fingit, illa fingitur. Nihil ars sine materia : materiæ etiam sine arte pretium est. Ars summa, materia optima melior.

Voilà le jeune élève passé enfin entre les mains du Rhéteur. Mais d'abord, *qu'est-ce que la Rhétorique?* Est-elle *un art?* est-elle *une vertu*, c'est-à-dire une force, une puissance morale (δύναμις)? Quintilien nous semble discuter avec une complaisance trop marquée pour les sophistes de son siècle, des questions qui n'en sont plus pour nous, à qui il suffit de savoir, « que l'Éloquence est l'*art de persuader;* et que la Rhétorique est la *science qui enseigne cet art.* » Quintilien la définit, la science de bien dire : *bene dicendi scientia*. Et cette définition, comme l'observe très bien La Harpe, est peut-être meilleure en latin qu'en français, parceque *bene dicere* ne comporte pas seulement l'idée du talent de la parole, mais le mérite de ne rien dire que de convenable; tandis qu'il n'est pas rare, en français, de *dire* très *bien* des choses fort mauvaises, ou du moins très déplacées.

La lecture et la parfaite intelligence des modèles doivent nécessairement précéder les exercices de la *Composition*. Rien de plus judicieux que les conseils que donne ici Quintilien aux maîtres comme aux élèves.

XIV. Et hercle prælectio, quæ in hoc adhibetur, ut facilè atque distinctè pueri scripta oculis sequantur, etiam illa quæ vim cujusque verbi, si quod minùs usitatum incidat, docet, multum infra rhetoris officium existimanda est. At demonstrare virtutes, vel, si quando ita incidat, vitia, id professionis ejus atque promissi, qui se magistrum eloquentiæ pollicetur, maximè proprium est : eo quidem validiùs, quòd non utique hunc laborem docentium postulo, ut ad gremium revocatis, cujus quisque eorum velit libri lectione, deserviant. Nam mihi cùm facilius, tum etiam multò magis videtur utile, facto silentio, unum aliquem (quod ipsum imperari per vices optimum est) constituere lectorem, ut protinus pronuntiationi quoque assuescant : tum exposita causa, in quam scripta legetur oratio (nam sic clarius, quæ dicentur, intelligi poterunt); nihil otiosum pati; quodque in *inventione*, quodque in *elocutione* annotandum erit; quæ in *prœmio* conciliandi judicis ratio, quæ *narrandi* lux, brevitas, fides; quod aliquando consilium; et quàm occulta calliditas (namque ea sola in hoc ars est, quæ intelligi nisi ab artifice on possit); quanta deinceps in *dividendo* prudentia, quàm subtilis et crebra *argumentatio*, quibus viribus inspiret, qua jucunditate permulceat, quanta in *maledictis* asperitas, in *jocis* urbanitas; ut denique dominetur in *affectibus*, atque in pectora irrumpat, animumque judicum similem iis quæ dicit, efficiat. Tum in ratione *eloquendi*, quod verbum proprium, ornatum, sublime; ubi *amplificatio* laudanda, quæ virtus ei contraria; quid speciosè *translatum*; quæ *figura* verborum; quæ lenis et quadrata, virilis tamen *compositio*.

Ne id quidem inutile, etiam corruptas aliquando et vitiosas orationes, quas tamen plerique judiciorum pravitate mirantur, legi palam pueris, ostendique in his quàm multa impropria, obscura, tumida, humilia, sordida, lasciva, effeminata sint: quæ non laudantur modò à plerisque, sed (quod pejus est) propter hoc ipsum quòd sunt prava, laudantur. Nam sermo rectus, et secundùm naturam enuntiatus, nihil habere ex ingenio videtur. Illa verò, quæ utcunque deflexa sunt, tanquam exquisitiora miramur: non aliter quàm distortis, et quocunque modo prodigiosis corporibus apud quosdam majus est pretium, quàm iis quæ nihil ex communis habitûs bonis perdiderunt; atque etiam qui specie capiuntur, vulsis levatisque et inustas comas acu comentibus, et non suo colore nitidis, plus esse formæ putant, quàm possit tribuere incorrupta natura: ut pulchritudo corporis venire videatur ex malis moribus.

Mais quels auteurs faut-il mettre d'abord entre les mains de la jeunesse? Écoutons Quintilien.

XV. Ego optimos quidem, et statim, et semper, sed tamen eorum candidissimum quemque, et maximè expositum velim ; ut Livium à pueris magis, quàm Sallustium : et hic historiæ majoris est auctor ; ad quem tamen intelligendum jam profectu opus sit. Cicero, ut mihi quidem videtur, et jucundus incipientibus quoque, et apertus est satis ; nec prodesse tantùm, sed etiam amari potest : tum (quemadmodum Livius præcipit) ut quisque erit Ciceroni simillimus.

Duo autem genera maximè cavenda pueris puto. Unum, ne quis eos antiquitatis nimius admirator, in Gracchorum, Catonisque et aliorum similium lectione durescere velit : fient enim horridi atque jejuni. Nam neque vim eorum adhuc intellectu consequentur : et elocutione, quæ tum sine dubio erat optima, sed nostris temporibus aliena, contenti, quod est pessimum, similes sibi magnis viris videbuntur. Alterum, quod huic diversum est, ne recentis hujus lasciviæ flosculis capti, voluptate quadam prava deliniantur, ut prædulce illud genus, et puerilibus ingeniis hoc gratius, quò propius est, adament.

Firmis autem judiciis, jàmque extra periculum positis, suaserim et antiquos legere, ex quibus si assumatur solida ac virilis ingenii vis, deterso rudis seculi squalore, tum noster hic cultus clariùs enitescet : et novos, quibus et ipsis multa virtus adest. Nec enim nos tarditatis natura damnavit : sed dicendi mutavimus genus, et ultrà nobis, quàm oportebat, indulsimus : ita non tam ingenio illi nos superaverunt, quàm proposito. Multa ergo licebit eligere : sed curandum erit, ne iis, quibus permista sunt, inquinentur.

Malgré son empressement à mettre d'abord, et toujours, *et statim et semper*, les grands modèles sous les yeux des jeunes gens, il ne veut pas que leur admiration pour eux dégénère jamais en cette superstition aveugle, qui érige en beautés les défauts même les plus palpables. Non; pour devenir digne de ces grands hommes, le culte dont ils sont l'objet doit être l'hommage de la raison, et le tribut d'une admiration sincère, parcequ'elle est éclairée.

XVI. Neque id statim legenti persuasum sit, omnia, quæ magni auctores dixerint, utique esse perfecta. Nam et labuntur aliquando, et oneri cedunt, et indulgent ingeniorum suorum voluptati, nec semper intendunt animum, et nonnunquam fatigantur: cùm Ciceroni dormitare interim Demosthenes, Horatio etiam Homerus ipse videatur. Summi enim sunt, homines tamen; acciditque, iis, qui quidquid apud illos repererunt, dicendi legem putant, ut deteriora imitentur (id enim est faciliùs) ac se abundè similes putent, si vitia magnorum consequantur.

Modestè tamen et circumspecto judicio de tantis viris pronuntiandum est, ne, quod plerisque accidit, damnent, quæ non intelligunt. Ac si necesse est in alterutram errare partem, omnia eorum legentibus placere, quàm multa displicere, maluerim.

Quintilien va nous donner lui-même la règle et la mesure de l'admiration raisonnée qu'il exige des autres pour les grands écrivains de l'antiquité grecque et latine, dans la brillante et rapide revue, où ils vont successivement passer sous nos yeux, marqués tous des traits caractéristiques de leur génie.

LITTÉRATURE GRECQUE.

HOMÈRE.

XVII. Igitur, ut Aratus ab Jove incipiendum putat, ita nos ritè cœpturi ab Homero videmur. Hic enim, quemadmodum ex Oceano dicit ipse amnium vim fontiumque cursus initium capere, omnibus eloquentiæ partibus exemplum et ortum dedit. Hunc nemo in magnis sublimitate, in parvis proprietate superaverit. Idem lætus ac pressus, jucundus et gravis, tum copia, tum brevitate mirabilis; nec poëticâ modò, sed oratoriâ virtute eminentissimus.

Nam ut de laudibus, exhortationibus, consolationibus taceam, nonne vel nonus liber, quo missa ad Achillem legatio continetur : vel in primo, inter duces illa contentio : vel dictæ in secundo sententiæ, omnes litium ac consiliorum explicant artes? Affectus quidem, vel illos mites, vel hos concitatos, nemo erit tam indoctus, qui non in sua potestate hunc auctorem habuisse fateatur.

Age verò, nonne in utriusque sui operis ingressu paucissimis versibus legem procemiorum non dico servavit, sed constituit? Nam et benevolum auditorem invocatione dearum, quas præsidere vatibus creditum est; et intentum proposita rerum magnitudine; et docilem, summa celeriter comprehensa, facit. Narrare verò quis breviùs, quàm qui mortem nuntiat Patrocli : quis significantiùs potest, quàm qui Curetum Ætolorumque prælium exponit? Jam similitudines, amplificationes, exempla, digressus, signa rerum et argumenta, cæteraque probandi ac refutandi, sunt ita multa, ut etiam qui de artibus scripserunt, plurima earum rerum testimonia ab hoc poeta petant. Nam epilogus quidem quis unquam poterit illis Priami rogantis Achillem precibus æquari? (1)

Quid? in verbis, sententiis, figuris, dispositione totius operis, nonne humani ingenii modum excedit? ut magni sit viri, virtutes ejus non æmulatione (quod

(1) *Il.*, XXIV, 486 et seqq.

fieri non potest) sed intellectu sequi. Verùm hic omnes sine dubio, et in omni genere eloquentiæ procul à sè reliquit: Heroicos tamen præcipuè; videlicet quia clarissima in materià simili comparatio est.

HÉSIODE, APOLLONIUS, ARATUS, THÉOCRITE.

XVIII. Raro assurgit *Hesiodus*, magnaque pars ejus in nominibus est occupata: tamen utiles circa præcepta sententiæ, lenitasque verborum et compositionis probabilis; daturque ei palma in illo medio dicendi genere.

Apollonius in ordinem a Gammaticis datum non venit, quia Aristarchus atque Aristophanes, poetarum judices, neminem sui temporis in numerum redegerunt: non tamen contemnendum edidit opus æquali quadam mediocritate.

Arati materia motu caret, ut in qua nulla varietas, nullus affectus, nulla persona, nulla cujusquam sit oratio: sufficit tamen operi, cui se parem credidit.

Admirabilis in suo genere *Theocritus*, sed musa illa rustica et pastoralis non forum modò, verùm ipsam etiam urbem reformidat.

LES LYRIQUES GRECS.

PINDARE, STÉSICHORE, ALCÉE, SIMONIDE.

XIX. Novem verò Lyricorum longè *Pindarus* princeps, spiritûs magnificentia, sententiis, figuris, beatissima rerum verborumque copia, et velut quodam eloquentiæ flumine: propter quæ Horatius eum meritò credit nemini imitabilem (1).

(1) Horat. IV, *Od.* 2.

Stesichorum, quàm sit ingenio validus, materiæ quoque ostendunt, maxima bella, et clarissimos canentem duces, et epici carminis onera lyrâ sustinentem. Reddit enim personis in agendo simul loquendoque debitam dignitatem; ac si tenuisset modum, videtur æmulari proximus Homerum potuisse, sed redundat, atque effunditur; quod, ut est reprehendendum, ita copiæ vitium est.

Alcæus in parte operis *aureo plectro* meritò donatur (1), quia tyrannos insectatur: multum etiam moribus confert: in eloquendo quoque brevis, et magnificus, et diligens, plurimùmque Homero similis: sed in lusus et amores descendit, majoribus tamen aptior.

Simonides tenuis, alioqui sermone proprio, et jucunditate quadam commendari potest: præcipua tamen ejus in commovenda miseratione virtus, ut quidam in hac eum parte omnibus ejusdem operis auctoribus præferant.

LES COMIQUES.

ARISTOPHANE.

XX Antiqua Comœdia cùm sinceram illam sermonis Attici gratiam propè sola retinet, tum facundissimæ libertatis, etsi est in insectandis vitiis præcipua, plurimum tamen virium in cæteris partibus habet. Nam et grandis, et elegans, et venusta, et nescio an ulla, post Homerum tamen, quem, ut Achillem, semper excipi par est, aut similior sit oratoribus, aut ad oratores faciendos aptior. Plures ejus auctores: *Aristophanes* tamen, et *Eupolis*, *Cratinusque* præcipui.

(1) Horat., II, *Od.* 13.

LES TRAGIQUES.

ESCHYLE, SOPHOCLE, EURIPIDE.

XXI. Tragœdias primus in lucem *Æschylus* protulit, sublimis, et gravis, et grandiloquus sæpe usque ad vitium : sed rudis in plerisque, et incompositus : propter quod correctas ejus fabulas in certamen deferre posterioribus poetis Athenienses permisêre, suntque eo modo multi coronati.

Sed longè clariùs illustraverunt hoc opus *Sophocles* atque *Euripides* : quorum in dispari dicendi via uter sit poeta melior, inter plurimos quæritur. Idque ego sanè, quoniam ad præsentem materiam nihil pertinet, injudicatum relinquo. Illud quidem nemo non fateatur necesse est, iis, qui se ad agendum comparant, utiliorem longè Euripidem fore. Namque is et sermone (quod ipsum reprehendunt, quibus gravitas, et cothurnus et sonus Sophoclis videtur esse sublimior) magis accedit oratorio generi : et sententiis densus, et in iis, quæ à sapientibus tradita sunt, penè ipsis est par, et in dicendo ac respondendo, cuilibet eorum, qui fuerunt in foro diserti, comparandus. In affectibus verò cùm omnibus mirus, tum in iis qui miseratione constant, facilè præcipuus.

Hunc et admiratus maximè est, ut sæpe testatur, et secutus, quanquam in opere diverso, *Menander* : qui vel unus, meo quidem judicio, diligenter lectus, ad cuncta quæ præcipimus, effingenda sufficiet : ita omnem vitæ imaginem expressit : tanta in eo inveniendi copia, et eloquendi facultas : ita est omnibus rebus, personis, affectibus accommodatus.

LES HISTORIENS.

THUCYDIDE, HÉRODOTE, etc.

XXII. Historiam multi scripsêre præclarè; sed nemo dubitat duos longè cæteris præferendos, quorum diversa virtus laudem penè est parem consecuta. Densus et brevis, et semper instans sibi *Thucydides* : dulcis, et candidus, et fusus *Herodotus* : ille concitatis, hic remissis affectibus melior : ille concionibus, hic sermonibus : ille vi, hic voluptate.

Theopompus his proximus, ut in historia prædictis minor, ita oratori magis similis; ut qui, antequam est ad hoc opus sollicitatus, diu fuerit orator. *Philistus* quoque meretur, qui turbæ, quamvis bonorum post hos auctorum, eximatur, imitator Thucydidis : et ut multò infirmior, ita aliquatenus lucidior.

Ephorus, ut Isocrati visum, calcaribus eget. *Clitarchi* probatur ingenium, fides infamatur. Longo pòst intervallo temporis natus *Timagenes*. vel hoc ipso probabilis, quòd intermissam historias scribendi industriam nova laude reparavit. *Xenophon* non excidit mihi, sed inter philosophos reddendus est.

LES ORATEURS.

DÉMOSTHÈNE, ESCHINE, etc.

XXIII. Sequitur Oratorum ingens manus, cùm decem simul Athenis ætas una tulerit : quorum longè princeps Demosthenes, ac penè lex orandi fuit. Tanta vis in eo, tam densa omnia, ita quibusdam nervis intenta sunt, tam nihil otiosum, is dicendi modus, ut nec quid desit in eo, nec quid redundet, invenias. Plenior *Æschines*, et magis fusus, et grandiori similis, quo minùs strictus est : carnis tamen plus habet, lacertorum minus. Dulcis imprimis et acutus *Hyperides :* sed minoribus causis, ut non dixerim utilior magis par.

His ætate *Lysias* major, subtilis atque elegans, et quo nihil, si oratori satis sit docere, quæras perfectius. Nihil enim est inane, nihil accersitum : puro tamen fonti, quàm magno flumini propior. *Isocrates* in diverso genere dicendi nitidus et comptus, et palæstræ, quàm pugnæ, magis accommodatus, omnes dicendi veneres sectatus est : nec immeritò. Auditoriis enim se, non judiciis comparat : in inventione facilis, honesti studiosus; in compositione adeo diligens, ut cura ejus reprehendatur.

Neque ego in his de quibus sum locutus, has solas virtutes, sed has præcipuas puto : nec cæteros parum fuisse magnos. Quinetiam et *Phalereum* illum *Demetrium* (quanquam is primus inclinasse eloquentiam dicitur) multum ingenii habuisse et facundiæ fateor, vel ob hoc memoria dignum, quòd ultimus est ferè ex Atticis qui dici possit orator : quem tamen in illo medio genere dicendi præfert omnibus Cicero (1).

LITTÉRATURE LATINE.

Idem nobis per Romanos quoque auctores ordo ducendus est.

LES POÈTES HÉROÏQUES.

VIRGILE, LUCRÈCE, OVIDE, LUCAIN, VALÉRIUS FLACCUS, etc.

XXIV. Itaque ut apud Græcos Homerus, sic apud nos *Virgilius* auspicatissimum dederit exordium,

(1) Voyez ci-devant, page 83, les jugemens de Cicéron sur ces orateurs.

omnium ejus generis poetarum, Græcorum nostrorumque illi haud dubiò proximus. Utar enim verbis iisdem, quæ ex Afro Domitio juvenis accepi : qui mihi interroganti, quem Homero crederet maximè accedere : *Secundus*, inquit, *est Virgilius, propior tamen primo, quàm tertio.* Et hercle ut illi naturæ cœlesti atque immortali cesserimus, ita curæ et diligentiæ vel ideo in hoc plus est, quòd ei fuit magis laborandum : et quantum eminentioribus vincimur, fortasse æqualitate pensamus.

Cæteri omnes longè sequentur. Nam *Macer* et *Lucretius* legendi quidem, sed non ut phrasin, id est corpus eloquentiæ faciant : elegantes in sua quisque materia, sed alter humilis, alter difficilis. *Atacinus Varro* in iis per quæ nomen est assecutus, interpres operis alieni, non spernendus quidem, verùm ad augendam facultatem dicendi parum locuples. *Ennium*, sicut sacros vetustate lucos, adoremus, in quibus grandia et antiqua robora jam non tantam habent speciem, quantam religionem.

Propiores alii, atque ad hanc phrasin, de qua loquimur, magis utiles. Lascivus quidem in Heroicis quoque *Ovidius*, et nimiùm amator ingenii sui, laudandus tamen in partibus. *Cornelius* autem *Severus*, etiamsi versificator, quàm poeta, melior, si tamen, ut est dictum, ad exemplar primi libri bellum Siculum perscripsisset, vindicaret sibi jure secundum locum. Sed eum consummari mors immatura non passa est; puerilia tamen ejus opera et maximam indolem ostendunt, et mirabilem præcipuè in ætate illa recti generis voluntatem.

Multum in *Valerio Flacco* nuper amisimus. Vehemens et poeticum ingenium *Saleii Bassi fuit*, nec ipsum senectute maturum. *Rabirius* ac *Pedo* non indigni cognitione, si vacet. *Lucanus* ardens, et concitatus, et sententiis clarissimus, et, ut dicam quod sentio, magis oratoribus quàm poetis annumerandus.

LES ÉLÉGIAQUES, LES SATIRIQUES.

XXV. Elegia Græcos quoque provocamus; cujus mihi tersus atque elegans maximè videtur auctor *Tibullus*. Sunt qui *Propertium* malint. *Ovidius* utroque lascivior: sicut durior *Gallus*.

Satyra quidem tota nostra est, in qua primus insignem laudem adeptus est *Lucilius*, qui quosdam ita deditos sibi adhuc habet amatores, ut eum non ejusdem modò operis auctoribus, sed omnibus poetis præferre non dubitent. Ego quantum ab illis, tantum ab Horatio dissentio, qui Lucilium *fluere lutulentum, et esse aliquid quod tollere possis* (1), putat. Nam et eruditio in eo mira, et libertas, atque inde acerbitas, et abunde salis.

Multo est tersior, ac purus magis *Horatius*, et ad notandos hominum mores præcipuus. Multum et veræ gloriæ, quamvis uno libro, *Persius* meruit. Sunt clari hodièque, et qui olim nominabuntur.

Alterum illud est, et prius Satyræ genus, quod non sola carminum varietate mistum condidit *Terentius Varro*, vir Romanorum eruditissimus. Plurimos hic libros et doctissimos composuit, peritissimus linguæ Latinæ, et omnis antiquitatis, et rerum Græcarum, nostrarumque: plus tamen scientiæ collaturus, quàm eloquentiæ.

LES TRAGIQUES ET LES COMIQUES.

XXVI. Tragœdiæ scriptores *Accius* atque *Pacuvius*, clarissimi gravitate sententiarum verborum-

(1) *Sat.* lib. I, 4—11.

que pondere, et auctoritate personarum. Cæterum nitor, et summa in excolendis operibus manus, magis videri potest temporibus, quàm ipsis defuisse. Virium tamen Accio plus tribuitur : Pacuvium videri doctiorem, qui esse docti affectant, volunt. Jam *Varii* Thyestes cuilibet Græcorum comparari potest. Ovidii Medea videtur mihi ostendere quantum vir ille præstare potuerit, si ingenio suo temperare, quàm indulgere, maluisset. Eorum quos viderim, longè princeps *Pomponius Secundus* : quem senes parum Tragicum putabant, eruditione ac nitore præstare confitebantur.

In comœdia maximè claudicamus : licèt Varro dicat *Musas*, Ælii Stilonis sententia, *Plautino sermone locuturas fuisse, si Latinè loqui vellent* : licèt *Cæcilium* veteres laudibus ferant : licèt *Terentii scripta* ad Scipionem Africanum referantur : quæ tamen sunt in hoc genere elegantissima, et plus adhuc habitura gratiæ, si intra versus trimetros stetissent. Vix levem consequimur umbram, adeo ut mihi sermo ipse Romanus non recipere videatur illam solis concessam Atticis venerem, quando eam ne Græci quidem in alio genere linguæ obtinuerint.

LES HISTORIENS.

SALLUSTE, TITE-LIVE.

XXVII. At historia non cesserit Græcis, nec opponere Thucydidi *Sallustium* verear : nec indignetur sibi Herodotus æquari *T. Livium*, cùm in narrando miræ jucunditatis, clarissimique candoris, tum in concionibus, suprà quàm narrari potest, eloquentem : ita dicantur omnia cùm rebus tum personis accommodata : sed affectus quidem, præcipuè eos qui sunt dulciores, ut parcissimè dicam, nemo historieorum commendavit magis. Ideòque immortalem illam Sallustii velocitatem, diversis virtutibus consecutus est. Nam mihi egregiè dixisse videtur *Servilius Nonianus*, pares eos magis quàm, similes : qui et ipse à nobis auditus est, clari vir ingenii, et sententiis creber, sed minùs pressus, quàm historiæ auctoritas postulat. Quam paulum ætate præcedens eum Bassus Aufidius egregiè utique in libris belli Germanici præstitit, genere ipso probabilis in omnibus, sed in quibusdam suis ipse viribus minor.

Superest adhuc, et exornat ætatis nostræ gloriam, vir sæculorum memoria dignus, qui olim nominabitur, nunc intelligitur. Habet amatores, nec imitatores : ut libertas, quanquam circumcisis quæ dixisset, ei nocuerit. Sed elatum abunde spiritum et audaces sententias deprehendas, etiam in iis quæ manent.

Quel est donc cet historien qui sera si fameux un jour, *olim nominabitur*; et qu'il suffit pour le moment à Quintilien d'indiquer à l'admiration des contemporains, *nunc intelligitur?* Les opinions des savans (Juste-Lipse, Gesner, Burmann) ont long-temps hésité entre Pline l'ancien et Tacite; et c'est le cas de dire qu'il y avait pour et contre des raisons également plausibles; mais le dernier éditeur de Quintilien, G. Spalding, ne balance pas à reconnaître Tacite dans le mystérieux écrivain si honorablement signalé en cet endroit, et je crois que Spalding a raison (1).

On ne s'accorde pas plus sur les *Satiriques* auxquels notre rhéteur promet, ci-devant (p. 173), une célébrité que se disputent encore Juvénal et Martial.

(1) V. sa Note, tom. IV, p. 89 de l'édit. de M. Lemaire.

LES ORATEURS.

Cicéron. — Son parallèle avec Démosthènes.

XXVIII. Oratores vero vel præcipuè Latinam eloquentiam parem facere Grææ possunt. Nam *Ciceronem* cuicunque eorum fortiter opposuerim. Nec ignoro, quantam mihi concitem pugnam, cùm præsertim id non sit propositi, ut eum *Demostheni* comparem hoc tempore : neque enim attinet, cùm Demosthenem in primis legendum, vel ediscendum potiùs putem.

Quorum ego virtutes plerasque arbitror similes, consilium, ordinem dividendi, præparandi, probandi rationem, omnia denique, quæ sunt inventionis. In eloquendo est aliqua diversitas : densior ille, hic copiosior : ille concludit astrictiùs, hic latiùs pugnat : ille acumine semper, hic frequenter et pondere : illi nihil detrahi potest, huic nihil adjici : curæ plus in illo, in hoc naturæ.

Salibus certè et commiseratione (quæ duo plurimum in affectibus valent) vincimus. Et fortasse epilogos illi mos civitatis abstulerit. Sed et nobilis illa, quæ Attici mirantur, diversa Latini sermonis ratio minùs permiserit. In epistolis quidem, quanquam sunt utriusque, nulla contentio est.

Cedendum verò in hoc quidem, quòd et ille prior fuit, et ex magna parte Ciceronem, quantùs est, fecit. Nam mihi videtur M. Tullius, cùm se totum ad imitationem Græcorum contulisset, effinxisse vim Demosthenis, copiam Platonis, jucunditatem Isocratis. Nec verò quod in quoque optimum fuit, studio consecutus est tantùm, sed plurimas, vel potiùs omnes ex seipso virtutes extulit immortalis ingenii beatissima ubertate. Non enim *pluvias* (ut ait Pindarus) *aquas colligit*, *sed vivo gurgite exun-*

dat, dono quodam Providentiæ genitus, in quo totas vires suas eloquentia experiretur.

Nam quis docere diligentiùs, movere vehementiùs potest? Cui tanta unquam jucunditas affuit? ut ipsa illa, quæ extorquet, impetrare eum credas: et cùm transversum vi sua judicem ferat, tamen ille non rapi videatur, sed sequi. Jam in omnibus quæ dicit, tanta auctoritas inest, ut dissentire pudeat: nec advocati studium, sed testis aut judicis afferat fidem. Cùm interim hæc omnia, quæ vix singula quisquam intentissima cura consequi posset, fluunt illaborata; et illa, qua nihil pulchrius auditu est, oratio, præ se fert tamen felicissimam facilitatem.

Quare non immeritò ab hominibus ætatis suæ regnare in judiciis dictus est: apud posteros verò id consecutus, ut Cicero jam non hominis, sed Eloquentiæ nomen habeatur. Hunc igitur spectemus: hoc propositum sit nobis exemplum. Ille se profecisse sciat, cui Cicero valde placebit (1).

A son début dans la carrière du professorat, Quintilien avait trouvé la jeunesse romaine infatuée du mérite beaucoup trop exagéré de Sénèque; et l'on pense bien que celui qui faisait de Cicéron le cas et l'éloge que l'on vient de lire, condamnait par goût, et devait combattre par devoir les vices d'une École qui avait dénaturé, et achevait de corrompre l'Éloquence latine: mais le Quintilien de Rome éprouva alors ce qu'éprouva depuis le Quintilien français du dix-huitième siècle (2); ce qu'éprouveront dans tous

(1) Voyez, page 102, le jugement que porte Cicéron de ses propres ouvrages.

(2) V. *le Cours de Litt.*, liv. III, ch. II, sect. 4.—Morceau excellent, où La Harpe n'a d'autre tort que d'avoir un peu trop longuement raison.

les temps ceux qui auront le courage de lutter contre le torrent du faux goût et des doctrines erronées : on accusa son goût, on calomnia ses intentions. Il n'en persista pas moins dans l'arrêt impartial qu'il avait porté, et que les siècles ont confirmé, auprès du moins de tous les juges éclairés et de bonne foi.

XXIX. Ex industria Senecam in omni genere eloquentiæ versatum distuli, propter vulgatam falsò de me opinionem, quà damnare eum, et invisum quoque habere sum creditus. Quod accidit mihi, dum corruptum, et omnibus vitiis fractum dicendi genus revocare ad severiora judicia contendo. Tum autem solus hic ferè in manibus adolescentium fuit. Quem non equidem omnino conabar excutere, sed potioribus præferri non sinebam, quos ille non destiterat incessere, cùm diversi sibi conscius generis, placere se in dicendo posse iis, quibus illi placerent, diffideret. Amabant autem eum magis, quàm imitabantur : tantùmque ab illo defluebant, quantùm ille ab antiquis desciverat. Foret enim optandum, pares, aut saltem proximos, illi viro fieri. Sed placebat propter sola vitia, et ad ea se quisque dirigebat effingenda, quæ poterat. Deinde cùm se jactaret eodem modo dicere, Senecam infamabat.

Cujus et multæ alioqui, et magnæ virtutes fuerunt : ingenium facile et copiosum, plurimum studii, et multarum rerum cognitio : in qua tamen aliquando ab iis, quibus inquirenda quædam mandabat, deceptus est. Tractavit etiam omnem ferè studiorum materiam. Nam et orationes ejus, et poemata, et epistolæ, et dialogi feruntur. In philosophia parum diligens, egregius tamen vitiorum insectator fuit.

Multæ in eo claræque sententiæ : multa etiam morum gratià legenda : sed in eloquendo corrupta pleraque, atque eo perniciosissima, quòd abundant dulcibus vitiis. Velles eum suo ingenio dixisse, alieno judicio. Nam si aliqua contempsisset, si parùm concupisset, si non omnia sua amasset, si rerum pondera minutissimis sententiis non fregisset, consensu potiùs eruditorum, quàm puerorum amore comprobaretur.

Verùm sic quoque jam robustis, et severiore genere satis firmatis legendus, vel ideo, quòd exercere potest utrinque judicium. Multa enim, ut dixi, probanda in eo, multa etiam admiranda sunt : eligere modò curæ sit, quod utinam ipse fecisset! Digna enim fuit illa natura, quæ meliora vellet, quæ, quod voluit, effecit.

Quintilien vient de nous apprendre comment et dans quel esprit il faut lire les anciens : il va nous indiquer maintenant les principes qui doivent diriger l'*imitation* de ces grands modèles. Il veut d'abord qu'elle ait un certain caractère de liberté; qu'elle étende, au lieu de les resserrer, les bornes du génie; qu'elle ne s'attache point exclusivement à un seul et même objet, et qu'elle soit plutôt dans les choses que dans les mots.

XXX. Ex his cæterisque lectione dignis auctoribus et verborum sumenda copia est, et varietas figurarum, et componendi ratio, tum ad exemplum virtutum omnium mens dirigenda. Neque enim dubitari potest, quin artis pars magna contineatur imitatione. Nam ut invenire primùm fuit, estque præcipuum : sic ea quæ bene inventa sunt, utile sequi. Atque omnis vitæ ratio sic constat, ut quæ probamus in aliis, facere ipsi velimus. Sic litterarum ductus, ut scribendi fiat usus, pueri sequuntur : sic musici vocem docentium, pictores opera priorum, rustici probatam experimento culturam in exemplum intuentur. Omnis denique disciplinæ initia ad propositum sibi præscriptum formari videmus. Et hercle necesse est, aut similes aut dissimiles bonis simus. Similem rarò natura præstat, frequenter imitatio.

Sed hoc ipsum, quod tantò faciliorem nobis rationem rerum omnium facit, quàm fuit iis, qui nihil, quod sequerentur, habuerunt, nisi cautè et cum judicio apprehenditur, nocet. Ante omnia igitur imitatio per se ipsa non sufficit, vel quia pigri est ingenii, contentum esse iis quæ sunt ab aliis inventa. Quid enim futurum erat temporibus illis, quæ sine exemplo fuerunt, si homines nihil nisi quod jam cognovissent, faciendum sibi aut cogitandum putassent? Nempe nihil fuisset inventum. Cur igitur nefas est reperiri aliquid à nobis, quòd antè non fuerit?

An illi rudes sola mentis natura ducti sunt in hoc, ut tam multa generarent; nos ad quærendum non eo ipso concitemur, quod certè scimus invenisse eos, qui quæsierunt? Et cùm illi, qui nullum cujusquam rei habuerunt magistrum, plurima in postero tradiderunt, nobis usus illarum rerum ad eruendas alias non proderit: sed nihil habebimus, nisi beneficii alieni? Quemadmodum quidam pictores in id solum student, ut describere tabulas mensuris ac lineis sciant.

Turpe etiam illud est, contentum esse id consequi, quod imiteris. Nam rursus, quid erat futurum, si nemo plus effecisset eo, quem sequebatur?

Quòd si prioribus adjicere fas non est, quomodo sperare possumus ullum oratorem perfectum? cùm in his, quos maximos adhuc novimus, nemo sit inventus, in quo nihil aut desideretur, aut reprehendatur?

Sed etiam qui summa non appetent, contendere potiùs, quàm sequi debent. Nam qui agit, ut prior sit, forsitan etiam si non transierit, æquabit. Eum verò nemo potest æquare, cujus vestigiis sibi utique insistendum putat. Necesse est enim, semper sit posterior, qui sequitur.

Adde quòd plerumque facilius est plus facere, quàm idem. Tantam enim difficultatem habet similitudo, ut ne ipsa quidem natura in hoc ita evaluerit, ut non res, quæ simillimæ videantur, utique discrimine aliquo discernantur.

Adde quòd quidquid alteri simile est, necesse est minus sit eo, quod imitatur, ut umbra corpore, et imago facie, et actus histrionum veris affectibus. Quod in orationibus quoque evenit. Namque iis, quæ in exemplum assumimus, subest et natura, et vera vis : contrà omnis imitatio ficta est, et ad alienum propositum accommodatur. Quo fit, ut minus sanguinis ac virium declamationes habeant, quàm orationes : quòd in illis vera, in his assimulata materia est.

Adde quòd ea, quæ in oratore maxima sunt, imitabilia non sunt, ingenium, inventio, vis, facilitas, et quidquid arte non traditur. Ideòque plerique cùm verba quædam ex orationibus excerpserunt, aut aliquos compositionis certos pedes, mirè à se, quæ legerunt, effingi arbitrantur : cùm et verba intercidant, invalescantque temporibus, ut quorum certissima sit regula in consuetudine, eaque non suâ naturâ sint bona aut mala (nam per se soni tantùm sunt) sed prout oportunè propriéque aut secus collata sunt : et compositio cùm rebus accommodata sit, tùm ipsa varietate gratissima.

L'essentiel est donc que l'*imitation* ne se méprenne point dans l'objet de son étude ; et que, dans les écrivains mêmes qui doivent plus spécialement arrêter son choix, elle sache discerner ce qu'il est bon de suivre, ce qu'il est à propos d'éviter.

XXXI. Quapropter exactissimo judicio circa hanc partem studiorum examinanda sunt omnia. Primùm, quos imitemur. Nam sunt plurimi, qui similitudinem pessimi cujusque, et corruptissimi concupierint. Tùm in ipsis, quos elegerimus, quid sit ad quod efficiendum nos comparemus. Nam in magnis quoque auctoribus incidunt aliqua vitiosa, et à doctis inter ipsos etiam mutuò reprehensa : atque utinam tam bona imitantes dicerent meliùs, quàm mala pejùs dicunt.

Nec verò saltem iis quibus ad evitanda vitia judicii satis fuit, sufficiat imaginem virtutis effingere, et solam, ut sic dixerim, cutem, vel potiùs illas Epicuri figuras, quas è summis corporibus dicit effluere. Hoc autem iis accidit, qui non introspectis penitus virtutibus, ad primum se velut aspectum orationis aptarunt; et cùm iis felicissimè cessit imitatio, verbis atque numeris sunt non multùm differentes, vim dicendi atque inventionis non assequuntur, sed plerumque declinant in pejus, et proxima virtutibus vitia comprehendunt, fiuntque pro *grandibus tumidi*, *pressis exiles*, *fortibus temerarii*, *lætis corrupti*, *compositis exultantes*, *simplicibus negligentes*.

Ideòque qui horridè atque incompositè quidlibet frigidum illud et inane extulerunt, antiquis se pares credunt : qui carent cultu atque sententiis, Attici scilicet : qui præcisis conclusionibus obscuri, Sallustium atque Thucydidem superant : tristes ac jejuni Pollionem æmulantur : otiosi et supini, si quid modò longiùs circumduxerunt, jurant Ciceronem ita locuturum fuisse. Noveram quosdam, qui se pulchrè expressisse genus illud cœlestis hujus in dicendo viri sibi viderentur, si in clausula posuissent, *esse videatur!*

Danger de l'imitation exclusive d'un seul et même modèle, quelque parfait qu'on le suppose : nécessité de se faire un style, une manière à soi, de l'étude comparée de divers bons écrivains.

XXXII. Itaque ne hoc quidem suaserim, uni se alicui propriè, quem per omnia sequatur, addicere. Longè omnium perfectissimus Græcorum Demosthenes, aliquid tamen aliquo in loco meliùs alii: plurima illè: sed non qui maximè imitandus, etiam solus imitandus est. Quid ergo? non est satis omnia sic dicere, quomodo M. Tullius dixit? Mihi quidem satis esset, si omnia consequi possem. Quid tamen noceret, vim Cæsaris, asperitatem Cælii, diligentiam Pollionis, judicium Calvi, quibusdam in locis assumere? Nam præter id quòd prudentis est, quod in quoque optimum est, si possit, suum facere: tum in tanta rei difficultate unum intuentes, vix aliqua pars sequitur. Ideòque cùm totum exprimere quem elegeris, penè sit homini inconcessum, plurium bona ponamus ante oculos, ut aliud ex alio hæreat, et quo quidque loco conveniat, aptemus.

Imitatio autem (nam sæpius idem dicam), non sit tantùm in verbis. Illuc intendenda mens, quantùm fuerit illis viris decoris in rebus atque personis; quod consilium, quæ dispositio, quàm omnia etiam quæ delectationi videantur data, ad victoriam spectent: quid agatur prœmio, quæ ratio, et quàm varia narrandi; quæ vis probandi ac refellendi; quanta in affectibus omnis generis movendis scientia: quantaque laus ipsa popularis utilitatis gratia assumpta, quæ tum est pulcherrima, cùm sequitur, non cùm accersitur. Hæc si præviderimus, tum verè imitabimur.

Voilà le futur orateur suffisamment pourvu de tous les auxiliaires dont pouvaient l'environner d'habiles maîtres et de sages leçons; mais ce ne sont encore là que des secours extérieurs, que des moyens éloignés de succès : il en est de plus immédiats, qu'il doit tirer de son propre fonds; son *style*, par exemple, ne doit appartenir qu'à lui. Le style! que Cicéron appelle avec tant de raison, le véritable artisan, le grand-maître de l'Éloquence : *optimum effectorem ac dicendi magistrum* (1)! C'est celui de tous les exercices qui exige le plus de soins, de constance et d'efforts de la part des élèves; celui que Quintilien recommande le plus expressément à leur zèle, et dont il leur promet le plus de fruits, en suivant toutefois ses conseils.

XXXIII. Scribendum ergo quàm diligentissimè, et quàm plurimum. Nam ut terra altiùs effossa, generandis alendisque seminibus fœcundior est : sic profectus non à summo petitus, studiorum fructus effundit uberiùs, et fideliùs continet. Nam sine hac quidem conscientia, illa ipsa ex tempore dicendi facultas inanem modò loquacitatem dabit, et verba in labris nascentia. Illic radices, illic fundamenta sunt : illic opes velut sanctiore quodam ærario reconditæ, unde ad subitos quoque casus, cùm res exiget, proferantur. Vires faciamus ante omnia, quæ sufficiant labori certaminum, et usu non exhauriantur. Nihil enim rerum ipsa natura voluit ma-

(1) *De Orat.*, I, 150.

gnum effici citò, præposuitque pulcherrimo cuique operi difficultatem : quæ nascendi quoque hanc fecerit legem, ut majora animalia diutius visceribus parentum continerentur.

On ne saurait trop recommander aux jeunes écrivains de se défendre également, dans leurs compositions, et de trop de lenteur, et de trop de précipitation. C'est un double écueil dont il faut de bonne heure et fréquemment leur signaler le double danger.

XXXIV. Sit primò vel tardus, dum diligens stylus : quæramus optima, nec protinus se offerentibus gaudeamus : adhibeatur judicium inventis, dispositio probatis. Delectus enim rerum verborumque habendus est, et pondera singulorum examinanda.

Postea subeat ratio collocandi, versenturque omni modo numeri : non, ut quodque se proferet verbum, occupet locum. Quæ quidem ut diligentiùs exequamur, repetenda sæpius erunt scriptorum proxima. Nam præter id quòd sic meliùs junguntur prioribus sequentia, calor quoque ille cogitationis, qui scribendi mora refrixit, recipit ex integro vires, et velut repetito spatio sumit impetum; quod in certamine saliendi fieri videmus, ut conatum longiùs petant, et ad illud, quò contenditur spatium, cursu ferantur : utque in jaculando brachia reducimus, et expulsuri tela, nervos retrò tendimus.

Interim tamen, si feret flatus, danda sunt vela, dum nos indulgentia illa non fallat. Omnia enim nostra, dum nascuntur, placent : alioqui nec scriberentur. Sed redeamus ad judicium, et retractemus suspectam facilitatem. Sic scripsisse Sallustium accepimus; et sanè manifestus est etiam ex opere ipso labor. Virgilium quoque paucissimos die composuisse versus, auctor est Varus.

Oratoris quidem alia conditio est. Itaque hanc moram et sollicitudinem initiis impero. Nam primùm hoc constituendum, hoc obtinendum est, ut quàm optimè scribamus. Celeritatem dabit consuetudo. Paulatim res faciliùs se ostendent, verba respondebunt, compositio sequetur, cuncta denique, ut in familia bene instituta, in officio erunt. Summa hæc est rei : *citò scribendo, non fit, bene ut scribatur : bene scribendo, fit ut citò.*

Indépendamment de la pureté, de la correction du style, qualités essentielles et rigoureusement exigibles dans toute espèce de composition, quel que soit le genre auquel elle appartient, l'orateur doit encore savoir distinguer, choisir, et employer à propos les *ornements* dont elle lui paraît susceptible, et sans lesquels il manquerait le plus souvent le but qu'il se propose d'atteindre, la conviction des juges, et le plaisir de l'auditoire. Ce n'est point assez pour lui d'avoir évité les défauts, il doit encore rechercher les beautés; mais il faut qu'elles sortent naturellement du sujet, qu'elles se trouvent sans effort sous sa plume, et que le goût en ait d'avance marqué la place, le genre et la mesure.

XXXV. Emendatè quidem ac dilucidè dicentium tenue præmium est, magisque vitiis carere est, quàm ut aliquam magnam virtutem adeptus esse videaris. *Inventio* cum imperitis sæpe communis : *dispositio* modicæ doctrinæ credi potest : et si quæ sunt artes altiores, plerumque occultantur, ut artes sint : denique omnia hæc ad utilitatem causarum solam referenda sunt. Cultu verò atque ornatu se quoque commendat ipse qui dicit; et in cæteris judicium doctorum, in hoc verò etiam popularem laudem petit.

Nec fortibus modò, sed etiam fulgentibus armis præliatus in causa est Cicero *Cornelii* (1): qui non assecutus esset docendo judicem tantùm, et utiliter demum ac Latinè perspicuèque dicendo, ut populus Romanus admirationem suam non acclamatione tantùm, sed etiam plausu confiteretur. Sublimitas profectò, et magnificentia, et nitor, et auctoritas expressit illum fragorem. Nec tam insolita laus esset prosecuta dicentem, si usitata, et cæteris similis fuisset oratio. Atque ego illos credo, qui aderant, nec sensisse quid facerent, nec sponte judicioque plausisse; sed velut mente captos, et, quo essent in loco ignaros, erupisse in hunc voluntatis affectum.

Sed ne causæ quidem parum confert idem hic orationis ornatus. Nam qui libenter audiunt, et magis attendunt, et faciliùs credunt: plerumque ipsa delectatione capiuntur, nonnunquam admiratione auferuntur. Nam et ferrum affert oculis terroris aliquid, et fulmina ipsa non tam nos confunderent, si vis eorum tantùm, non etiam ipse fulgor timeretur. Rectèque Cicero his ipsis ad Brutum verbis quadam in epistola scribit: *Nam eloquentiam, quæ admirationem non habet, nullam judico.* Aristoteles quoque eamdem petendam maximè putat.

Sed hic ornatus (repetam enim), virilis, fortis, et sanctus sit: nec effeminatam levitatem, nec fuco eminentem colorem amet; sanguine et viribus niteat. Hoc autem adeo verum est, ut cùm in hac maximè parte sint vicina virtutibus vitia, etiam qui vitiis utuntur, virtutis tamen his nomen imponant. Quare nemo ex corruptis dicat, me inimicum esse cultè dicentibus: non nego hanc esse virtutem, sed illis eam non tribuo. An ego fundum cultiorem

(1) Pro *Corn. Balb.* 7, etc.

putem, in quo mihi quis ostenderit lilia, et violas, amœnos fontes surgentes, quàm ubi plena messis, aut graves fructu vites erunt? sterilem platanum, tonsasque myrtos, quàm maritam ulmum, et uberes oleas præoptaverim? Habeant illa divites: licet. Quid essent, si aliud nihil haberent?

Nullusne ego etiam fructiferis adhibendus est decor? quis negat? Nam et in ordinem certáque intervalla redigam eas arbores. Quid enim illo *quincunce* speciosius, qui, in quamcunque partem spectaveris, rectus est? Sed protinus in id quoque prodest, ut terræ succum æqualiter trahant. Surgentia in altum cacumina oleæ, ferro coercebo: in orbem se formosiùs fundet, et protinus fructum ramis pluribus feret. Decentior equus, cujus astricta sint ilia; sed idem velocior. Pulcher aspectu sit athleta, cujus lacertos exercitatio expressit; idem certamini paratior. Nunquam vera species ab utilitate dividitur. Sed hoc quidem discernere modici judicii est.

Illud observatione dignius, quòd hic ipse honestus ornatus pro materiæ genere decet variatus. Atque, ut à prima divisione ordiar, non idem *demonstrativis* et *deliberativis* et *judicialibus causis* conveniet. Namque illud genus ostentationi compositum, solam petit audientium voluptatem: ideòque omnes dicendi artes aperit, ornatumque orationis exponit; ut quod non insidietur, nec ad victoriam, sed ad solum finem laudis et gloriæ tendat. Quare, quidquid erit sententiis populare, verbis nitidum, figuris jucundum, translationibus magnificum, compositione elaboratum, velut institor quidam eloquentiæ, intuendum, et penè pertractandum dabit. Nam eventus ad ipsum, non ad causam refertur.

At, ubi res agitur, et vera dimicatio est, ultimus sit famæ locus. Propterea non debet quisquam, ubi maxima rerum momenta versantur, de verbis esse sollicitus. Neque hoc eò pertinet, ut in his nullus sit ornatus, sed uti pressior et severior, eo minùs confessus, præcipuè ad materiam accommodatus. Nam et suadendo *sublimius* aliquid senatus, *concitatius* populus, et in judiciis publicæ capitalesque causæ poscunt *accuratius dicendi genus*. At privatum consilium, causasque paucorum, ut frequenter accidit, calculorum, purus sermo, et dissimilis curæ magis decuerit. An non pudeat certam creditam pecuniam periodis postulare? aut circa stillicidia affici? aut in mancipii redhibitione sudare?

Cicéron nous a déjà indiqué tout ce que le discours pouvait emprunter d'éclat du sage emploi des *figures de mots et de pensées* (1) ; mais quelques pages lui ont suffi pour remplir un objet sur lequel Quintilien s'étend avec une longueur démesurée; peut-être y avait-il un milieu à prendre entre cette fatigante prolixité et l'extrême concision de Cicéron. Déjà Rollin avait sensiblement réduit les chapitres consacrés aux *tropes* et aux *figures*. Nous avons abrégé encore *cet abrégé*, en le bornant à ce qu'il pouvait comporter d'agrément et d'utilité. Il y a d'ailleurs tant de sens, de goût et de raison dans tout ce que dit Quintilien à ce sujet; ses citations, constamment empruntées de Cicéron lui-même et de Virgile, sont en général si heureuses, que l'on nous eût sans doute, et avec raison, reproché l'entière prétermission de cet important article.

(1) Voyez ci-devant, pages 68 et 133.

DES TROPES.

LA MÉTAPHORE.

XXXVI. Incipiamus ab eo (tropo) qui cùm frequentissimus est, tum longè pulcherrimus : *translationem* dico, quæ *Metaphora* græcè vocatur. Quæ quidem cùm ita est ab ipsa nobis concessa natura, ut indocti quoque ac non sentientes eâ frequenter utantur : tum ita jucunda atque nitida, ut in oratione, quamlibet clara, proprio tamen lumine eluceat. Neque enim vulgaris esse, nec humilis, nec insuavis, rectè modò adscita, potest. Copiam quoque sermonis auget permittendo mutuari, quæ non habet : quodque difficillimum est, præstat, ne ulli rei nomen deesse videatur.

Transfertur ergo nomen aut verbum ex eo loco, in quo proprium est, in eum, in quo aut proprium deest, aut translatum proprio melius est. Id facimus aut quia *necesse* est, aut quia *significantius*, aut (ut dixi), quia *decentius*. Ubi nihil horum præstabit, quod transferetur, improprium erit. *Necessitate* rustici dicunt *gemmam* in vitibus : quid enim dicerent aliud? et *sitire segetes*, et *fructus laborare*. Necessitate nos, *durum hominem* aut *asperum*. non enim *proprium* erat quod daremus his affectibus nomen. Jam *incensum ira :* et *inflammatum cupiditate :* et *lapsum errore*, *significandi* gratiâ. Nihil enim horum suis verbis, quàm his accersitis, magis proprium erat. Illa *ad ornatum : lumen orationis :* et, *generis claritatem :* et, *concionum procellas :* et, *eloquentiæ flumina :* ut Cicero pro Milone, *Clodium fontem gloriæ ejus* vocat : et alio loco, *segetem ac materiam*.

In totum autem *Metaphora* brevior est quàm *Similitudo :* eoque distat, quòd illa comparatur rei quam volumus exprimere; hæc pro ipsa re dicitur. *Comparatio* est, cùm dico fecisse quid hominem, *ut leonem* : *Translatio*, cùm dico de homine, *leo est.*

Hujus vis omnis quadruplex maximè videtur. Cùm in rebus animalibus aliud pro alio ponitur : ut de agitatore :

> Gubernator.... magna contorsit equum vi.

Et ut Livius, Scipionem à Catone *allatrari* solitum, refert. Inanima pro aliis generis ejusdem sumuntur : ut,

> Classique immittit habenas (1).

Aut pro rebus animalibus inanima :

> Ferro an fato virtus Argivùm occidit.

Aut contrà :

> Sedet inscius alto
> Accipiens sonitum saxi de vertice pastor (2).

Præcipuèque ex his oritur mira sublimitas, quæ audaciæ proxima, periculum translatione tolluntur, cùm rebus sensu carentibus actum quendam et animos damus; qualis est,

> Pontem indignatus Araxes (3).

Et illa Ciceronis : *Quid enim tuus ille, Tubero, districtus in acie Pharsalica gladius agebat? cujus latus ille mucro petebat? qui sensus erat armorum tuorum* (4)?

Duplicatur interim hæc virtus apud Virgilium :

> Ferrumque armare veneno (5).

Nam et *veneno armare*, et *ferrum armare*, translatio est.

(1) Æn., VI, 1. — (2) Ibid. II. 307. *Ubi Stupet*, — (3) VIII, 728. — (4) Pro Ligario. — (5) IX, 773.

Ut modicus autem atque opportunus ejus usus illustrat orationem : ita frequens et obscurat, et tædio complet ; continuus verò in *allegoriam* et *ænigmata* exit.

In illo verò plurimum erroris, quòd ea quæ poetis (qui et omnia ad voluptatem referunt, et plurima vertere etiam ipsa metri necessitate coguntur) permissa sunt, convenire quidam etiam prosæ putant. At ego in agendo nec *pastorem populi*, auctore Homero dixerim : nec *volucres pennis remigare*, licet Virgilius in apibus ac Dædalo speciosissimè sit usus. Metaphora enim aut vacantem occupare locum debet, aut si in alienum venit, plus valere eo, quod expellit.

LA SYNECDOCHE.

Quod aliquanto penè etiam magis de *Synecdoche* dicam. Nam *translatio* permovendis animis plerumque et signandis rebus, ac sub oculos subjiciendis reperta est : hæc variare sermonem potest, ut ex uno plures intelligamus, parte totum ; specie genus ; præcedentibus sequentia ; vel contrà : omnia liberiora poetis, quàm oratoribus. Nam prosa, ut *mucronem* pro *gladio*, et *tectum* pro *domo* recipiet : ita non *puppim* pro *navi*, nec *abietem* pro *tabellis*. Et rursus ut pro gladio *ferrum*, ita non pro equo *quadrupedem*.

Maximè autem in orando valebit numerorum illa libertas. Nam et Livius sæpe sic dicit : *Romanus prœlio victor* : cùm Romanos vicisse significat. Et contrà Cicero ad Brutum : *Populo*, inquit, *imposuimus, et oratores visi sumus*, cùm de se tantùm loqueretur. Quod genus non orationes modò ornat, sed etiam quotidiani sermonis usus recipit.

LA MÉTONYMIE.

Nec procul ab hoc genere discedit μετωνυμία, quæ est *nominis pro nomine positio*. Cujus vis est, pro eo quod dicitur, causam propter quam dicitur, ponere. Hæc inventa ab inventore, et subjecta ab obtinentibus significat : ut,

Cererem corruptam undis (1).

Et,

Receptus
Terra Neptunus classes Aquilonibus arcet (2).

Quod fit retrò duriùs.

Refert autem in quantum dictus tropus oratorem sequatur. Nam ut Vulcanum pro igne vulgò audivimus : et, *vario Marte pugnatum*, eruditus est sermo : ita *Liberum* et *Cererem*, pro *vino* et *pane*, licentius, quàm ut fori severitas ferat : sicut ex eo quod continet, id quod continetur, usus recipit : ut *bene moratas urbes*; et *poculum epotum*; et *seculum felix*.

Illud quoque et poetis et oratoribus frequens, quo eum qui efficit, ex eo quod efficitur, ostendimus. Nam et carminum auctores,

Pallida mors æquo pulsat pede pauperum tabernas,
Regumque turres (3).

Et,

Pallentesque habitant morbi, tristisque senectus (4).

Et orator *præcipitem iram; hilarem adolescentiam*, *segne otium* dicet.

L'ANTONOMASE.

Ἀντονομασία, quæ aliquid pro nomine ponit, poetis utroque modo frequentissima, et per *Epitheton*,

(1) Virg. *Æn.*, I, 181. — (2) Hor. *Ar. poet.* 63. — (3) *Id.*, I, od. 4. — (4) *Æn.*, VI, 275.

quia detracto eo cui apponitur, valet pro nomine; *Tydides, Pelides*: et ex his quæ in quoque sunt præcipua :

Divûm pater atque hominum rex (1).

Et ex factis, quibus persona signatur :

Thalamo quæ fixa reliquit Impius (2).

Oratoribus, etiamsi rarus ejus rei, nonnullus tamen usus est. Nam ut *Tyditen* et *Peliden* non dixerint, ita *eversorem Carthaginis* et Numantiæ, pro Scipione; et *Romanæ eloquentiæ principem*, pro Cicerone, posuisse non dubitent. Cicero ipse certè usus est hac libertate : *Non multa peccas, inquit ille fortissimo viro senior magister : et, si peccas, te regere possum* (3). Neutrum enim nomen positum est, et utrumque intelligitur.

Cætera jam non significandi gratià, sed ad ornandam modò, non augendam orationem assumuntur.

Ornat enim ἐπίθετον, quod recte dicimus *Appositum* : à nonnullis *Sequens* dicitur. Eo poetæ et frequentiùs et liberiùs utuntur. Namque illis satis est, convenire verbo cui apponitur : itaque et *Dentes albi*, et *Humida vina* in his non reprehenduntur. Apud oratorem, nisi aliquid efficitur, redundat. Tum autem efficitur, si sine illo quod dicitur minus est; qualia sunt : *O scelus abominandum! O deformem libidinem!* Exornatur autem res tota maximè translationibus, *Cupiditas effrenata*. Et, *Insanæ substructiones*. Et solet fieri aliis adjunctis Epitheton tropis, ut apud Virgilium, *Turpis egestas*, et *Tristis senectus*.

Veruntamen talis est ratio hujusce virtutis, ut sine *appositis* nuda sit et velut incompta oratio. Ne

(1) Virg. *Æn.*, I, 67. — (2) *Id.*, IV, 495. — (3) *Pro Mur.*, 60.

oneretur tamen multis. Nam sit longa et impedita, ut in quæstionibus eam judices similem agmini totidem lixas habenti, quot milites quoque: in quo et numerus est duplex, nec duplum virium.

L'ALLÉGORIE.

Ἀλληγορία, quam *Inversionem* interpretantur, aliud verbis, aliud sensu ostendit, ac etiam interim contrarium. Prius, ut:

> O navis, referent in mare te novi
> Fluctus! O quid agis? fortiter occupa portum (1).

Totusque ille Horatii locus, quo *navim*, pro *Republica*: *fluctuum tempestates*, pro *bellis civilibus*: *portum* pro *pace* atque concordia, dicit.

Habet usum talis allegoriæ frequenter oratio, sed rarò totius: plerumque apertis permista est. Tota apud Ciceronem talis est: *Hic miror enim, querorque, quemquam hominem ita pessumdare alterum verbis velle, ut etiam navem perforet, in qua ipse naviget.* Illud commistum frequentissimum: *Equidem cæteras tempestates et procellas in illis duntaxat fluctibus concionum semper Miloni putavi esse subeundas* (2): nisi adjecisset *duntaxat fluctibus concionum*, esset allegoria: nunc eam miscuit. Quo in genere et species ex arcessitis verbis venit, et intellectus ex propriis.

Illud verò longè speciosissimum genus orationis, in quo trium permista est gratia, similitudinis, allegoriæ, et translationis: *Quod fretum, quem Euripum, tot motus, tantas, tam varias habere creditis agitationes; commutationes, fluctus, quantas perturbationes, et quantos æstus habet ratio comitiorum? Dies intermissus unus, aut nox interposita*

(1) Hor. l, od. 14. — (2) *Pro Mil.* n. 5.

sæpe et perturbat omnia, et totam opinionem parva nonnunquam commutat aura rumoris (1).

Nam id quoque in primis est custodiendum, ut, quo ex genere cœperis translationis, hoc desinas. Multi enim cùm initium à tempestate sumpserunt, incendio aut ruinâ finiunt : quæ est inconsequentia rerum fœdissima.

LA PÉRIPHRASE.

Pluribus autem verbis cùm id quod uno aut paucioribus certò dici potest, explicatur, περίφρασιν vocant, *circuitum loquendi*, qui nonnunquam necessitatem habet, quoties dictu deformia operit; ut Sallustius, *ad requisita naturæ*. Interim ornatum petit solum, qui est apud poetas frequentissimus, ut :

> Tempus erat, quo prima quies mortalibus ægris
> Incipit, et dono Divûm gratissima serpit (2).

Et apud oratores non rarus, semper tamen adstrictior. Quidquid enim significari breviùs potest, et cum ornatu latiùs ostenditur, περίφρασις est : cui nomen latinè datum est; non sanè orationis aptum virtuti, *circumlocutio*.

L'HYPERBATE.

Ὑπέρβατον quoque, id est verbi transgressionem, quam frequenter ratio comparationis et decor poscit, non immeritò inter virtutes habemus. Fit enim frequentissimè aspera, et dura, et dissoluta, et hians oratio, si ad necessitatem ordinis sui verba redigantur, et ut quodque oritur, ita proximis, etiamsi vinciri non potest, alligetur. Differenda igitur quædam, et præsumenda, atque ut in structuris lapidum

(1) *Pro Mur.* 35. — (2) *Æn.*, II, 268.

impolitiorum, loco quo convenit quodque ponendum. Non enim recidere ea, nec polire possumus, quæ coagmentata se magis jungant, sed utendum iis qualia sunt, eligendæque sedes. Nec aliud potest sermonem facere numerosum, quàm opportuna ordinis mutatio.

Verùm id cùm duobus verbis fit, ἀναστροφὴ dicitur, *reversio* quædam : qualia sunt vulgò, *mecum*, *secum* : apud oratores et historicos, *Quibus de rebus*. At cùm decoris gratià distrahitur longiùs verbum, propriè hyperbati tenet nomen : ut, *Animadverti, judices, omnem accusatoris orationem in duas divisam esse partes*. Nam *In duas partes divisam esse*, rectum erat, sed durum et incomptum. Poetæ quidem etiam verborum divisionem faciunt, et transgressionem :

> Hyperboreo septem subjecta trioni ;

quod oratio nequaquam recipiet.

L'HYPERBOLE.

Hyperbolen audacioris ornatûs summo loco posui. Est hæc ementiens *superjectio*. Virtus ejus ex diverso par augendi atque minuendi. Fit pluribus modis. Aut enim plus facto dicimus : *Vomens frustis esculentis gremium suum et totum tribunal implevit* (1).

> Geminique minantur
> In cœlum scopuli (2).

Aut res per similitudinem attollimus :

> Credas innare revulsas
> Cycladas (3).

Aut per comparationem, ut :

> Fulminis ocyor alis (4).

(1) *Philipp.*, II, 63. — (2) *Æn.*, I, 166. — (3) *Id.*, VIII, 691. — (4) *Id.*, V, 319.

Aut signis quasi quibusdam :

Illa vel intactæ segetis per summa volaret
Gramina, nec teneras cursu læsisset aristas (1).

Vel translatione, ut ipsum illud *volaret*.

Exquisitam verò figuram hujus rei deprehendisse apud principem Lyricorum Pindarum videor, in libro quem inscripsit ὕμνους. Is namque Herculis impetum adversùs Meropas, qui in insula Co dicuntur habitasse, non igni, nec ventis, nec mari; sed fulmini dicit similem fuisse : ut illa minora, hoc par esset. Quod imitatus Cicero, illa composuit in Verrem : *Versabatur in Sicilia longo intervallo non Dionysius ille, nec Phalaris (tulit enim illa quondam insula multos et crudeles tyrannos) sed novum quoddam monstrum ex vetere illa immanitate, quæ in iisdem versata locis dicitur. Non enim Charybdim tam infestam, neque Scyllam navibus, quàm istum in eodem freto fuisse arbitror* (2).

Sed hujus quoque rei servetur mensura quædam. Quamvis enim est omnis hyperbole ultra fidem, non tamen esse debet ultra modum : nec alià magis vià in κακοζηλίαν itur. Piget referre plurima hinc orta vitia, cùm præsertim minimè sint ignota et obscura. Monere satis est, mentiri hyperbolen, nec ita, ut mendacio fallere velit. Quo magis intuendum est, quousque deceat extollere, quod nobis non creditur. Pervenit hæc res frequentissimè ad risum : qui si captatus est, urbanitatis; sin aliter, stultitiæ nomen assequitur.

DES FIGURES EN GÉNÉRAL.

XXXVIII. Nec desunt qui tropis figuræ nomen imponant... Quo magis signandum est utriusque rei

(1) *Æn.*, VII, 808. — (2) *In Verr.*, 144.

differentia. Est igitur *Tropus*, sermo à naturali et principali significatione *translatus* ad aliam, ornandæ orationis gratià, vel (ut plerique Grammatici finiunt), dictio, ab eo loco, in quo *propria* est, translata in eum, in quo propria non est. *Figura* (sicut nomine ipso patet) est conformatio quædam orationis, remota à communi, et primùm se offerente ratione. Quare in tropis ponuntur verba alia pro aliis... Horum nihil in figuras cadit. Nam et propriis verbis, et ordine collocatis fieri *figura* potest.

Ut verò naturà prius est concipere animo res, quàm enuntiare, ita de iis *figuris* antè loquendum est, quæ ad mentem pertinent: quarum quidem utilitas tum magna, tum multiplex, in nullo non orationis opere vel clarissimè elucet. Nam etsi minimè videtur pertinere ad probationem, quà figurà quidque dicatur, facit tamen credibilia quæ dicimus, et in animos judicum, quà non observatur, irrepit. Namque ut in armorum certamine et adversos ictus, et rectas ac simplices manus tum videre, tum etiam cavere ac propulsare facile est: aversæ tectæque minùs sunt observabiles; et aliud ostendisse, quàm petas, artis est: sic oratio quæ astu caret, pondere, mole, et impulsu præliatur; simulanti, variantique conatus, in latera atque in terga incurrere datur, et arma advocare, et velut nutu fallere. Jam verò affectus nihil magis ducit: nam si frons, oculi, manus multùm ad motum animorum valent, quantò plus orationis ipsius vultus ad id, quod intendimus efficere, compositus? Plurimùm tamen ad commendationem facit, sive in conciliandis agentis moribus, sive ad promerendum actioni favorem, sive ad levandum varietate fastidium, sive ad quædam vel decentiùs indicanda, vel tutiùs.

FIGURES DE PENSÉES.

Incipiamus ab iis quibus acrior et vehementior fit probatio. Simplex est sic rogare :

> Sed vos qui tandem? quibus aut venistis ab oris (1)?

Figuratum autem, quoties non sciscitandi gratiâ assumitur, sed instandi. *Quid enim tuus ille, Tubero, districtus in acie pharsalica gladius agebat* (2)? et, *Quousque tandem abutère, Catilina, patientiâ nostrâ?* et. *Patere tua consilia non sentis* (3)? et totus denique hic locus. Quantò enim magis ardet, quàm si diceretur : *Diu abuteris patientiâ nostrâ : et patent tua consilia?* Interrogamus etiam invidiæ gratiâ, ut Medea apud Senecam :

> Quas peti terras jubes (4)?

au miserationis, ut Sinon apud Virgilium :

> Heu quæ me tellus, inquit, quæ me æquora possunt
> Accipere (5)?

Totum hoc plenum est varietatis.

Nam et indignationi convenit :

> Et quisquam numen Junonis adoret (6)?

Et admirationi :

> Quid non mortalia pectora cogis,
> Auri sacra fames (7)?

Est interim acrius imperandi genus :

> Non arma expedient, totaque ex urbe sequentur (8)?

Est aliqua etiam in respondendo figura, cùm aliud interroganti, ad aliud, quia sit utilius, occuritur.

(1) *Æn.*, I, 3-3. — (2) *Pro Lig.*, n. 9. — (3) *In Catil.*, n. 1. — , V. 453. — (5) *Æn.*, II, 69. — (6) *Id.*, I, 52. — (7) *Id.*, III, 56. — (8) *Id.*, IV, 592.

Tum augendi criminis gratiâ ; ut testis in reum rogatus an ab reo fustibus vapulasset : *Et innocens*, inquit. Tum declinandi, quod est frequentissimum : Quæro an occideris hominem, respondetur : *Latronem*. An fundum occupaveris, respondetur : *Meum*.

Cæterùm etiam interrogandi seipsum et respondendi sibi, solent esse non ingratæ vices ; ut Cicero *pro Ligario : Apud quem igitur hæc dico ? nempe apud eum, qui cùm hoc sciret, tamen me antè quàm vidit, Reipublicæ reddidit*. Aliter *pro Cælio* ficta interrogatio est. *Dicet aliquis : Hæc igitur est tua disciplina ? sic tu instituis adolescentes ?* et totus locus. Deinde : *Ego si quis, judices, hoc robore animi, atque hac indole virtutis ac continentiæ fuit, etc.* Cui diversum est, cùm alium rogaveris, non expectare responsum, et statim subjicere. *Domus tibi deerat ? at habebas. Pecunia superabat ? at egebas*. Quod *schema* quidam per *subjectionem* vocant.

Mire verò causis valet *Præsumptio* quæ πρόληψις dicitur, cùm id, quod objici potest, *occupamus*. Id neque in aliis partibus parum est ; et præcipuè procemio convenit.

Affert aliquam fidem veritatis et *Dubitatio*, cùm simulamus quærere nos unde incipiendum, ubi desinendum ; quid potissimum dicendum, an omninò dicendum sit : cujusmodi exemplis plena sunt omnia ; sed unum interim sufficit : *Equidem quod ad me attinet, quò me vertam nescio. Negem fuisse infamiam judicii corrupti, etc* (1).

A quo schemate non procul abest illa quæ dicitur *Communicatio*, cùm aut ipsos adversarios consulimus, ut Domitius Afer pro Cloantilla : *At illa nes-*

(1) *Pro Cluen.*, 4.

nit trepida, quid liceat fœminæ, quid conjugem deceat : fortè vos in illa solitudine obvios casus miseræ mulieri obtulit. Tu frater, vos paterni amici, quod consilium datis? Aut cum judicibus quasi deliberamus, quod est frequentissimum : *Quid suadetis?* et, *Vos interrogo : Quid tandem fieri oportuit?* ut Cato : *Cedo, si vos in eo loco essetis, quid aliud fecissetis?* Et alibi : *Communem rem agi putatote, ac vos huic rei præpositos esse.*

Sed nonnunquam *communicantes* aliquid inexpectatum subjungimus, quod et per se schema est; ut in Verrem Cicero : *Quid deinde? Quid censetis? furtum fortasse, aut prædam aliquam* (1)? Deinde cùm diu suspendisset judicum animos, subjecit quod multò esset improbius.

Quæ verò sunt augendis affectibus accommodatæ figuræ, constant maximè *simulatione.* Namque et irasci nos, et gaudere, et timere, et admirari, et dolere, et indignari, et optare, quæque sunt similia his, fingimus. Inde sunt illa : *Liberatus sum, respiravi.* Et, *Bene habet :* et, *Quæ amentia est hæc?* et, *O tempora! ô mores!* et, *Miserum me! consumptis enim lacrymis, infixus tamen pectori hæret dolor.* Quod *Exclamationem* quidam vocant, ponuntque inter figuras orationis. Hæc quoties vera sunt, non sunt in ea forma, de qua nunc loquimur : assimulata, et arte composita, procul dubio schemata sunt existimanda.

Quod idem dictum sit de oratione libera, quam Cornificius *licentiam* vocat, Græci παῤῥησίαν. Quid enim minùs figuratum, quàm vera libertas? Sed frequenter sub hac facie latet adulatio. Nam Cicero, cùm dicit pro Ligario : *Suscepto bello, Cæsar, gesto jam etiam ex parte magna, nullâ vi coactus, consilio*

(1) *In Verr.*, VII, 10.

ac voluntate meâ ad ea arma profectus sum, quæ erant contra te sumpta; non solùm ad utilitatem Ligarii respicit, sed magis laudare victoris clementiam non potest. In illa verò sententia : *Quid autem aliud egimus, Tubero, nisi ut, quod hic potest, nos possemus?* admirabiliter utriusque partis facit bonam causam : sed hoc eum (1) demeretur, cujus mala fuerat.

Illa adhuc audaciora, et majorum (ut Cicero existimat) laterum, *Fictiones personarum*, quæ προσωποποιΐαι dicuntur. Mirò namque tum variant orationem, tum excitant. His etiam adversariorum (2) cogitationes velut secum loquentium protrahimus : quæ tamen ita demum à fide non abhorrent, si ea locutas finxerimus, quæ cogitasse eos non sit absurdum. Et nostros cum aliis sermones, et aliorum inter se, credibiliter inducimus; et suadendo, objurgando, querendo, laudando, miserando, personas idoneas damus. Quin deducere deos in hoc genere dicendi, et inferos excitare concessum est. Urbes etiam, Populique vocem accipiunt.

Sed in his quæ natura non permittit, hoc modo mollior fit figura : *Etenim si mecum patria, quæ mihi vitâ meâ multò est carior, si cuncta Italia, si omnis Respublica sic loquatur : M. Tulli, quid agis* (3)? Illud audacius genus : *Quæ tecum, Catilina, sic agit, et quodam modo tacita loquitur : Nullum jam aliquot annis facinus extitit, nisi per te* (4). Commodè etiam aut nobis aliquas ante oculos esse rerum personarumve imagines fingimus, aut eadem adversariis aut judicibus non accidere, miramur; qualia sunt : *Videtur mihi.* Et, *Nonne videtur*

(1) Cæsarem.
(2) Voyez d'admirables exemples de cette figure, dans les Discours *In Verr.*, VII, 103; — *Pro Mil.*, 99; — *Pro Quinct.*, 71, 72 *Pro Cæl.*, 33, 36. — (3) *Pro Cæl.* 33. — (4) *In Catilin.*, I, 27, 18.

tibi? Sed magna quædam vis eloquentiæ desideratur. Falsa enim et incredibilia naturâ necesse est aut magis moveant, quia supra vera sunt; aut pro vanis accipiantur, quia vera non sunt.

Aversus quoque à judice sermo, qui dicitur ἀποστροφὴ, mirè movet; sive adversarios invadimus: *Quid enim tuus ille, Tubero, in acie Pharsalica gladius agebat* (1)? Sive ad invocationem aliquam convertimur; *Vos enim jam ego Albani tumuli atque luci* (2). Sive ad invidiosam implorationem: *O leges Porciæ, legesque Semproniæ* (3)!

Illa verò (ut ait Cicero) *sub oculos subjectio*, tum fieri solet, cùm res non gesta indicatur, sed ut si gesta, ostenditur: nec universa, sed per partes. Ab aliis ὑποτύπωσις dicitur, proposita quædam forma rerum ita expressa verbis, ut cerni potiùs videatur, quàm audiri: *Ipse inflammatus scelere ac furore, in forum venit: ardebant oculi: toto ex ore crudelitas emicabat* (4). Nec solùm quæ facta sint aut fiant, sed etiam quæ futura sint, aut futura fuerint, imaginamur. Mirè tractat hæc Cicero *pro Milone*, quæ facturus fuerit Clodius, si præturam invasisset.

Εἰρωνεία est, et cùm similes imperantibus vel permittentibus sumus:

> I, sequere Italiam ventis (5).

Et cum ea quæ nolumus videri in adversariis esse, concedimus eis. Id acriùs fit, cùm eadem in nobis sunt, et in adversario non sunt:

> Meque timoris
> Argue tu, Drance, quando tot cædis acervos
> Teucrorum tua dextra dedit (6).

Quod idem contrà valet, cùm aut ea quæ à nobis

(1) *Pro Lig.*, n. 9.—(2) *Pro Mil.*, 85.—(3) *In Verr.*, VII, 161.—(4) *Id.*, VII, 105 et 160.—(5) *Æn.*, IV, 381.—(6) *Id.*, XI, 385.

absunt, aut etiam quæ in adversarios recidunt quasi fatemur:

Me duce, Dardanius Spartam expugnavit adulter (1).

Nec in personis tantùm, sed et in rebus versatur hæc contraria dicendi, quàm quæ intelligi velis, ratio : ut totum pro Q. Ligario procemium; et illæ elevationes : *Videlicet*, *O Dii boni!*

Scilicet hic superis labor est (2)!

Ἀποσιώπησις, quam idem Cicero *Reticentiam* appellat, et ipsa ostendit affectus : Vel iræ, ut :

Quos ego... sed motos præstat componere fluctus (3).

Vel sollicitudinis, et quasi religionis: *An hujus ille legis, quam Clodius à se inventam gloriatur, mentionem facere ausus esset vivo Milone, ne dicam consule? de nostrûm enim omnium... non audeo totum dicere.* Cui simile est in procemio *pro Ctesiphonte*, Demosthenis.

Imitatio morum alienorum, quæ ἠθοποιία, vel ut alii malunt, μίμησις dicitur, jam inter leviores affectus numerari potest. Est enim posita ferè in eludendo : sed versatur et in factis, et in dictis. In factis, quod est ὑποτυπώσει vicinum : in dictis, quale est apud Terentium :

At ego nesciebam quorsum tu ires : Parvula
Hinc est abrepta, eduxit mater pro sua,
Soror dictâ est; cupio abducere ut reddam suis (4).

Sunt et illa jucunda, et ad commendationem cùm varietate, tum etiam ipsâ naturâ plurimùm prosunt, quæ simplicem quandam, et non præparatam ostendendo orationem, minùs nos suspectos judici faciunt.

(1) *Æn.*, X, 91.—(2) *Id.*, IV, 379.—(3) *Id.*, I, 139.—(4) *Eunuch.*, *act.* I.

Hinc est quasi pœnitentia dicti; ut *pro Cœlio : Sed quid ego ita gravem personam induxi?* Et quibus utimur vulgò? *Imprudens incidi.* Vel cùm quærere nos quid dicamus, fingimus : *Quid reliquum est?* et, *Nunquid omisi?* Et cùm ibidem in Verrem ait Cicero : *Unum etiam mihi reliquum hujusmodi crimen est;* et, *Aliud ex alio succurrit mihi.*

Unde etiam venusti transitus fiunt : non quia transitus ipse sit schema; ut Cicero, narrato Pisonis exemplo, qui annulum sibi cudi ab aurifice in tribunali suo jusserat, velut hoc in memoriam adductus, adjecit : *Hic modò me commonuit Pisonis annulus; quod totum effluxerat. Quàm multis istum putatis hominibus honestis de digitis annulos aureos abstulisse* (1)? Et cùm aliqua velut ignoramus : *Sed earum rerum artificem, quem? quemnam? rectè admones; Polycletum esse dicebant* (2). Quod quidem non in hoc tantùm valet. Quibusdam enim dum aliud agere videmur, aliud efficimus : sicut hìc Cicero consequitur, ne cùm morbum in signis atque tabulis objiciat Verri, ipse quoque earum rerum studiosus esse credatur.

Est *emphasis* etiam inter figuras, cùm ex aliquo dicto latens aliquid eruitur; ut apud Virgilium :

Non licuit thalami expertem sine crimine vitam
Degere more feræ (3)?

Quanquam enim de matrimonio queritur Dido, tamen huc erupit ejus affectus, ut sine thalamis vitam non hominum putet, sed ferarum.

Huic vel confinis, vel eadem est, quâ nunc utimur plurimùm. Jam enim ad id genus, quod et frequentissimum est, et expectari maximè credo, veniendum est : in quo per quandam suspicionem, quod non

(1) *In Verr.*, VI, 57. — (2) *Id.* VI, 5. — (3) *Æn.*, IV, 550.

dicimus, accipi volumus: non utique contrarium, ut in εἰρωνείᾳ; sed aliud latens, et auditori quasi inveniendum: quod jàm ferè solum schema à nostris vocatur, et unde controversiæ figuratæ dicuntur. Ejus triplex usus est. Unus, si dicere palam parùm tutum est. Alter, si non decet. Tertius, qui venustatis modo gratiâ adhibetur, et ipsâ novitate ac varietate magis, quàm si relatio sit recta, delectat.

Sed ne, si optimæ quidem sint (figuræ), esse debent frequentes. Nam densitate ipsa figuræ aperiuntur, nec offensæ minùs habent, sed auctoritatis. Nec pudor videtur, quòd non palàm objicias, sed diffidentia. In summa, sic maximè judex credit figuris, si nos putat nolle dicere.

Quædam etiam quæ probare non possis, figurâ potiùs spargenda sunt. Hæret enim nonnunquam telum istud occultum, et hoc ipso, quòd non apparet, eximi non potest. At si idem dicas palam, et defenditur, et probandum est.

Cùm autem obstat nobis personæ reverentia tantò cautiùs dicendum est, quantò validiùs bonos inhibet pudor, quàm metus. Hîc verò tegere nos judex quod sciamus, et verba vi quadam veritatis erumpentia credat coercere. Nam quanto minùs aut ipsi in quos dicimus, aut judices, aut assistentes oderint hanc maledicendi lasciviam, si nolle nos credant? Aut quid inter est quomodo dicatur, cùm et res et animus intelligitur?

Confinia sunt his celebrata apud Græcos schemata, per quæ res asperas molliùs significant. Nam Themistocles suasisse existimatur Atheniensibus, *ut urbem apud deos deponerent:* quià durum erat dicere, ut *relinquerent*. Et qui victorias aureas in usum belli conflari volebat, ita declinavit, *victoriis utendum esse*. Totum autem allegoriæ simile est, aliud dicere, aliud intelligi velle.

FIGURES DE MOTS.

Schemata λέξεως duorum sunt generum : alterum loquendi rationem vocant; alterum, quod collocationem, maximè exquisitum est. Quorum tametsi utrumque convenit orationi, tamen possis illud grammaticum, hoc rhetoricum magis dicere.

Prius fit iisdem generibus, quibus vitia. Esset enim omne schema vitium, si non peteretur, sed accideret. Verùm auctoritate, vetustate, consuetudine plerumque, defenditur, sæpe etiam ratione quadam. Ideòque cùm sit à simplici, rectòque loquendi genere deflexa, virtus est, si habet probabile aliquid quod sequatur. Una tamen in re maximè utilis, ut quotidiani et semper eodem modo formati sermonis fastidium levet, et nos à vulgari dicendi genere defendat. Quo si quis parcè, et cum res poscet, utetur, velut asperso quodam condimento, jucundior erit : at qui nimiùm affectaverit, ipsam illam gratiam varietatis amittet. Quanquam sunt quædam figuræ ita receptæ, ut penè jam hoc ipsum nomen effugerint : quæ etiamsi fuerint crebriores, aures consuetas minùs ferient. Nam et secretæ, et extra vulgarem usum positæ, ideoque magis nobiles, ut novitate aurem excitant, ita copiâ satiant; nec se obvias fuisse dicenti, sed conquisitas, et ex omnibus latebris extractas, congestasque declarant.

Fiunt ergo et circa genus figuræ in nominibus. Nam et *Oculis capti talpæ*(1), et *Timidi damæ* (2) dicuntur à Virgilio; sed subest ratio, quia sexus uterque altero significatur. Tam enim mares esse talpas damâsque quàm feminas certum est. Et in verbis; ut *Fabricatus est gladium* (3) : et, *Inimicos punitus est*. Quod mirum minùs est, quòd in natura ver-

(1) *Georg.*, I, 183.—(2) *Eclog.*, VIII, 28.—(3) *Pro Mil.*, 33.

borum est, et quæ facimus, patiendi modo sæpe dicere, ut *Arbitror, suspicor;* et contrà faciendi, quæ patimur, ut *Vapulo:* ideòque frequens permutatio est, et pleraque utroque modo efferuntur: *Luxuriatur, luxuriat: Fluctuatur, fluctuat: Assentior, assentio: Revertor, reverto.* Est figura et in numero: vel cùm singulari pluralis subjungitur, *Gladio pugnacissima gens, Romani.* Gens enim ex multis.

Utimur et verbo pro participio, ut:

Magnum dat ferre talentum;

tanquam *ferendum.* Et participio pro verbo: *Volo datum.*

Hæc schemata et his similia, quæ erunt per mutationem, adjectionem, detractionem, ordinem, et convertunt in se auditorem, nec languere patiuntur subinde aliqua notabili figura excitatum, et habent quandam ex illa vitii similitudine gratiam, ut in cibis interim acor ipse jucundus est. Quod continget, si neque supra modum multæ fuerint, nec ejusdem generis, aut junctæ, aut frequentes: quia satietatem ut varietas earum, ita raritas effugit.

Illud est acrius genus, quod non tantùm in ratione positum est loquendi, sed ipsis sensibus tum gratiam, tum etiam vires accommodat.

E quibus primum sit, quod fit per adjectionem. Plura sunt genera. Nam et verba *geminantur*, vel amplificandi gratiâ; ut *Occidi, occidi, non Sp. Melium;* alterum est enim quod indicat, alterum quod affirmat. Vel miserandi, ut:

Ah Corydon, Corydon!

Quæ eadem figura nonnunquam per ironiam ad elevandum convertitur. Similis geminationis post aliquam interjectionem repetitio est, sed paulò etiam vehementior: *Bona, miserum me!* (*consumptis enim lacrymis, tamen infixus animo hæret dolor) bona, inquam, Cn. Pompeii acerbissimæ voci subjecta præconis* (1). *Vivis, et vivis non ad deponendam, sed ad confirmandam audaciam* (2).

Et ab iisdem verbis plura acriter et instanter incipiunt : *Nihilne te nocturnum præsidium palatii, nihil urbis vigiliæ, nihil timor populi, nihil consensus bonorum omnium, nihil hic munitissimus habendi senatûs locus, nihil horum ora vultusque moverunt* (3)?

Et iisdem desinunt : *Quis eos postulavit? Appius. Quis produxit? Appius* (4).

Quanquam hoc exemplum ad aliud quoque schema pertinet, cujus initia inter se et fines iidem sunt : *Quis et quis, Appius et Appius.* Quale est : *Qui sunt qui fœdera sæpe ruperunt? Carthaginenses. Qui sunt qui in Italia crudele bellum gesserunt? Cartaginenses. Qui sunt qui Italiam deformaverunt? Carthaginenses. Qui sunt qui sibi ignosci postulant? Carthaginenses.*

Etiam in contrapositis vel comparativis solet respondere primorum verborum alterna repetitio : *Vigilas tu de nocte, ut tuis consultoribus respondeas : ille, ut eò quò intendit, maturè cum exercitu perveniat. Te gallorum, illum buccinarum cantus exsuscitat. Tu actionem instituis, ille aciem instruit. Tu caves ne consultores tui; ille, ne urbes aut castra capiantur* (5). Sed hac gratia non fuit contentus orator, vertit in contrarium eamdem figuram : *Ille tenet et scit ut hostium copiæ; tu, ut aquæ pluviæ arceantur. Ille exercitatus est in propugnandis finibus, tu in regendis.*

(1) *Philipp.* II. — (2) *In Catil.*, I. — (3) *Ib.* — (4) *Pro Mil.*, — (5) *Pro Mur.*, 22.

Possunt media quoque respondere, vel primis; ut:

Te nemus Angitiæ, vitrea te Fucinus unda (1).

Vel ultimis : *Hæc navis onusta prædâ Siciliensi : cùm ipsa quoque esset ex præda.* Nec quisquam dubitavit idem posse fieri, iteratis utrinque mediis.

Respondent primis et ultima : *Multi et graves dolores inventi parentibus, et propinquis multi.*

Est et illud repetendi genus, quod semel proposita iterat et dividit :

Iphitus et Pelias mecum : quorum Iphitus ævo
Jam gravior, Pelias et vulnere tardus Ulyssi (2).

Ἐπάνοδος dicitur Græcè, nostri *Regressionem* vocant. Nec solùm in eodem sensu, sed etiam in diverso eadem verba contrà sumuntur : *Principum dignitas erat penè par, non par fortasse eorum qui sequebantur* (3).

Prioris sententiæ verbum ultimum, ac sequentis primum frequenter est idem. Quo quidem schemate utuntur poetæ sæpius :

Pierides vos hæc facietis maxima Gallo,
Gallo, cujus amor tantum mihi crescit in horas (4).

Sed ne oratores quidem raró : *Hic tamen vivit. Vivit? imo etiam in Senatum venit* (5).

Congregantur quoque verba idem significantia : *Quæ cum ita sint, Catilina, perge quo cœpisti : egredere aliquando ex Urbe. Patent portæ, proficiscere.* Et in eumdem alio libro : *Abiit, excessit, erupit, evasit* (6).

Nec verba modò, sed sensus quoque idem facientes acervantur : *Perturbatio istum mentis, et quædam scelerum offusa caligo, et ardentes furiarum faces*

(1) *Æn.*, VII, 759. — (2) *Id.*, II, 435. — (3) *Pro Lig.* 19. — (4) Virg. *Ecl.* X, 72. — (5) *In Catil.* I. — (6) *In eumd.* II.

excitarunt. Congeruntur et idem et diversum significantia. *Quæro ab inimicis, sintne hæc investigata, comperta, patefacta, sublata, deleta, extincta per me.*

Gradatio, quæ dicitur κλίμαξ, apertiorem habet artem, et magis affectatam, ideòque esse rarior debet. Est autem ipsa quoque *adjectionis*: repetit enim quæ dicta sunt, et priusquam ad aliud descendat, in prioribus resistit: *Africano virtutem industria, virtus gloriam, gloria æmulos comparavit.*

Magnæ veteribus curæ fuit, gratiam dicendi è paribus contrariis acquirère. Gorgias in hoc immodicus, copiosus utique prima ætate Isocrates fuit. Delectatus est his etiam M. Tullius, verùm et modum adhibuit non ingratæ (nisi copia redundet) voluptati, et rem alioqui levem, sententiarum pondere implevit. Nam per se frigida et inanis affectatio, cùm in acres incidit sensus, innata videtur esse, non accersita.

Similium ferè quadruplex ratio est. Nam est primum, quoties verbum verbo simile, aut non dissimile valde, quæritur; ut:

Puppesque tuæ, pubesque tuorum (1).

Et, *Sic in hac calamitosa fama, quasi in aliqua perniciosissima flamma* (2). Et, *Non enim tam spes laudanda, quàm res est.* Aut certè par est extremis syllabis consonans: *Non verbis, sed armis.* Et hoc quoque quoties in sententias acres incidit, pulchrum est: *Quantum possis, in eo semper experire; ut prosis.* Hoc est πάρισον, ut plerisque placuit.

Secundum, ut clausula similiter cadat, vel iisdem in ultimam partem collatis, ὁμοιοτέλευτον similem dua-

(1) *Æn.*, I, 403. — (2) *Pro Cluent.*, 4.

rum sententiarum vel plurium finem : *Non modò ad salutem ejus exstinguendam, sed etiam gloriam per tales viros infringendam* (1).

Tertium est, quod in eosdem casus cadit, ὁμοιόπτωτον dicitur... Ut est apud Afrum : *Amisso nuper infelicis aulæ, si non præsidio inter pericula, tamen solatio vitæ inter adversa.* Ea verò videntur optima, in quibus initia sententiarum et fines consentiunt : ut hic, *præsidio, solatio.*

Etiam ut sint, quod est quartum, membris æqualibus, quod ἰσόκωλον dicitur : *Si quantum in agro locisque desertis audacia potest, tantùm in foro atque judiciis impudentia valeret* : ἰσόκωλον est, et ὁμοιόπτωτον habet : *non minùs nunc in causa cederet Aulus Cecinna Sexti Ebutii impudentiæ, quàm tum in vi facienda cessit audaciæ* (2). Accedit et ex illa figura gratia qua nomina dixi mutatis casibus repeti : *Non minùs cederet, quàm cessit.*

Contrapositum autem (ἀντίθετον dicitur) non uno fit modo. Nam et fit, si singula singulis opponuntur; ut : *Vicit pudorem libido, timorem audacia, rationem amentia* (3). Et bina binis : *Non nostri ingenii, vestri auxilii est* (4). Et sententiæ sententiis : *Dominetur in concionibus : jaceat in judiciis. Odit populus Romanus privatam luxuriam, publicam magnificentiam diligit* (5). Fit etiam assumpta illa figura, quâ verba declinata repetuntur, quod ἀντιμεταβολὴ dicitur : *Non ut edam vivo, sed ut vivam edo.* Et quod apud Ciceronem conversum ita est, ut cùm mutationem casûs habeat, etiam similiter desinat : *Ut in judiciis, et sine invidiâ culpa plectatur, et sine culpâ invidia ponatur* (6). Quod et eodem clauditur verbo ; ut quod di-

(1) *Pro Mil.*, 5. — (2) *Pro Cecin. init.*, — (3) *Pro Cluent.*, 15. — (4) *Ib.*, 5. — (5) *Pro Mur.*, 76. — (6) *Pro Cluent.*, 78.

cit de Sexto Roscio : *Etenim cùm artifex ejusmodi sit, ut solus dignus videatur esse, qui scenam introeat; tum vir ejusmodi est, ut solus videatur dignus, qui eò non accedat* (1).

Ego illud de figuris adjiciam breviter, sicut ornant orationem opportunè positæ, ita ineptissimas esse, cùm immodicè petuntur. Sunt qui, neglecto rerum pondere, et viribus sententiarum, si vel inania verba in hos modos depravarint, summos se judicent artifices, ideòque non desinunt eas nectere : quas sine sententia sectari, tam est ridiculum, quàm quærere habitum gestumque sine corpore.

Sed ne hæ quidem quæ recte fiunt, densandæ sunt nimis. Nam et vultûs mutatio, oculorumque conjectus multùm in actu valet : sed si quis ducere os exquisitis modis, et frontis ac luminum inconstantia trepidare non desinat, rideatur. Et oratio habeat rectam quandam velut faciem : quæ ut stupere immobili rigore non debebit; ita sæpius in ea, quam natura dedit, specie continenda est.

Mais s'il est dangereux de s'abandonner inconsidérément à ses premières inspirations, d'adopter et de jeter au hasard sur le papier tout ce qui se présente à l'esprit, peut-être ne l'est-il pas moins de se montrer par trop difficile dans le choix des pensées et des ornemens qu'elles peuvent emprunter du style. Il est une sage mesure à observer, un milieu juste à tenir entre ces deux excès; et Quintilien va nous l'indiquer.

XXXIX. Sunt autem quibus nihil sit satis : omnia mutare, omnia aliter dicere, quàm occurit, velint : increduli quidam, et de ingenio suo pessimè meriti, qui diligentiam putant, facere sibi scribendi difficul-

(1) *Pro Quinct.*, 78.

tatem. Nec promptum est dicere, utros peccare validiùs putem, quibus omnia sua placent, an quibus nihil. Accidit enim etiam ingeniosis adolescentibus frequenter, ut labore consumantur, et in silentium usque descendant, nimia bene dicendi cupiditate.

Qua de re memini narrasse mihi Julium Secundum, illum æqualem meum, atque à me, ut notum est, familiariter amatum, miræ facundiæ virum, infinitæ tamen curæ, quid esset sibi à patruo suo dictum. Is fuit Julius Florus, in eloquentia Galliarum (quoniam ibi demum exercuit eam) princeps; alioqui inter paucos disertus, et dignus illa propinquitate. Is cùm Secundum scholæ adhuc operatum, tristem fortè vidisset, interrogavit, quæ causa frontis tam adductæ: nec dissimulavit adolescens, tertium jam diem esse, ex quo omni labore materiæ ad scribendum destinatæ non inveniret exordium: quo sibi non præsens tantùm dolor, sed etiam desperatio in posterum fieret. Tum Florus arridens: *Nunquid tu*, inquit, *meliùs dicere vis, quàm potes?* Ita se res habet: curandum est, ut quàm optimè dicamus: dicendum tamen pro facultate. Ad profectum enim, opus est studio, non indignatione.

Ut possimus autem scribere etiam plura, et celeriùs, non exercitatio modò præstabit, in qua sine dubio multum est, sed etiam ratio: si non resupini, spectantesque tectum, et cogitationem murmure agitantes, expectaverimus quid obveniat; sed quid res poscat, quid personam deceat, quod sit tempus, qui judicis animus, intuiti, humano quodam modo ad scribendum accesserimus. Sic nobis et initia, et quæ sequuntur, natura ipsa præstabit. Certa sunt enim pleraque, et, nisi conniveamus, in oculos incurrunt, ideoque nec indocti nec rustici diu quærunt unde incipiant: quo pudendum est magis, si difficultatem facit doctrina. Non ergo putemus semper optimum esse, quod latet : immutescamus alioqui, si nihil dicendum videatur, nisi quod non invenimus.

Tout cependant n'est pas fait encore; et la composition que l'on a le plus soignée, a besoin d'être soumise à l'impartiale sévérité d'une révision, dont voici les caractères principaux.

XL. Hujus autem operis est adjicere, deträhere, mutare. Sed faciliùs in his simpliciùsque judicium, quæ replenda vel dejicienda sunt : premere verò tumentia, humilia extollere, luxuriantia adstringere, inordinata dirigere, soluta componere, exultantia coercere, duplicis operæ. Nam et damnanda sunt, quæ placuerant; et invenienda, quæ fugerant. Nec dubium est, optimum esse emendandi genus, si scripta in aliquod tempus reponantur, ut ad ea post intervallum velut nova atque aliena redeamus, ne nobis scripta nostra, tanquam recentes fœtus, blandiantur.

Sed neque hoc contingere semper potest, præsertim oratori, cui sæpius scribere ad præsentes usus necesse est, et ipsa emendatio finem habet. Sunt enim qui ad omnia scripta tanquam vitiosa redeant, et quasi nihil fas sit rectum esse, quod primum est, melius existiment quidquid est aliud, idque faciunt, quoties librum in manus resumpserint, similes medicis etiam integra secantibus. Accidit itaque, ut cicatricosa sint, et exsanguia, et curâ pejora. Sit igitur aliquando quod placeat, aut certè quod sufficiat : ut opus poliat lima, non exterat.

Temporis quoque esse debet modus. Nam quod Cinnæ *Smyrnam* novem annis accepimus scriptam, et *Panegyricum* Isocratis, qui parcissimè, decem annis dicunt elaboratum, ad oratorem nihil pertinet : cujus nullum erit, si tam tardum fuerit auxilium.

S'agit-il maintenant de réciter en public cette *composition* revue avec tant de soin, ou de prononcer à la tribune ce *discours* si bien travaillé ; il faut, pour produire l'effet désiré, que l'organe de la parole tienne de la nature, ou ait acquis par l'exercice les qualités qui peuvent rendre la *prononciation*, 1° correcte (*emendata*) ; 2° claire (*dilucida*) ; 3° ornée (*ornata*); article important, et sur lequel nous nous arrêterons d'autant plus volontiers avec Quintilien, qu'il n'est que trop ordinaire de retrouver, dans les classes même supérieures, les vices choquans de débit et de *prononciation* qu'il condamne si formellement ici.

XLI. *Emendata* erit, id est, vitio carebit, si fuerit os facile, explanatum, jucundum, urbanum : id est, in quo nulla neque rusticitas, neque peregrinitas resonet. Non enim sine causa dicitur, *Barbarum*, *Græcumve*: nam sonis homines, ut æra tinnitu, dignoscimus. Ità fiet illud, quod Ennius probat, cùm dicit *suaviloquenti ore* Cethegum fuisse : non quod Cicero in iis reprehendit, quos ait *latrare*, non *agere*. Sunt enim multa vitia, de quibus dixi, cùm in quadam primi libri parte puerorum ora formarem, opportunius ratus, in ea ætate facere illorum mentionem, in qua emendari possunt.

Itaque sit ipsa vox primùm (ut sic dicam) sana, id est nullum eorum de quibus nunc dixi, patiatur incommodum : deinde non subsurda, rudis, immanis, dura, rigida, vana, præpinguis, aut tenuis, inanis, acerba, pusilla, mollis, effeminata : spiritus nec brevis, nec parum durabilis, nec in receptu difficilis.

Dilucida verò erit pronuntiatio, primùm, si verba tota exegerit, quorùm pars devorari, par destitui solet, plerisque extremas syllabas non proferentibus, dum priorum sono indulgent. Ut est autem necessaria verborum explanatio, ita omnes computare et velut annumerare litteras, molestum et odiosum. Nam et *vocales* frequentissimè coeunt, et *consanantium* quædàm insequente vocali dissimulantur. Utriusque exemplum posuimus: *Multùm ille et terris.* Vitatur etiam duriorum inter se congressus, unde *pellexit* et *collegit*, et quæ alio loco dicta sunt. Ideòque laudatur in Catulo suavis appellatio litterarum.

Secundum est, ut sit oratio distincta, id est, ut qui dicit, et incipiat ubi oportet, et desinat. Observandum etiam, quo loco sustinendus, et quasi suspendendus sermo sit (quam Græci ὑποδιαστολὴν, vel ὑποστιγμὴν vocant), quo deponendus. Suspenditur, *Arma virumque cano;* quia illud *virum*, ad sequentia pertinet : ut sit, *virum Trojæ qui primus ab oris.* Et hîc iterum. Nam etiamsi aliud est unde venit, quàm quo venit, non distinguendum tamen, quia utrumque eodem verbo continetur, *venit.* Tertiò *Italiam*, quia interjectio est *Fato profugus*, et continuum sermonem, qui faciebat *Italiam Lavinaque*, dividit : ob eandemque causam, quartò *Profugus*, deinde *Lavinaque venit littora :* ubi jam erit distinctio, quia inde alius incipit sensus. Sed in ipsis etiam distinctionibus tempus aliàs brevius, aliàs longius dabimus. Interest enim, sermonem finiat, an sensum. Itaque illam distinctionem *littora*, protinus altero spiritus initio insequar. Cùm illuc venero, *atque altæ mœnia Romæ :* deponam, et morabor, et novum rursus exordium faciam.

Sunt aliquando et sine respiratione quædam moræ,

etiam in periodis, ut in illa : *In cœtu verò populi Romani, negotium publicum gerens, magister equitum, etc.* Multa habent membra. Sensus enim sunt alii atque alii : et sicut una circonductio est, ita paulum morandum in his intervallis : non interrumpendus est contectus. Et è contrario spiritum interim recipere, sine intellectu moræ necesse est; quo loco quasi surripiendus est : alioqui si inscitè recipiatur, non minus afferat obscûritatis, quàm vitiosa distinctio. Virtùs autem distinguendi fortasse sit parva, sine qua tamen esse nulla alia in agendo potest.

Ornata est pronuntiatio, cui suffragatur vox facilis, magna, beata, flexibilis, firma, dulcis, durabilis, clara, pura, secans aera, auribus sedens. Est enim quædam ad auditum accommodata, non magnitudine, sed proprietate, ad hoc velut tractabilis, utique habens omnes in se, qui desiderantur, sonos, intentionesque, et toto (ut aiunt) organo instructa : cui aderit lateris firmitas, spiritus cùm spatio pertinax, tum labori non facilè cessurus. Neque gravissimus, ut in musica, sonus, nec acutissimus orationibus convenit. Nam et hic parum clarus, nimiùmque plenus, nullum afferre animis motum potest : et ille prætenuis, et immodicæ claritatis, cùm est ultra verum, tum neque pronuntiatione flecti, neque diutius intentionem ferre potest. Nam vox, ut nervi, quo remissior, hoc et gravior et plenior : quo tensior, hoc tenuis et acuta magis est. Sic ima vim non habet; summa, rumpi periclitatur. Mediis igitur utendum sonis : hique, cùm augenda intentio est, excitandi; cùm summittenda, sunt temperandi.

Nam prima est observatio rectè pronuntiandi, æqualitas, ne sermo subsultet imparibus spatiis ac sonis, miscens longa brevibus, gravia acutis, elata summissis : et inæqualitate horum omnium, sicut pedum, claudicet sermo. Secunda, varietas est, quod solum est pronuntiatio. Ac ne quis pugnare inter se putet æqualitatem et varietatem : cùm illi virtuti contrarium sit vitium inæqualitas; huic, qui dicitur μονοειδὴς, quasi quidam *unus aspectus.*

Ars porro variandi cùm gratiam præbet, ac renovat aures, tum dicentem ipsa laboris mutatione reficit, ut standi, ambulandi, sedendi, jacendi vices sunt, nihilque horum pati unum diu possumus. Illud verò maximum (sed id paulo pòst tractabimus) quòd secundùm rationem rerum de quibus dicimus, animorumque habitus, conformanda vox est, ne ab oratione discordet.

Vitemus igitur illam, quæ græcè μονοτονία vocatur, una quædam spiritûs ac soni intentio : non solùm ne dicamus omnia clamosè, quod insanum est; aut intra loquendi modum, quòd motu caret; aut summisso murmure, quo etiam debilitatur omnis intentio : sed ut in iisdem partibus, iisdemque affectibus, sint tamen quædam non ita magnæ vocis declinationes, prout aut verborum dignitas, aut sententiarum natura, aut depositio, aut inceptio, aut transitus postulabit : ut qui singulis pinxerunt coloribus, alia tamen eminentiora, alia reductiora fecerunt, sine quo ne membris quidem suas lineas dedissent.

A ces conditions premières de la *prononciation*, l'orateur en doit joindre une sans laquelle les autres perdraient infiniment de leur prix : c'est la convenance parfaite de l'expression avec la chose exprimée; c'est l'accent vrai de la passion qui nous anime en parlant, et que l'auditeur doit partager avec nous. C'est ainsi que l'on peint par la parole; et que, comme le comédien habile, l'orateur éloquent devient réellement le personnage mis en scène, et le client plaidant lui-même sa propre cause.

XLII. Jam tempus est dicendi, quæ sit apta pronunciatio. Quæ certè ea est, quæ iis de quibus dicimus, accommodatur : quod quidem maxima ex parte præstant ipsi motus animorum, sonatque vox, ut feritur. Sed cùm sint alii veri affectus, alii ficti et imitati : veri naturaliter erumpunt, ut dolentium, irascentium, indignantium; sed carent arte, ideòque non sunt disciplinæ traditione formandi. Contrà, qui effinguntur imitatione, artem habent; sed hi carent naturâ, ideoque in his primum est bene affici, et concipere imagines rerum, et tanquam veris moveri : sic velut media vox, quem habitum à nobis acceperit, hunc judicum animis dabit. Est enim mentis index, et velut exemplar, ac totidem, quot illa, mutationes habet.

Itaque lætis in rebus plena, simplex, et ipsa quodammodo hilaris fluit : at in certamine erecta totis viribus, et velut omnibus nervis intenditur. Atrox in ira, et aspera ac densa, et respiratione crebra : neque enim potest esse longus spiritus, cùm immoderatè effunditur. Paululum in invidia facienda lentior, quia non ferè ad hanc nisi inferiores confugiunt : at in blandiendo, fatendo, satisfaciendo, rogando, lenis et summissa. Suadentium, et monentium, et pollicentium, et consolantium gravis, in metu et verecundia contracta, adhorationibus fortis, disputationibus teres, miseratione flexa et flebilis, et consultò quasi obscurior : at in egressionibus fusa, et securæ claritatis, in expositione ac sermonibus recta, et inter acutum sonum et gravem media. Attollitur autem concitatis affectibus, compositis descendit, pro utriusque rei modo altiùs vel inferiùs.

Le *geste*, ce puissant auxiliaire de la *prononciation*, cet interprète, plus éloquent quelquefois que la parole elle-même, des sentimens de l'âme, ne mérite pas moins d'attention, d'étude et de soins de la part de l'orateur. Il suffira, pour l'en convaincre, de retracer en peu de mots l'importance du *geste* dans le discours.

XLIII. Is quantùm habeat in oratore momenti, satis vel ex eo patet, quòd pleraque etiam citra verba, significat. Quippe non manus solùm, sed nutus etiam declarant nostram voluntatem, et in mutis pro sermone sunt: et salutatio frequenter sine voce intelligitur atque afficit, et ex vultu ingressuque perspicitur habitus animorum; et animalium quoque sermone carentium, ira, lætitia, adulatio, et oculis, et quibusdam aliis corporis signis deprehenditur. Nec mirum si ista, quæ tamen in aliquo posita sunt motu, tantum in animis valent, cùm pictura, tacens opus, et habitûs semper ejusdem, sic in intimos penetret affectus, ut ipsam vim dicendi nonnunquam superare videatur.

Contrà si gestus ac vultus ab oratione dissentiant, tristia dicamus hilares, affirmemus aliqua renuentes; non auctoritas modò verbis, sed etiam fides desit.

Decor quoque à gestu atque à motu venit. Ideòque Demosthenes grande quoddam speculum intuens, componere actionem solebat. Adeo, quamvis fulgor ille sinistras imagines reddat, suis demum oculis credidit quod efficeret.

Il arrive souvent que dans la chaleur des débats judiciaires, ou dans le choc turbulent des opinions politiques, l'orateur en possession de la parole se trouve forcé de répondre à des objections qu'il n'avait point prévues, à des attaques dont il était loin de se croire l'objet. Quelquefois aussi la discussion, tout-à-coup changée de face, transporte les orateurs sur un terrain nouveau, où elle les trouve sans défense préparée. Eh bien! c'est alors que triomphe avec le plus d'éclat l'homme vraiment éloquent, l'homme riche d'une instruction solide et variée, et qui a fait de la parole un exercice d'habitude et de prédilection. Quintilien toutefois ne veut pas que l'orateur préfère constamment l'*improvisation* au *discours écrit* : il veut seulement qu'il soit en état d'improviser, *ut ex tempore dicere possit*, quand la circonstance l'exige.

XLIV. Id autem maximè hoc modo consequemur. Nota sit primùm dicendi via. Neque enim priùs contingere cursus potest, quàm scierimus, quò sit, et quà perveniendum. Nec satis est non ignorare quæ sint causarum judicialium partes, aut quæstionum ordinem rectè disponere, quanquam ista sunt præcipua; sed quid quoque loco primum sit, quid secundum, ac deinceps : quæ ita sunt naturâ copulata, ut mutari aut intervelli sine confusione non possint. Quisquis autem viam quâ sit ingrediendum discet, ducetur ante omnia rerum ipsâ serie, velut duce : propter quod homines etiam modicè exercitati, facillimè tenorem in narrationibus servant. Deinde, quid quoque loco quæratur, scient : nec circumspectabunt, nec offerentibus se aliunde sensibus turbabuntur : nec confundent ex diversis orationem velut salientes huc illuc, nec usquam insistentes. Postremò habebunt modum et finem, qui esse citra divisionem nullus potest. Expletis pro facultate omnibus quæ proposuerint, pervenisse se ad ultimum sentient.

Et hæc quidem ex arte : illa verò ex studio, ut copiam sermonis optimi, quemadmodum præceptum est, comparemus : multo ac fideli stylo sic formetur oratio, ut scriptorum colorem, etiam quæ subitò effusa sint, reddant : ut cùm multa scripserimus, etiam multa dicamus. Nam consuetudo et exercitatio facilitatem maximè parit : quæ si paululum intermissa fuerit, non velocitas illa modò tardatur, sed et νάρκημα ipsum coit atque concurrit.

Quanquam enim opus est naturali quadam mobilitate animi, ut dum proxima dicimus, struere ulteriora possimus, semperque nostram vocem provisa et formata cogitatio excipiat; vix tamen aut natura, aut ratio in tam multiplex officium diducere animum queat, ut inventioni, dispositioni, elocutioni, ordini verborum rerumque, tum iis quæ dicit, quæ subjuncturus est, quæ ultrà spectanda sunt, adhibitâ vocis, pronuntiationis, gestus observatione, una sufficiat. Longè enim præcedat oportet intentio, ac præ se res agat; quantumque dicendo consumitur, tantum ex ultimo prorogetur : ut donec perveniamus ad finem, non minùs prospectu procedamus, quàm gradu, si non intersistentes offensantesque brevia illa atque concisa singultantium modo ejecturi sumus.

De toutes les règles tracées par Quintilien pour acquérir, développer ou conserver cette brillante faculté, la meilleure, parcequ'elle est la plus sûre, c'est son fréquent exercice, soit devant un petit nombre de juges éclairés, soit même dans le silence de la solitude.

XLV. Hâc uti sic optimum est, ut quotidie dicamus audientibus pluribus, maximè de quorum simus judicio ac opinione soliciti; rarum est enim ut satis se quisquam vereatur : vel soli tamen dicamus potiùs, quàm non omninò dicamus.

Est alia exercitatio cogitandi, totasque materias vel silentio (dum tamen quasi dicat intra seipsum) persequendi, quæ nullo non et tempore, et loco, quando non aliud agimus, explicari potest : et est in parte utilior quàm hæc proxima. Diligentiùs enim componitur, quàm illa, in qua contextum dicendi intermittere veremur. Rursus illa prior plus confert vocis firmitate, oris facilitate, motu corporis, qui et ipse, ut dixi, excitat oratorem et jactatione manûs, pedis supplosione, sicut caudâ leones facere dicuntur, hortatur.

Studendum verò semper, et ubique. Neque enim ferè tam est ullus dies occupatus, ut nihil lucri, vel ut Cicero Brutum facere tradit (1), operæ ad scribendum aut ad legendum, aut ad dicendum rapi aliquo momento temporis possit. Siquidem C. Carbo etiam in tabernaculo solebat hac uti exercitatione dicendi. Ne id quidem tacendum est, quod eidem Ciceroni placet, nullum nostrum usquam negligentem esse sermonem : quidquid loquemur, ubicunque, sit pro sua scilicet portione perfectum.

Quintilien n'a donc rien négligé pour que l'orateur sortît de ses mains aussi *parfait* qu'il était permis de l'espérer sous la direction d'un maître dont le zèle égale et seconde l'habileté. Il est entré dans tous les détails, il a prévenu et satisfait tous les besoins ; il ne peut toutefois se résoudre à quitter l'élève, objet de tant de soins et de sollicitude, sans lui remettre sous les yeux les grands principes de morale sur lesquels

(1) *Orat.*, 34.

repose l'ouvrage tout entier; et ses derniers conseils sont encore de touchantes exhortations à la vertu.

XLVI. Quare juventus, imò omnis ætas (neque enim rectæ voluntati serum est tempus ullum) totis mentibus huc tendamus, in hoc elaboremus : forsan et consummare contingat. Nam si natura non prohibet et esse virum bonum, et esse dicendi peritum, cur non aliquis etiam unus utrumque consequi possit? cur autem non se quisque speret fore illum aliquem? Ad quod si vires ingenii non suffecerint, tamen ad quem usquè modum processerimus, meliores erimus ex utroque. Hoc certè prorsus eximatur animo, rerum pulcherrimam eloquentiam cum vitiis mentis posse misceri. Facultas dicendi si in malos incidit, et ipsa judicanda est malum : pejores enim illos facit, quibus contingit.

Il paraît craindre un moment que cette double tâche qu'il leur impose, d'être à la fois homme de bien et orateur distingué, n'effraie et ne décourage la faiblesse du plus grand nombre. Mais que de motifs il trouve bientôt pour écarter ces vaines terreurs, et les enflammer d'un courage nouveau!

XLVII. Vereor tamen, ne aut magna nimiùm videar exigere, qui eundem virum bonum esse, et dicendi peritum velim : aut multa qui tot artibus in pueritiâ discendis, morum quoque præcepta, et scientiam juris civilis, præter ea quæ de eloquentia tradebantur, adjecerim : quique hæc operi nostro necessaria esse crediderim, velut pondus rei perhorrescant, desperent ante experimentum.

Sed hi primùm renuntient sibi, quanta sit humani ingenii vis, quàm potens efficiendi quæ velit : cùm maria transire, siderum cursus numerosque cognoscere, mundum ipsum penè dimetiri, minores, sed difficiliores artes potuerint. Tum cogitent, quantam rem petant, quamque nullus sit, hoc proposito præmio, labor recusandus. Quod si mente conceperint, huic quoque parti faciliùs accedent, ut ipsum iter, neque imperviun, neque saltem durum putent.

Nam id quod prius, quodque majus est, ut boni viri simus, voluntate maximè constat : quam qui vera fide induerit, facilè easdem, quæ virtutem docent, artes accipiet. Neque enim aut tam perplexa, aut tam numerosa sunt, quæ premunt, ut non paucorum admodum annorum intentione discantur. Longam enim facit operam, quòd repugnamus. Brevis est institutio vitæ honestæ beatæque, si credas. Natura enim nos ad mentem optimam genuit : adeòque discere meliora volentibus promptum est, ut verò intuenti mirum sit illud magis, malos esse tam multos. Nam ut aqua piscibus, ut sicca terrenis, circumfusus nobis spiritus volucribus convenit : ita certè facilius esse oportebat secundùm naturam, quàm contra eam, vivere.....

Adde quòd magnos modica quoque eloquentia parit fructus : ac si quis hæc studia utilitate sola metiatur, penè illi perfectæ par est. Neque erat difficile, vel novis exemplis palam facere : non aliunde majores honores, opes, amicitias, laudem præsentem, futuram hominibus contigisse : si tamen dignum litteris esset, ab opere pulcherrimo, cujus tractatus atque ipsa possessio plenissimam studiis gratiam refert hanc minorem exigere mercedem, more eorum, qui à se non virtutes, sed voluptatem quæ fit ex virtutibus, peti dicunt.

Ipsam igitur orandi majestatem, quâ nihil dii immortales melius homini dederunt, et quâ remotâ muta sunt omnia, et memoriâ posteritatis carent, toto animo petamus, nitamurque semper ad optima: quod facientes, aut evademus in summum, aut certè multos infra nos videbimus.

Nous ne saurions plus convenablement terminer cette analyse, que par les réflexions suivantes de La Harpe, sur l'ouvrage et sur l'auteur.

« Né sous Claude, dit-il, Quintilien avait vu finir les beaux jours de l'éloquence, long-temps portée à son plus haut dégré par Cicéron et Hortensius, et soutenue ensuite par Messala et Pollion, mais bientôt précipitée vers sa décadence par la foule des rhéteurs qui ouvraient de tous côtés des écoles d'un art qu'ils avaient dégradé. Ce n'était plus le temps où le barreau était la première arène ouverte au talent qui voulait se faire connaître; où les défenses et les accusations judiciaires étant un des grands moyens d'illustration, les hommes les plus considérables de l'état ne demandaient qu'à se signaler de bonne heure en signalant d'illustres coupables, en défendant des accusés contre les plus puissans adversaires; où une ambition honorable cherchait d'éclatantes inimitiés. L'art des orateurs n'était plus qu'un métier de jurisconsulte et d'avocat. L'éloquence s'élève ou s'abaisse en proportion des objets qu'elle traite et du théâtre où elle s'exerce. Ainsi, pour se faire remarquer dans cette lice obscure, on eut recours à de petits moyens. Les minces ressources du bel esprit, la puérile affectation des antithèses, la froide profusion des lieux communs, le ridicule abus des figures : en un mot, toute l'afféterie d'un art dépravé qui veut relever de petites choses, voilà ce qu'on admirait dans cette Rome autrefois la rivale d'Athènes. »

» Ce fut au milieu de cet état de choses que Quintilien conçut le projet courageux de faire revivre la saine éloquence, et de la faire rentrer dans tous ses droits. Il commença par la plus efficace de toutes les leçons, mais la plus difficile de toutes, l'exemple. Il parut au barreau avec éclat, et ses plaidoyers rappelèrent un moment le siècle d'Auguste (1). On vit en lui le restaurateur des lettres : on se réunit pour l'engager à enseigner publiquement un art qu'il possédait si bien ; et il se consacra pendant vingt ans à donner des leçons à la jeunesse romaine. C'est dans la retraite qui suivit ce long travail, qu'il composa ses *Institutions oratoires*. Il avait alors près de soixante ans. L'antiquité nous a transmis son nom avec les plus grands éloges, et Martial l'appelle *la gloire de la toge romaine :*

»Gloria romanæ, Quintiliane, togæ.

(Liv. II, épigr. 90.)»

Nous n'ajouterons qu'un mot à cet éloge : Quintilien a mérité d'être nommé *le Rollin de la jeunesse romaine ;* et le titre qui flattait le plus La Harpe était celui de *Quintilien français*.

(1) Il est fâcheux qu'il ne nous reste rien à l'appui d'un pareil éloge ; et nous avons vu ailleurs ce qu'il faut penser des *Déclamations*, si faussement attribuées, du moins quant au plus grand nombre, à l'auteur des *Institutions*.

TACITE.

DIALOGUE

SUR LES CAUSES DE LA CORRUPTION DE L'ÉLOQUENCE.

AN DE J.-C. 75.

QUINTILIEN, dans l'excellent Traité que nous venons d'analyser, se plaint souvent, et avec énergie, de l'état déplorable de décadence dans lequel les lettres et l'éloquence surtout étaient tombées à l'époque où il écrivait. Il rappelle et cite même quelquefois le livre où il recherchait *les causes de cette corruption*, et indiquait probablement les moyens d'en arrêter les progrès (1). Il paraissait donc tout simple de lui attribuer le *Dialogue* où ce sujet est traité sous le même titre : *De causis corruptæ eloquentiæ*. Toutefois l'opinion qui en reconnaît TACITE pour l'auteur a tellement prévalu (2); elle se présente, indépendamment de l'autorité des manuscrits, appuyée de conjectures si vraisemblables, qu'il serait au moins inutile de soulever de nouveau une question qui semble n'en plus être une parmi les savans et les philologues (3). Qu'importe, au surplus, auquel, du savant rhéteur ou de l'éloquent historien, les hautes études classiques soient redevables de cet estimable opuscule, s'il est également digne de l'un et de l'autre, s'il est écrit avec autant d'esprit et de

(1) Voyez livre IV, *In Proem.*, et livre VIII, chap. 6, *sub finem*, et plusieurs autres endroits, où sans donner, comme dans ceux-ci, le titre même de l'ouvrage, il en indique clairement le sujet et le but.

(2) Elle a en sa faveur P. Pithou, Dodwell, Sigeais, Brotier, Schültz, Oberlin, Dureau de la Malle, Daunou, Féletz.

(3) Voyez l'article TACITE, par M. Daunou, *Biograph. univers.*, tom. XLIV; et les *Mélanges* de M. de Féletz, tom. III.

goût que de solidité et d'agrément ? Je l'avoue, pour mon compte particulier je ne suis pas fâché que nous ayons cette preuve de plus de la flexibilité du génie de Tacite; et que celui qui prête, dans l'occasion, de si beaux discours à ses personnages, nous montre qu'il avait sérieusement étudié l'art de les faire aussi bien parler. Il paraît d'ailleurs que Tacite avait suivi dans sa jeunesse la carrière du barreau; qu'il avait entendu Aper et Julius Secundus, orateurs alors renommés; et que le *Dialogue* qui nous occupe en ce moment a pu être en effet le résultat des conférences auxquelles il avait peut-être assisté, et dont l'auteur même du dialogue fixe la date à l'an 75 de notre ère, époque où Tacite était à peine âgé de vingt ans.

L'un des critiques les plus judicieux et les plus instruits de notre temps, M. Daunou, reconnaît particulièrement Tacite dans ce dialogue, au soin que prend l'auteur de rattacher partout à l'histoire politique et à la science des mœurs sociales la théorie de l'art oratoire. « Cette littérature forte et profonde, » ajoute-t-il, est celle qui convient à l'historien des » empereurs. Si les formes et les mouvemens du dis» cours n'y sont pas toujours les mêmes que dans ses » livres purement historiques, il ne faut assurément » pas s'en étonner : un écrivain tel que lui sait prendre » plus d'un ton, donner à un entretien d'autres cou» leurs qu'à un récit, et parler le langage des acteurs » quand il les met en scène. »

Écoutons donc Aper, Maternus, Messala et Julius Secundus agiter entre eux, et résoudre à leur manière ces importantes questions :

1° L'éloquence vaut-elle mieux que la poésie?

2° Les anciens orateurs l'emportent-ils sur ceux du temps de Vespasien ?

3° Si l'éloquence a en effet dégénéré, quelles sont les causes de cette décadence?

I.

L'ÉLOQUENCE ET LA POÉSIE.

Curiatius Maternus, chez lequel se passe la scène, avait débuté avec éclat dans l'éloquence du barreau, et illustré sa jeunesse par le gain de plusieurs procès célèbres; mais dégoûté bientôt d'une carrière trop bornée pour la vivacité de son imagination, il renonça à l'éloquence oratoire pour se livrer tout entier à la poésie; et déjà les lectures publiques de ses tragédies (1) lui avaient fait une certaine réputation sous le règne de Néron. Intimement lié avec Marcus Aper, orateur et avocat distingué de cette époque, il paraît que de fréquentes contestations s'élevaient entre les deux amis au sujet de la prééminence de la poésie sur l'éloquence ou de l'éloquence sur la poésie. Aper, qui avait tout sacrifié, dignités et richesses, à l'amour et au noble exercice de sa profession, ne négligeait rien pour ramener le transfuge de l'éloquence à ses anciennes études, pour le rendre à ses premiers succès. Une circonstance se présente : Aper la saisit avec empressement, et se joint à Julius Secundus pour opérer la conversion de l'ami commun. Ils se rendent donc chez Maternus.

C'était le lendemain du jour où ce dernier avait récité son *Caton*, sujet périlleux à traiter sous un Domitien, comme l'auteur ne tarda pas à l'éprouver (1). Déjà même des bruits alarmans pour sa tranquil-

(1) Ce Dialogue nous donne les titres de trois de ses pièces: *Caton*, *Thyeste* et *Médée;* mais voilà tout ce que nous en connaissons.
(2) Voyez Dion Cassius, LXVII, 12, *In Domitiano*.

lité commençaient à circuler dans le public : mais Maternus s'en inquiète si peu que ses amis le trouvent occupé de revoir ce même *Caton*, et de préparer la prochaine lecture d'une pièce nouvelle. Aper ne peut s'empêcher d'en témoigner son étonnement, et presque son humeur.

Adeo te tragœdiæ istæ non satiant, inquit Aper, quominus, omissis orationum et caussarum studiis, omne tempus modo circa *Medeam*, ecce nunc circa *Thyesten*, consumas? cum tot amicorum caussæ, tot coloniarum et municipiorum clientelæ in forum vocent, quibus vix sufficeres, etiamsi non novum tibi ipse negotium importasses, *Domitium* et *Catonem*, id est, nostras quoque historias, et Romana nomina Græcorum fabulis adgregares.

Ce début ne surprend point Maternus ; mais charmé de trouver dans Secundus un juge intègre, un impartial arbitre du différend qui va s'élever, il ne demande pas mieux que d'engager la question, et Aper de la soutenir.

I. Ego enim, quatenus arbitrum litis hujus inveni, non patiar, Maternum societate plurium defendi; sed ipsum solum apud vos arguam, quod natus ad eloquentiam virilem et oratoriam, qua parare simul et tueri amicitias, adsciscere nationes, complecti provincias possit, amittit studium, quo non aliud in civitate nostra vel ad utilitatem fructuosius, vel ad dignitatem amplius vel ad urbis famam pulchrius, vel ad totius imperii atque omnium gentium notitiam inlustrius excogitari potest. Nam, si ad utilitatem vitæ omnia consilia factaque nostra dirigenda sunt, quid erit tutius quam eam exercere artem, qua semper armatus præsidium amicis, opem alienis, salutem periclitantibus, invidis vero et inimicis metum, et terrorem ultro feras, ipse securus, et velut quadam perpetua potentia ac potestate munitus? cujus vis et utilitas, rebus prospere fluentibus, aliorum præsidio et tutela intelligitur; sin proprium periculum increpuit, non hercule lorica aut gladius in acie firmius munimentum, quam reo et periclitanti eloquentia, præsidium simul et telum, quo propugnare pariter et incessere, vel in judicio, sive in senatu, sive apud principem possis. Quid aliud infestis patribus nuper Eprius Marcellus, quam eloquentiam suam, opposuit? qua accinctus et minax, disertam quidem, sed inexercitatam, et ejusmodi certaminum rudem, Helvidii sapientiam elusit? Plura de utilitate non dico, cui parti minime contradicturum Maternum meum arbitror.

Ad voluptatem oratoriæ eloquentiæ transeo, cujus jucunditas non uno aliquo momento, sed omnibus prope diebus, et prope omnibus horis contingit. Quid enim dulcius libero et ingenuo animo, et ad voluptates honestas nato, quam videre plenam semper et frequentem domum concursu splendidissimorum hominum? Idque scire, pecuniæ, non orbitati, neque officii alicujus administrationi, sed sibi ipsi dari? Illos quinimo orbos, et locupletes, et potentes venire plerumque ad juvenem et pauperem, ut aut sua, aut amicorum discrimina commendent. Ullane tanta ingentium opum ac magnæ potentiæ voluptas, quam spectare homines veteres, et senes, et totius urbis gratia subnixos, in summa omnium rerum abundantia confitentes, id quod optimum sit, se non habere? Jam vero, qui togatorum comitatus et egressus! quæ in publico species! quæ in judiciis veneratio! quod gaudium consurgendi adsistendique inter tacentes, in unum conversos! coire populum, et circumfundi coronam, et accipere adfectum, quemcunque orator induerit! Vulgata dicentium gaudia, et imperitorum quoque oculis exposita, percenseo : illa secretiora, et tantum ipsis orantibus nota, majora sunt. Sive adcuratam meditatamque adfert orationem, est quoddam sicut ipsius dictionis, ita gaudii pondus et constantia ; sive novam et recentem curam non sine aliqua trepidatione animi adtulerit ; ipsa sollicitudo commendat eventum, et lenocinatur voluptati. Sed extemporalis audaciæ, atque ipsius temeritatis, vel præcipua jucunditas est. Nam in ingenio quoque, sicut in agro, quamquam alia diu serantur atque elaborentur, gratiora tamen, quæ sua sponte nascuntur.

Quæ fama et laus cujusvis artis cum oratorum gloria comparanda est, qui non illustres in urbe solum, apud negotiosos et rebus intentos, sed etiam apud juvenes et adolescentes, quibus modo recta et indoles est, et bona spes sui? Quorum nomina prius parentes liberis suis ingerunt, quos sæpius vulgus imperitum, et tunicatus hic populus transeuntes nomine vocat, et digito demonstrat? Advenæ quoque peregrini, jam in municipiis et coloniis suis auditos, cum primum urbem adtigerunt, requirunt, ac vultus agnoscere concupiscunt.

Aux avantages de l'éloquence, dont il vient de faire une peinture si brillante, Aper se hâte d'opposer le tableau des inconvéniens de la poésie, et des misères du poète.

II. Nam carmina et versus, quibus totam vitam Maternus insumere optat (inde enim omnis fluxit oratio) neque dignitatem ullam auctoribus suis conciliant, neque utilitates alunt; voluptatem autem brevem, laudem inanem et infructuosam consequuntur. Licet hæc ipsa, et quæ deinde dicturus sum, aures tuæ, Materne, respuant, cui bono est, si apud te Agammenon, aut Jason diserte loquitur? Quis ideo domum defensus, tibi obligatius, redit? Quis Saleium nostrum, egregium poetam, vel, si hoc honorificentius est, præclarissimum vatem deducit, aut salutat, aut prosequitur? Nempe, si amicus ejus, si propinquus, si denique ipse in aliquod negotium inciderit, ad hunc Secundum recurret, non ad te, Materne, quia poeta es; neque ut pro eo versus facias: hi etiam Basso domi nascuntur, pulchri quidem et jucundi; quorum tamen hic exitus est, ut, cum toto anno, per omnes dies, magna noctium parte, unum librum extudit et elucubravit, rogare ultro et ambire cogatur, ut sint, qui dignentur audire; et ne id quidem gratis: nam et domum mutuatur, et auditorium exstruit, et subsellia conducit, et libellos dispergit; et, ut beatissimus recitationem ejus eventus prosequatur, omnis illa laus intra unum aut alterum diem, velut in herba vel flore præcepta, ad nullam certam et solidam pervenit frugem; nec aut amicitiam inde refert, aut clientelam, aut mansurum in animo cujusquam beneficium; sed clamorem vagum, et voces inanes, et gaudium volucre. Laudavimus nuper, ut miram et eximiam, Vespasiani liberalitatem, quod quingenta sestertia Basso donasset. Pulchrum id quidem, indulgentiam principis ingenio mereri: quanto tamen pulchrius, si ita res familiaris exigat, se ipsum colere, suum genium propitiare, suam experiri liberalitatem? Adjice, quod poetis, si modo dignum aliquid elaborare et efficere velint, relinquenda conversatio amicorum, et jucunditas urbis, deserenda cetera officia, utque ipsi dicunt, in nemora et lucos, id est, solitudinem secedendum est.

Ne opinio quidem et fama, cui soli serviunt, et quod unum esse pretium omnis sui laboris fatentur, æque poetas quam oratores sequitur; quoniam mediocres poetas nemo novit, bonos pauci. Quando enim rarissimarum recitationum fama in totam urbem penetrat, nedum ut per tot provincias innotescat. Quotusquisque, cum ex Hispania, vel Asia, ne quid de Gallis nostris loquamur, in urbem venit, Saleium Bassum requirit? Atque adeo si quis requirit, semel vidit, transit et contentus est; ut si picturam aliquam, vel statuam vidisset : neque hunc meum sermonem sic accipi volo, tamquam eos, quibus natura sua oratorium ingenium denegavit, deterream a carminibus, si modo in hac studiorum parte oblectare otium, et nomen inserere possunt famæ : ego vero omnem eloquentiam, omnesque ejus partes sacras et venerabiles puto; nec solum cothurnum vestrum, aut heroici carminis sonum, sed lyricorum quoque jucunditatem, et elegorum lascivias, et iamborum amaritudinem, et epigrammatum lusus, et quamcumque aliam speciem eloquentia habeat, anteponendam ceteris aliarum artium studiis credo : sed tecum mihi, Materne, res est, quod cum natura tua in ipsam arcem eloquentiæ te ferat, errare mavis, et summa adeptus, in levioribus subsistis. Ut, si in Græcia natus esses, ubi ludicras quoque artes exercere honestum est, ac tibi Nicostrati robur ac vires Dii dedissent, non paterer immanes illos, et ad pugnam natos, lacertos levitate jaculi, aut jactu disci vanescere; sic nunc te ab auditoriis et theatris, in forum et ad caussas, et ad vera prœlia voco; cum præsertim ne ad id quidem confugere possis, quod plerisque patrocinatur, tamquam obnoxium sit offensæ, poetarum, quam oratorum, studium. Effervescit enim vis pulcherrimæ naturæ tuæ; nec pro amico aliquo; sed, quod periculosius est, pro Catone offendis : nec excusatur offensa necessitudine officii, aut fide advocationis, aut fortuitæ et subitæ dictionis impetu; at tu meditatus videris elegisse personam notabilem, et cum auctoritate dicturam. Sentio, quid responderi possit : hinc ingentes existere adsensus, hinc in ipsis auditoriis præcipue laudari, et mox omnium sermonibus ferri. Tolle igitur quietis et securitatis excusationem, cum tibi sumas adversarium superiorem; nobis satis sit, privatas et nostri sæculi controversias tueri, in quibus expressius, si quando necesse sit pro periclitante amico potentiorum aures offendere, et probata sit fides et libertas excusata.

On va voir avec quelle chaleur d'enthousiasme (*concitatus et velut instinctus*) Maternus défend sa chère poésie (*pro carminibus suis*), dans la langue des poètes plutôt que dans celle des orateurs : *poetarum, quàm oratorum, similior oratio.*

« III. Paravi, inquit, me, non minus diu adcusare oratores, quam Aper laudavit. Fore enim arbitrabar, ut a laudatione eorum digressus, detrectaret poetas, atque carminum studium prosterneret; arte quadam mitigavit, concedendo his, qui caussas agere non possent, ut versus facerent. Ego autem, sicut in caussis agendis efficere aliquid et eniti fortasse possum, ita recitatione tragœdiarum ingredi famam auspicatus sum, tum quidem, cum in Nerone improbatam et studiorum quoque sacra profanantem Vatinii potentiam fregi, et hodie, si quid in nobis notitiæ ac nominis est, magis arbitror carminum, quam orationum, gloria partum : ac jam me sejungere a forensi labore constitui, nec comitatus istos et egressus, aut frequentiam salutationum concupisco; non magis quam æra et imagines, quæ etiam, me nolente, in domum meam irruperunt. Nam statum hucusque ac securitatem melius innocentia tueor, quam eloquentia, nec vereor, ne mihi unquam verba in senatu, nisi pro alterius discrimine, facienda sint.

Nemora vero, et luci, et secretum ipsum, quod Aper increpabat, tantam mihi adferunt voluptatem, ut inter præcipuos carminum fructus numerem, quod nec in strepitu, nec sedente ante ostium litigatore, nec inter sordes ac lacrimas reorum componuntur; sed secedit animus in loca pura atque innocentia, fruiturque sedibus sacris. Hæc eloquentiæ primordia, hæc penetralia; hoc primum habitu cultuque commoda mortalibus, in illa casta et nullis contacta vitiis, pectora influxit; sic oracula loquebantur. Nam lucrosæ hujus et sanguinantis eloquentiæ usus, recens et malis moribus natus, atque, ut tu dicebas, Aper, in locum teli repertus. Ceterum felix illud, et, ut more nostro loquar, aureum sæculum, et oratorum et criminum inops, poetis et vatibus abundabat, qui bene facta canerent, non qui male admissa defenderent. Nec ullis aut gloria major, aut augustior honor; primum apud Deos, quorum proferre responsa et interesse epulis ferebantur; deinde apud illos Diis genitos sacrosque reges, inter quos neminem caussidicorum, sed Orphea ac Linum, ac, si introspiscere altius velis, ipsum Apollinem accepimus; vel, si hæc fabulosa nimis et composita videntur, illud certe mihi concedis, Aper, non minorem honorem Homero, quam Demostheni, apud posteros; nec angustioribus terminis famam Euripidis aut Sophoclis, quam Lysiæ aut Hyperidis, includi: plures hodie reperies, qui Ciceronis gloriam, quam qui Virgilii, detrectent. Nec ullus Asinii, aut Messalæ liber tam illustris est, quam *Medea* Ovidii, aut Varii *Thyestes*.

Ac ne fortunam quidem vatum, et illud felix contubernium, comparare timuerim cum inquieta et anxia oratorum vita: licet illos certamina, et pericula sua ad consulatus evexerint; malo securum et secretum Virgilii secessum, in quo tamen neque apud divum Augustum gratia caruit, neque apud populum Romanum notitia. Testes Augusti epistolæ, testis ipse populus, qui, auditis in theatro versibus Virgilii, surrexit universus, et forte præsentem spectantemque Virgilium veneratus est, sic quasi Augustum. Ne nostris quidem temporibus, Secundus Pomponius Afro Domitio, vel dignitate vitæ, vel perpetuitate famæ, cesserit. Nam Crispus et Marcellus, ad quorum exempla me vocas, quid habent in hac sua fortuna concupiscendum? quod timent? an quod timentur? quod, cum quotidie aliquid rogentur, hi, quibus præstant, indignantur? quod adligati adulatione, nec imperantibus unquam satis servi videntur, nec nobis satis liberi? Quæ hæc summa eorum potentia est? tantum posse liberti solent. *Me vero dulces*, ut Virgilius ait (1), *Musæ*, remotum a sollicitudinibus et curis, et necessitate quotidie aliquid contra animum faciendi, in illa sacra illosque fontes ferant; nec *insanum* ultra et lubricum *forum*, famamque pallentem, trepidus experiar: non me fremitus salutantium, nec anhelans libertus excitet; nec, incertus futuri, testamentum pro pignore scribam; nec plus habeam, quam quod possim, cui velim, relinquere, quandocumque fatalis et meus dies veniet; statuarque tumulo, non mœstus et atrox, sed hilaris et coronatus; et pro memoria mei nec consulat quisquam, nec roget. »

(1) *Georg.* II. 475—485.

II.

LES ANCIENS ET LES MODERNES.

Voilà où en était une question restée indécise, comme toutes celles où le *pour* et le *contre* se balancent avec un avantage presque égal, lorsqu'un nouvel interlocuteur, Vipstanus Messala (1) vient se joindre aux précédens. C'est un partisan déclaré des anciens orateurs, qui ne pardonne point à Aper son engouement pour les rhéteurs modernes : mais avant d'aller plus loin, celui-ci veut que l'on établisse d'abord le véritable état de la question.

IV. Hoc primum interrogabo, quos vocetis *antiquos*, quam oratorum ætatem signatione ista determinetis. Ego enim cum audio antiquos, quosdam veteres et olim natos intelligo; ac mihi versantur ante oculos Ulysses et Nestor, quorum ætas mille fere et trecentis annis sæculum nostrum antecedit; vos autem Demosthenem et Hyperidem profertis, quos satis constat, Philippi et Alexandri temporibus floruisse; ita tamen, ut utrique superstites essent. Ex quo adparet, non multo plures, quam quadringintos annos, interesse inter nostram et Demosthenis ætatem : quod spatium temporis, si ad infirmitatem corporum nostrorum referas, fortasse longum videatur; si ad naturam sæculorum, et respectum immensi hujus ævi, perquam breve et in proximo est. Nam si, ut Cicero in *Hortensio* scribit, « is est *magnus* et verus *annus* (2), quo eadem positio cœli siderumque, quæ cum maxime est, rur-

(1) Voyez sur *Vipstanus Messala*, TACITE Hist., III, 9, 25, 28; IV, 42.

(2) Voyez sur cette *grande année*, le savant *Excursus* de BROTIER, tom. IV du TACITE de M. Lemaire, p. 257.

sum exsistet, isque annus horum, quos nos vocamus annorum duodecim millia noningint. quinquagesim. quatuor complectitur, » incipit Demosthenes vester, quem vos veterem et antiquum fingitis, non solum eodem anno, quo nos, sed fere eodem mense exstitisse.

Il passe immédiatement aux Latins, dont il s'agit surtout dans ce *dialogue*, qui avait pour objet de prouver combien l'éloquence romaine avait dégénéré depuis la mort de Cicéron; et après une courte récapitulation des trois âges que comptaient les lettres latines, celui d'Ennius, d'Accius, de Pacuvius, etc.; celui des Gracques; celui enfin de Cicéron, dans lequel on comprend Crassus, Antoine, César, Hortensius et Cicéron, qui les surpassa tous, Aper poursuit en ces termes :

V. Hæc ideo prædixi, ut, si qua ex horum oratorum fama gloriaque laus temporibus adquiritur, eamdem docerem in medio sitam et propiorem nobis, quam Serv. Galbæ, C. Carboni, quosque alios antiquos merito vocaverimus. Sunt enim horridi, et impoliti, et rudes, et informes, et quos utinam imitatus nulla parte esset Calvus vester, aut Cœlius, aut ipse Cicero! Agere enim fortius jam et audentius volo, si illud ante prædixero, mutari cum temporibus formas quoque et genera dicendi. Sic Catoni seni comparatus C. Gracchus plenior et uberior; sic Graccho politior et ornatior Crassus; sic utroque distinctior, et urbanior, et altior Cicero; Cicerone mitior Corvinus et dulcior, et in verbis magis elaboratus: nec quæro, quis disertissimus; hoc interim probasse contentus sum, non esse unum eloquentiæ vultum, sed in illis quoque, quos vocatis antiquos, plures species deprehendi; nec statim deterius esse, quod diversum est; vitio autem malignitatis humanæ vetera semper in laude, præsentia in fastidio esse. Num dubitamus, inventos, qui, præ Catone, Appium Cæcum magis mirarentur? Satis constat, ne Ciceroni quidem obtrectatores defuisse, quibus inflatus, et tumens, nec satis pressus, sed supra modum exsultans et superfluens, et parum Atticus videretur. Legistis utique et Calvi et Bruti ad Ciceronem missas epistolas, ex quibus facile est deprehendere, Calvum quidem Ciceroni visum exsanguem et adtritum; Brutum autem otiosum atque disjunctum; rursumque Ciceronem a Calvo quidem male audivisse, tamquam solutum et enervem; a Bruto autem, ut ipsius verbis utar, tamquam *fractum* atque *elumbem*. Si me interroges, omnes mihi videntur verum dixisse : sed mox ad singulos veniam; nunc mihi, cum universis negotium est.

Nam, quatenus antiquorum admiratores hunc velut terminum antiquitatis constituere solent, quem usque ad Cassium Severum faciunt, quem primum adfirmant flexisse ab illa vetere atque directa dicendi via; non infirmitate ingenii, nec inscitia literarum transtulisse se ad id dicendi genus contendo, sed judicio et intellectu : vidit namque, ut paullo ante dicebam, cum conditione temporum ac diversitate aurium, formam quoque ac speciem orationis esse mutandam. Facile perferebat prior iste populus, ut imperitus et rudis, impeditissimarum orationum spatia; atque id ipsum laudi dabatur, si dicendo quis diem eximeret. Ista vero longa principiorum præparatio, et narrationis alte repetita series, et multarum divisionum ostentatio, et mille argumentorum gradus, et quidquid aliud aridissimis Hermagoræ et Apollodori libris præcipitur, in honore erat; quod si quis, odoratus philosophiam, ex ea locum aliquem orationi suæ insereret, in cœlum laudibus ferebatur. Nec mirum;

erant enim hæc nova et incognita; et ipsorum quoque oratorum paucissimi præcepta rhetorum, aut philosophorum placita, cognoverant. At hercule pervulgatis jam omnibus, cum vix in corona quisquam adsistat, quin elementis studiorum, etsi non instructus, at certe imbutus sit, novis et exquisitis eloquentiæ itineribus opus est, per quæ orator fastidium aurium effugiat, utique apud eos judices, qui vi aut potestate, non jure et legibus, cognoscunt, et nec accipiunt tempora, sed constituunt; nec exspectandum habent oratorem, dum illi libeat de ipso negotio dicere, sed sæpe ultro admonent, atque alio transgredientem revocant, et festinare se testantur.

Il était difficile, ce me semble, de placer la question sous un jour plus vrai et plus favorable à la fois. Aper a complètement raison jusqu'ici, et c'est là qu'il devait s'arrêter : mais, partisan trop zélé du goût de son siècle, il se jette bientôt dans tous les écarts du paradoxe; il traite fort durement les orateurs qu'on nommait alors *anciens*; il ne ménage pas même Cicéron; et, soit dit avec tout le respect que nous impose un aussi grand nom, la critique d'Aper ne porte que sur des choses en effet répréhensibles. Mais il est juste également de rappeler ici ce que nous avons déjà fait observer (1), que Cicéron ne se faisait point illusion sur les défauts de ses premiers plaidoyers, et que son âge mûr condamnait sévèrement les torts de sa jeune imagination.

VI. Ad Ciceronem venio, cui eadem pugna cum æqualibus suis fuit, quæ mihi vobiscum est. Illi enim antiquos mirabantur : ipse suorum temporum eloquentiam anteponebat; nec ulla re magis ejusdem

(1) Voyez ci-devant, p. 131.

ætatis oratores præcurrit, quam judicio. Primus enim excoluit orationem, primus et verbis delectum adhibuit et compositioni artem; locos quoque lætiores adtentavit; et quasdam sententias invenit; utique in his orationibus, quas senior jam et juxta finem vitæ composuit, id est, postquam magis profecerat, usuque et experimentis didicerat quod optimum dicendi genus esset. Nam priores ejus orationes non carent vitiis antiquitatis: lentus est in principiis, longus in narrationibus, otiosus circa excessus: tarde commovetur, raro incalescit; pauci sensus apte, et cum quodam lumine terminantur: nihil excerpere, nihil referre possis; et, velut in rudi ædificio, firmus sane paries et duraturus, sed non satis expolitus et splendens.

Nolo irridere *rotam fortunæ* et *jus Verrinum*, et illud, tertio quoque sensu in omnibus orationibus pro sententia positum, *esse videatur*. Nam et hoc invitus retuli, et plura omisi, quæ tamen sola mirantur atque exprimunt hi, qui se *antiquos oratores* vocant: neminem nominabo, genus hominum signasse contentus; sed vobis utique versantur ante oculos, qui Lucilium pro Horatio, et Lucretium pro Virgilio, legunt; quibus eloquentia tui Aufidii Bassi, aut Servilii Noniani, ex comparatione Sisennæ aut Varronis, sordet; qui rhetorum nostrorum commentarios fastidiunt, oderunt, Calvi mirantur; quos, more prisco apud judicem fabulantes, non auditores sequuntur, non populus audit, vix denique litigator perpetitur: adeo mœsti et inculti illam ipsam, quam jactant, sanitatem, non firmitate, sed jejunio consequuntur. Porro ne in corpore quidem valetudinem medici probant, quæ a nimia anxietate contingat: parum est, ægrum non esse; fortem et lætum, et alacrem volo: prope abest ab infirmitate, in quo sola sanitas laudatur. Vos vero, disertissimi, ut potestis, ut facitis, illustrate sæculum nostrum pulcherrimo genere dicendi. Nam et te, Messala, video lætissima quæque antiquorum imitantem; et vos, Materne ac Secunde, ita gravitate sensuum nitorem et cultum verborum miscetis; ea electio inventionis; is ordo rerum, et, quoties caussa poscit, ubertas; ea, quoties permittitur, brevitas; is compositionis decor, ea sententiarum plenitas; sic exprimitis adfectus; sic libertatem temperatis, ut etiamsi nostra judicia malignitas et invidia tardaverit, verum de vobis dicturi sint posteri nostri.

L'attaque a été violente; et il n'est pas de lecteur qui ne s'écrie avec Maternus :

« Quo torrente, quo impetu sæculum nostrum » Aper defendit! Quam copiose ac varie vexavit anti» quos! Quanto non solum ingenio ac spiritu, sed » etiam eruditione et arte, ab ipsis mutuatus est, per » quæ mox ipsos incesseret! » Aussi presse-t-il vivement Messala de tenir l'engagement qu'il a pris, celui de défendre les anciens. Ce n'est pas, ajoute-t-il, qu'ils aient besoin de panégyrique : leur renommée suffit à leur éloge : *satis illos fama sua laudat;* » mais nous avons besoin, nous, de savoir comment nous nous sommes écartés à ce point de leur éloquence.

VII. Tum Messala : « Sequar a te præscriptam formam, Materne : neque enim diu contradicendum est Apro, qui primum, ut opinor, nominis controversiam movit, tamquam parum proprie *antiqui* vocarentur, quos satis constat ante centum annos fuisse. Mihi autem de vocabulo pugna non est; sive illos antiquos, sive majores, sive quo alio mavult nomine, adpellet; dummodo in confesso sit, eminentiorem illorum temporum eloquentiam fuisse. Ne illi quidem parti sermonis ejus repugno sic, quominus fatear plures formas dicendi, etiam iisdem sæculis, nedum diversis, exstitisse. Sed quo modo inter Atticos oratores primæ Demostheni tribuuntur, proximum autem locum Æschines, et Hyperides, et Lysias, et Lycurgus obtinent, omnium autem consensu hæc oratorum ætas maxime probatur; sic apud nos Cicero quidem ceteros eorumdem temporum disertos antecessit; Calvus autem, et Asinius, et Cæsar, et Cœlius, et Brutus, suo jure, et prioribus, et sequentibus, anteponuntur : nec refert quod inter se specie differant, cum genere consentiant. Adstrictior Calvus, numerosior Asinius, splendidior Cæsar, amarior Cœlius, gravior Brutus, vehementior et plenior et valentior Cicero; omnes tamen eamdem sanitatem eloquentiæ ferunt; ut, si omnium pariter libros, in manum sumpseris, scias, quamvis in diversis ingeniis, esse quamdam judicii ac voluntatis similitudinem et cognationem.

« Et voilà aussi, dit La Harpe à ce sujet, ce que l'on peut répondre à ceux qui opposent la disparité des esprits à l'unité des principes. Oui, sans doute, les principes sont les mêmes, quoique les esprits soient différens, comme les règles du chant et de la musique sont les mêmes, quoique chacun ne puisse chanter que selon ce qu'il a de voix et d'expression. J'en dis autant des règles du goût : elles sont universelles, puisqu'elles sont fondées sur la nature, qui est toujours la même; leur observation n'est point l'imitation servile des auteurs qui les ont le mieux pratiquées : ne faites pas ce qu'ils ont fait, mais pénétrez-vous bien des mêmes préceptes, si vous voulez faire aussi bien qu'eux. »

Messala poursuit son éloquent plaidoyer en faveur des anciens et de la bonne cause.

VIII. Ceterum si, omisso optimo illo et perfectissimo genere eloquentiæ, eligenda sit forma dicendi, malim hercule C. Gracchi impetum, aut L. Crassi maturitatem, quam calamistros Mæcenatis, aut tinnitus Gallionis : adeo melius est oratorem vel hirta toga induere, quam fucatis et meretriciis vestibus isignire. Neque enim oratorius iste, immo hercule ne virilis quidem cultus est, quo plerique temporum nostrorum actores ita utuntur, ut lascivia verborum, et levitate sententiarum, et licentia compositionis histrionales modos exprimant : quodque vix auditu fas esse debeat, laudis, et gloriæ, et ingenii loquo plerique jactant *cantari saltarique* commentarios suos. Unde oritur illa fœda et præpostera, sed tamen frequens, quibusdam exclamatio, ut oratores nostri *tenere dicere*, histriones *diserte saltare*, dicantur. Equidem non negaverim, Cassium Severum, quem solum Aper noster nominare ausus est, si his comparetur qui postea fuerunt, posse oratorem vocari, quamquam in magna parte librorum suorum plus vis habeat, quam sanguinis. Primus enim, contempto ordine rerum, omissa modestia ac pudore verborum, ipsis etiam, quibus utitur, armis incompositus, et studio feriendi plerumque dejectus, non pugnat, sed rixatur. Ceterum, ut dixi, sequentibus comparatus, et varietate eruditionis, et lepore urbanitatis, et ipsarum virium robore multum ceteros superat; quorum neminem Aper nominare, et velut in aciem educere sustinuit. Ego autem exspectabam, ut incusato Asinio, et Cœlio, et Calvo, aliud nobis agmen produceret, pluresque vel certe totidem nominaret, ex quibus alium Ciceroni, alium Cæsari : singulis demum singulos, opponeremus. Nunc, detrectasse nominatim antiquos oratores contentus, neminem sequentium laudare ausus est, nisi in publicum et in commune; veritus credo, ne multos offenderet, si paucos excerpsisset: quotus enim quisque scholasticorum non hac sua persuasione fruitur, ut se non quidem ante Ciceronem numeret, sed plane post Gabinianum (1).

III.

CAUSE DE LA DÉCADENCE DES LETTRES ET DE L'ÉLOQUENCE.

Pressé de s'expliquer sur les causes de cette étrange et déplorable corruption de l'éloquence latine, Messala les réduit aux suivantes :

1° La paresse des jeunes gens. — Sévérité de la discipline observée par les anciens Romains, pour élever et former leurs enfans, opposée à l'éducation molle et efféminée qu'on leur donnait alors.

IX. Jam primum, suus cuique filius, ex casta parente natus, non in cella emptæ nutricis, sed gremio ac sinu matris educabatur; cujus præcipua laus erat tueri domum, et inservire liberis. Eligebatur autem aliqua major natu propinqua, cujus probatis spectatisque moribus omnis cujuspiam familiæ soboles committeretur, coram qua, neque dicere fas erat quod turpe dictu, neque facere quod inhonestum factu videretur. Ac non studia modo curasque, sed remissiones etiam lususque puerorum, sanctitate quadam ac verecundia temperabat. Sic Corneliam Gracchorum, sic Aureliam Cæsaris, sic Atiam Augusti matrem præfuisse educationibus, ac produxisse principes liberos accepimus : quæ disciplina ac severitas eo pertinebat, ut sincera et integra, et nullis pravitatibus detorta, uniuscujusque

(1) Rhéteur célèbre sous Vespasien.

natura, toto statim pectore adriperet artes honestas, et, sive ad rem militarem, sive ad juris scientiam, sive ad eloquentiæ studium inclinasset, id solum ageret, id universum hauriret.

At nunc natus infans delegatur Græculæ alicui ancillæ, cui adjungitur unus aut alter ex omnibus servis, plerumque vilissimus, nec cuiquam serio ministerio adcommodatus. Horum fabulis et erroribus teneri statim et rudes animi imbuuntur; nec quisquam in tota domo pensi habet, quid coram infante domino aut dicat, aut faciat; quando etiam ipsi parentes nec probitati, neque modestiæ parvulos adsuefaciant, sed lasciviæ et dicacitati; per quæ paullatim impudentia irrepit, et sui alienique contemptus. Jam vero propria et peculiaria hujus urbis vitia pæne in utero matris concipi mihi videntur, histrionalis favor, et gladiatorum equorumque studia; quibus occupatus et obsessus animus quantulum loci bonis artibus relinquit? quotumquemque inveneris, qui domi quidquam aliud loquatur? quos alios adolescentulorum sermones excipimus, si quando auditoria intravimus? Ne præceptores quidem ullas crebriores cum auditoribus suis fabulas habent: colligunt enim discipulos, non severitate disciplinæ, nec ingenii experimento, sed ambitione salutationum et illecebris adulationis. Transeo prima discentium elementa, in quibus et ipsis parum elaboratur, nec in auctoribus cognoscendis, nec evolvenda antiquitate, nec in notitia vel rerum, vel hominum, vel temporum satis operæ insumitur, sed expetuntur, quos *rhetoras* vocant; quorum professio quando primum in hanc urbem introducta sit, quamque nullam apud majores nostros auctoritatem habuerit, statim docuero.

Referam necesse est animum ad eam disciplinam, qua usos esse eos oratores accepimus, quorum infinitùs labor, et quotidiana meditatio, et in omni genere studiorum exercitationes ipsorum etiam continentur libris. Notus est vobis utique Ciceronis liber, qui *Brutus* inscribitur; in cujus extremâ parte (nam prior commemorationem veterum oratorum habet) sua initia, suos gradus, suæ eloquentiæ velut quamdam educationem refert (1); se apud Q. Mucium jus civile didicisse; apud Philonem Academicum, apud Diodotum stoicum, omnis philosophiæ partes penitùs hausisse; neque his doctoribus contentum, quorum ei copia in urbe contigerat, Achaiam quoque et Asiam peragrasse, ut omnem omnium artium varietatem complecteretur. Itaque hercule in libris Ciceronis deprehendere licet, non geometriæ, non musicæ, non grammaticæ, non denique ullius ingenuæ artis scientiam ei defuisse. Ille dialecticæ subtilitatem, ille moralis partis utilitatem, ille rerum motus caussasque cognovit. Ita enim est, optimi viri; ita ex multa eruditione, ex pluribus artibus et omnium rerum scientia exundat, et exuberat illa admirabilis eloquentia; neque oratoris vis et facultas, sicut ceterarum rerum, angustis et brevibus terminis cluditur; sed is est orator, qui de omni quæstione pulchrè, et ornatè, et ad persuadendum aptè dicere, pro dignitate rerum, ad utilitatem temporum, cum voluptate audientium possit.

2° L'incapacité des maîtres. — C'est par d'incroyables travaux, par l'étude raisonnée et la connaissance acquise de presque toutes les sciences et de tous les arts, que ces grands orateurs, l'immortel honneur de Rome et de l'éloquence, ont placé leurs noms à une hauteur, difficile sans doute à atteindre, mais qui

(1) Voyez ci-devant page 103.

laisse cependant encore d'honorables places à disputer après la première. Messala cite l'exemple de Cicéron, et poursuit en ces termes :

X. Hæc sibi illi veteres persuadebant. Ad hæc efficienda intelligebant opus esse, non ut rhetorum in scholis declamarent, nec ut fictis, nec ullo modo ad veritatem accedentibus controversiis, linguam modò et vocem exercerent; sed ut his artibus pectus implerent, in quibus de bonis ac malis, de honesto ac turpi, de justo et injusto disputatur. Hæc enim est oratori subjecta ad dicendum materia. Nam in judiciis ferè de æquitate, in deliberationibus de honestate dicimus, ita ut plerumque hæc ipsa invicem misceantur; de quibus copiosè, et variè, et ornatè nemo dicere potest, nisi qui cognôrit naturam humanam, et vim virtutum, pravitatemque vitiorum, et intellectum eorum, quæ nec in virtutibus, neque in vitiis numerantur. Ex his fontibus etiam illa profluunt, ut faciliùs iram judicis vel instiget, vel leniat, qui scit quid ira; promptiùs ad miserationem impellat : qui scit quid sit misericordia, et quibus animi motibus concitetur. In his artibus exercitationibusque versatus orator, sive apud infestos, sive apud cupidos, sive apud invidentes, sive apud tristes, sive apud timentes dicendum habuerit, tenebit habenas animorum; et, prout cujusque natura postulabit, adhibebit manum, et temperabit orationem, parato omni instrumento et ad omnem usum reposito. Sunt, apud quos adstrictum et collectum, et singula statim argumenta concludens dicendi genus plus fidei meretur; apud hos dedisse operam dialecticæ proficiet. Alios fusa et æqualis, et ex communibus ducta sensibus, oratio magis delectat; ad hos permovendos mutuabimur aliquid a Peripateticis : hi aptos et in omnem disputationem paratos jam locos dabunt; Academici pugnacitatem, Plato altitudinem, Xenophon jucunditatem; ne Epicuri quidem et Metrodori honestas quasdam exclamationes adsumere, hisque prout res poscit uti, alienum erit oratori. Neque enim sapientem informamus, neque Stoicorum civitatem, sed eum, qui non quasdam artes haurire, sed omnes liberaliter debet. Ideòque et juris civilis scientiam veteres oratores comprehendebant, et grammatica, musica et geometria imbuebantur. Incidunt enim caussæ, plurimæ quidem, ac penè omnes, quibus juris notitia desideratur; pleræque autem, in quibus hæ quoque scientiæ requiruntur.

Nec quisquam respondeat : sufficit, ut ad tempus simplex quiddam et uniforme doceamur. Primùm enim aliter utimur propriis, aliter commodatis; longèque interesse manifestum est, possideat quis quæ profert, an mutuetur. Deinde ipsa multarum artium scientia aliud agentes nos ornat, atque, ubi minime credas, eminet et excellit; idque non doctus modò et prudens auditor, sed etiam populus intelligit, ac statim ita laude prosequitur, ut legitime studuisse, ut per omnes eloquentiæ numeros isse, ut denique oratorem etiam fateatur; quem non posse aliter exsistere, nec exstitisse unquam confirmo, nisi eum, qui tanquam in aciem omnibus armis instructus, sic in forum omnibus artibus armatus, exierit: quod adeò negligitur ab horum temporum disertis, ut in actionibus eorum fæx quoque quotidiani sermonis, fœda ac pudenda vitia deprehendantur; ut ignorent leges; non teneant senatusconsulta; jus civitatis ultrò derideant; sapientiæ verò studium et præcepta prudentium penitùs reformident; in paucissimos sensus et angustas sententias detrudant eloquentiam, velut expulsam regno suo, ut, quæ olim omnium artium domina pulcherrimo comitatu pectora implebat, nunc circumcisa et amputata, sine adparatu, sine honore, pene dixerim sine ingenuitate, quasi una ex sordidissimis artificiis, discatur. Ergò hanc primam et præcipuam caussam arbitror, cur tantum ab eloquentia antiquorum oratorum recesserimus. Si testes desiderantur, quos potiores nominabo, quam apud Græcos Demosthenem, quem studiosissimum Platonis auditorem fuisse, memoriæ proditum est ? et Cicero his, ut opinor, refert verbis (1) : Quidquid in eloquentia effecerit, id se non rhetorum, sed Academiæ spatiis consecutum.

3° L'oubli et le mépris des mœurs antiques, comparées à celles de l'époque.

XI. Apud majores nostros juvenis ille, qui foro et eloquentiæ parabatur, imbutus jam domestica disciplina, refertus honestis studiis, deducebatur a patre, vel a propinquis, ad eum oratorem qui principem in civitate locum obtinebat : hunc prosequi, hujus omnibus dictionibus interesse, sive in judiciis, sive in concionibus, adsuescebat, ità ut altercationes quoque excipere, et jurgiis interesse, utque sic dixerim, pugnare in prœlio disceret : magnus ex eo hoc usus, multum constantiæ, plurimum judicii juvenibus statim contingebat, in media luce studentibus, atque inter ipsa discrimina, ubi nemo impune stultè aliquid aut contrarie dicit, quominus et judex respuat, et adversarius exprobet, ipsi denique advocati adspernentur. Igitur vera statim et incorrupta eloquentia imbuebantur ; et quamquam unum sequerentur, tamen omnes ejusdem ætatis patronos in plurimis et caussis et judiciis cognoscebant ; habe-

(1) Voici la phrase même de Cicéron (*de Orat.* III) : « Ego autem... fateor me oratorem... non ex rhetorum officinis, sed ex Academiæ spatiis, exstitisse. »

bantque ipsius populi diversissimarum aurium copiam, ex qua facile deprehenderent quid in quoque vel probaretur, vel displiceret. Ita nec præceptor deerat, optimus quidem et electissimus, qui faciem eloquentiæ, non imaginem præstaret; nec adversarii et æmuli, ferro, non rudibus, dimicantes; sed auditorium semper plenum, semper novum, ex invidis et faventibus, ut nec bene dicta dissimularentur. Scitis enim, magnam illam et duraturam eloquentiæ famam non minus in diversis subselliis parari, quam suis; quin immo constantius surgere ibi, fidelius corroborari. Atque hercule sub ejusmodi præceptoribus juvenis ille, de quo loquimur, oratorum discipulus, fori auditor, sectator judiciorum, eruditus et adsuefactus alienis experimentis, cui, quotidie audienti, notæ leges, non novi judicum vultus; frequens in oculis consuetudo concionum, sæpe cognitæ populi aures, sive accusationem susceperat, sive defensionem, solus statim et unus cuicumque caussæ par erat. Nonodecimo ætatis anno L. Crassus C. Carbonem; uno et vicesimo Asinius Pollio C. Catonem; non multo ætate antecedens Calvus Vatinium, iis orationibus insecuti sunt, quas hodieque cum admiratione legimus.

At nunc adolescentuli nostri deducuntur in scenas scholasticorum, qui *rhetores* vocantur; quos paullo ante Ciceronis tempora extitisse, nec placuisse majoribus nostris, ex eo manifestum est, quod L. Crasso et Domitio censoribus, *cludere*, ut ait Cicero, *ludum impudentiæ jussi sunt*. Sed, ut dicere institueram, deducuntur in scholas, in quibus, non facile dixerim, utrumne locus ipse, an condiscipuli, an genus studiorum plus mali ingeniis adferant. Nam in loco nihil reverentiæ, sed in quem nemo nisi æque imperitus intrat: in condiscipulis nihil profectus, cum pueri inter pueros, et adolescentuli inter adolescentulos, pari securitate, et dicant, et audiantur. Ipsæ vero exercitationes magna ex parte contrariæ: nempe enim duo genera materiarum apud rhetores tractantur, *Suasoriæ* et *Controversiæ*. Ex iis Suasoriæ quidem, tamquam plane leviores et minus prudentiæ exigentes, pueris delegantur: Controversiæ robustioribus adsignantur, quales, per fidem, et quam incredibiliter compositæ!

Supplément de Brotier.

C'est ici le lieu de dire un mot des déplorables ravages exercés par le temps sur les ouvrages de Tacite, et sur le *Dialogue*, en particulier, qui nous occupe pour le moment; et de signaler à la reconnaissance des jeunes amis des lettres, les efforts tentés par notre savant Brotier, pour réparer, en partie du moins, une perte jugée irréparable.

Vers la fin du paragraphe précédent, le discours de Messala se trouve tout-à-coup interrompu. Il est évident qu'une grande lacune sépare ce qui suit de ce qu'on vient de lire; mais en quoi consiste au juste cette lacune; quel est le personnage qui parle alors, et à qui répond-il? Voilà ce qu'il était tout au plus possible de conjecturer, et ce que Brotier s'est efforcé de *suppléer* de la manière suivante.

Messala continue d'attribuer la corruption de l'éloquence à la mauvaise éducation de la jeunesse, à l'absence totale des études fortes, remplacées par des exercices qui tendaient plutôt à former des histrions pour la scène que des orateurs pour la tribune, ou des avocats pour le barreau. Il invite *Maternus* et *Secundus* à dévoiler, s'ils en connaissent, d'autres causes de cette affligeante décadence.

Julius Secundus se borne à développer celles que

Messala vient d'alléguer : mais il remonte à leur origine. La révolution opérée dans le gouvernement de l'État avait nécessairement entraîné celle des esprits : sous l'empire d'un seul, ce ne fut plus la réputation de grand orateur, mais la renommée de *bel esprit*, qui devint le but et le terme de toutes les ambitions littéraires. SÉNÈQUE ouvrit le premier cette dangereuse carrière, et les succès qu'il y obtint, les immenses richesses qu'il acquit, ne tardèrent point à grossir sur ses pas un innombrable troupeau d'imitateurs; et la véritable éloquence disparut pour toujours.

Voilà sans doute ce qui détermina *Maternus* à déserter le barreau pour passer dans le camp des Muses.

Maternus ne dissimule point que l'état déplorable où il trouvait l'éloquence ne soit entré pour quelque chose dans sa résolution ; mais il a cependant plutôt encore suivi son penchant naturel qui l'appelait à la suite d'Apollon. Il trouve, du reste, tout simple que l'éloquence n'ait pu survivre à Démosthène dans la Grèce, ni à Cicéron, dans Rome.

Nous nous retrouvons ici avec Tacite; et c'est toujours *Maternus* qui parle. Il n'ignorait pas, mais il oublie à dessein, sous le règne d'un empereur, qu'une cause plus grave, plus décisive encore, la perte des libertés publiques, et le silence de la tribune qui les protégeait, avaient préparé et consommaient la ruine de l'éloquence oratoire, réfugiée désormais dans les écoles des Rhéteurs, où elle n'était plus que l'ombre, que dis-je? la honteuse parodie d'elle-même. Mais ce que Messala n'ose pas dire, il le fait assez clairement entendre dans le morceau suivant, où il présente la concurrence des intérêts politiques, la rivalité des deux ordres de la république romaine, leur lutte continuelle, l'importance des délibérations du sénat, les débats judiciaires et la majesté de la tribune, comme les mobiles de la grande, de la vraie éloquence.

XII. Magna eloquentia, sicut flamma, materia alitur, et motibus excitatur, et urendo clarescit. Eadem ratio in nostra quoque civitate antiquorum eloquentiam provexit. Nam etsi horum quoque temporum oratores ea consecuti sunt, quæ, composita et quieta et beata republica tribui fas erat, tamen ista pertubatione et licentia plura sibi adsequi videbantur, cum mixtis omnibus, et moderatore uno carentibus, tantùm quisque orator saperet, quantùm erranti populo persuaderi poterat. Hinc leges assiduæ et populare nomen; hinc conciones magistratuum, penè pernoctantium in rostris; hinc adcusationes potentium reorum, et adsignatæ etiam domibus inimicitiæ; hinc procerum factiones, et assidua senatus adversùs plebem certamina : quæ singula etsi distrahebant rempublicam, exercebant tamen illorum temporum eloquentiam, et magnis cumulare præmiis videbantur; quia, quanto quisque plus dicendo poterat, tanto facilius honores adsequebatur; tanto magis, in ipsis honoribus, collegas suos anteibat; tantò plus apud principes gratiæ, plus auctoritatis apud patres, plus notitiæ ac nominis apud plebem parabat : hi clientelis etiam exterarum nationum redundabant; hos ituri in provincias magistratus reverebantur, hos reversi colebant; hos et præturæ et consulatus vocare ultro videbantur; hi ne privati quidem sine potestate erant, cum et populum et senatum consilio et auctoritate regerent : quin immo sibi ipsi persuaserant, neminem sine eloquentia, aut adsequi posse in civitate, aut tueri conspicuum et eminentem locum : nec mirum, cum etiam inviti ad populum producerentur; cum parum esset in senatu breviter censere, nisi quis ingenio et eloquentia sententiam suam tueretur; cum, in aliquam invidiam aut crimen vocati, sua voce respondendum haberent; cum testimonia quoque in judiciis non absentes, nec per tabellam dare, sed coram et præsentes dicere cogerentur. Ita, ad summa eloquentiæ præmia, magna etiam necessitas accedebat, et quomodo disertum haberi, pulchrum et gloriosum; sic contra mutum et elinguem videri, deforme habebatur. Ergo non minus rubore quàm præmiis stimulabantur, ne clientelarum loco potius, quam patronorum, numerarentur; ne traditæ a majoribus, necessitudines ad alios transirent; ne tamquam inertes, et non suffecturi honoribus, aut non impetrarent, aut impetratos male tuerentur.

Nescio, an venerint in manus vestras hæc vetera, quæ in antiquorum bibliothecis adhuc manent, et cum maxime a Muciano contrahuntur; ac jam *undecim*, ut opinor, *Actorum libris* et *tribus Epistolarum* composita et edita sunt. Ex his intelligi potest, Cn. Pompeium et M. Crassum, non viribus modo et armis, sed ingenio quoque et oratione, valuisse; Lentulos, et Metellos, et Lucullos, et Curiones, et ceteram procerum manum, multum in his studiis operæ curæque posuisse; nec quemquam illis temporibus magnam potentiam, sine eloquentia, consecutum. His accedebat splendor rerum, et magnitudo caussarum, quæ et ipsa plurimum eloquentiæ præstant. Nam multum interest, utrumne de furto, aut formula, et interdicto dicendum habeas, an de ambitu comitiorum, expilatis sociis, et civibus trucidatis : quæ mala sicut non accidere melius est, isque optimus civitatis status habendus est, quo nihil tale patimur; ita, cum acciderent, ingentem eloquentiæ materiam subministrabant. Crescit enim cum amplitudine rerum vis ingenii, nec quisquam claram et illustrem orationem efficere potest, nisi qui caussam parem invenit. Non, opinor, Demosthenem orationes illustrant, quas adversus tutores suos composuit; nec Ciceronem magnum oratorem P. Quinctius defensus, aut Licinius Archias, faciunt; Catilina et Milo, et Verres, et Antonius, hanc illi famam circumdederunt; non, quia tanti fuit, rempublicam malos ferre cives, ut uberem ad dicendum materiam oratores haberent; sed, ut subinde admoneo, quæstionis meminerimus, sciamusque, nos de ea re loqui, quæ facilius turbidis et inquietis temporibus exstitit. Quis ignorat utilius ac melius esse, frui pace, quam bello vexari? Plures tamen bonos præliatores bella, quam pax, ferunt : similis eloquentiæ conditio. Nam, quo sæpius steterit tamquam in acie, quoque plures et intulerit ictus, et exceperit; quo major adversarius et acrior, quo cum pugnas sibi asperas desumpserit, tanto altior et excelsior, et illis nobilitatus discriminibus, in ore hominum agit, quorum ea natura est, ut secura nolint.

Les formes du barreau romain à cette époque, la bizarrerie même du costume alors imposé aux avocats, sont encore, aux yeux de *Maternus*, des causes de la corruption de l'éloquence judiciaire.

XIII. Transeo ad formam et consuetudinem veterum judiciorum; quæ etsi nunc aptior est civitati, eloquentiam tamen illud forum magis exercebat, in quo nemo intra paucissimas horas perorare cogebatur, et liberæ comperendinationes erant, et modum dicendi sibi quisque sumebat, et numeris neque dierum neque patronorum finiebatur. Primus hujusmodi spatia, tertio consulatu, Cn. Pompeius adstrinxit, imposuitque veluti frenos eloquentiæ, ita tamen, ut omnia in foro, omnia legibus, omnia apud prætores gererentur; apud quos quanto majora negotia olim exerceri solita sint, quod majus argumentum est, quam quod causæ centumvirales, quæ nunc primum obtinent locum, adeo splendore aliorum judiciorum obruebantur, ut neque Ciceronis, neque Cæsaris, neque Bruti, neque Cœlii, neque Calvi, non denique ullius magni oratoris liber apud centumviros dictus, legatur, exceptis orationibus Asinii, quæ *pro heredibus Urbiniæ* inscribuntur, ab ipso tamen Pollione, mediis divi Augusti temporibus, habitæ, postquam longa temporum quies, et continuum populi otium, et assidua senatus tranquillitas, et maximi principis disciplina, ipsam quoque eloquentiam, sicut omnia alia, pacaverat?

Parvum et ridiculum fortasse videbitur, quod dicturus sum; dicam tamen vel ideo, ut rideatur. Quantum humilitatis putamus eloquentiæ attulisse penulas istas, quibus adstricti et velut inclusi cum judicibus fabulamur? quantum virium detraxisse orationi auditoria et tabularia credimus, in quibus jam fere plurimæ causæ explicantur? Nam quomodo nobiles equos cursus et spatia probant; sic est aliquis oratorum campus, per quem nisi liberi et soluti ferantur, debilitatur ac frangitur eloquentia. Ipsam quin immo curam et diligentis styli anxietatem contrariam experimur: quia sæpe interrogat judex, quando incipias; et ex interrogatione ejus incipiendum est. Frequenter probationibus et testibus silentium patronus indicit: unus inter hæc dicenti ac alter adsistit, et res velut in solitudine agitur. Oratori autem clamore plausuque opus est, et velut quodam theatro: qualia quotidie antiquis oratoribus contingebant, cum tot pariter ac tam nobiles forum coarctarent; cum clientelæ quoque, et tribus, municipiorum etiam legationes, ac pars Italiæ periclitantibus adsisterent: cum in plerisque judiciis crederet populus romanus sua interesse, quid judicaretur. Satis constat C. Cornelium, et M. Scaurum, et T. Milonem, et L. Bestiam, et P. Vatinium, concursu totius civitatis et accusatos et defensos : ut frigidissimos quoque oratores, ipsa certantis populi studia excitare et incendere potuerint. Itaque hercule ejusmodi libri exstant, ut ipsi quoque, qui egerunt, non aliis magis orationibus censeantur.

Tel est ce *Dialogue* célèbre, précieux monument des opinions littéraires et de l'état des lettres et de l'éloquence à Rome vers la fin du premier siècle de l'ère chrétienne. Nous avons donné à cette analyse d'autant plus de développement et d'étendue, que ce petit ouvrage si bon à connaître, si utile à étudier, est l'un de ceux qui, je ne sais pourquoi, sont généralement peu ou même point connus dans nos classes. Presque perdu, négligé du moins, à la suite des *annales* et des *histoires*, et nécessairement éclipsé par l'éclat de ces grandes et imposantes compositions, jamais on n'avait songé encore à l'en détacher, pour le mettre à sa véritable place. Il complète naturellement ici le tableau historique de l'éloquence romaine; et les principes qu'il établit, les leçons qu'il donne sont en harmonie si parfaite avec ce que nous venons de voir dans Cicéron et dans Quintilien, qu'il en résulte cette vérité de fait, que, malgré l'intervalle des temps, la différence des mœurs, des opinions et des caractères, les bons esprits finissent toujours par s'entendre et se réunir pour la défense des immortels principes du goût et de la raison.

M. ANN. SÉNÈQUE
LE RHÉTEUR.

AVANT J.-C. ENVIRON 58.

L'estimable rhéteur, père du philosophe qui a mérité au nom de SÉNÈQUE une si équivoque célébrité, était né à Cordoue; mais il vint de bonne heure à Rome, sous Auguste, y vécut dans l'intimité de M. Porcius-Latro (1), qui avait été l'un des maîtres d'Ovide, et y professa la rhétorique jusqu'à l'âge de cinquante-deux ans. L'ordre des temps devait donc le placer, dans ce recueil, avant Tacite et Quintilien; mais comme il leur est fort inférieur dans celui du mérite littéraire, nous ne sommes que juste à son égard, en le faisant marcher ici à leur suite.

Nous avons de ce Rhéteur deux ouvrages; un livre de questions du genre délibératif ou de conseil (*Suasoriæ*); et dix de *Déclamations* du genre judiciaire ou de controverse (*Controversiæ*). Mais il ne reste de ce dernier ouvrage que les I, II, VII, IX et X^e livres, et seulement des extraits des cinq autres. Nous avons vu précédemment (p. 257), la distinction que faisaient les rhéteurs de ces divers genres de *Déclamations*. Toutefois celles de Sénèque ont pour nous le précieux avantage de nous mettre en relation avec une foule d'anciens déclamateur dont les noms même

(1) C'est à ce Rhéteur que l'on attribue assez communément la *Déclamation* de Cicéron *in Sallustium* : peut-être est-il aussi l'auteur de celle de *Salluste contre Cicéron*. Ce qu'il y a de sûr, c'est qu'elles ne sont ni l'une ni l'autre du célèbre historien. Voyez la note de M. Burnouf, p. 496, de son excellente édition de *Salluste*.

nous seraient, pour la plupart, tout-à-fait inconnus, si la prodigieuse mémoire de notre Rhéteur(1) n'avait retenu et transmis fidèlement (il l'assure du moins) à ses fils ces nombreux fragmens de leurs discours et de leurs plaidoyers réels ou supposés.

Depuis que, par un abus trop ordinaire des termes, nous avons injurieusement flétri du titre de *Déclamations* tout ouvrage en vers ou en prose dans lequel l'auteur parait s'échauffer sans mesure comme sans raison, pour s'exagérer à lui-même l'importance factice du sujet qu'il traite; nous avons frappé du même ridicule et enveloppé dans la même proscription tout ce que les rhéteurs grecs et latins [illegible] ont laissé dans ce genre de composition, depuis le [illegible] Corax, qui ouvrit la première école d'éloquence, jusqu'à Quintilien, qui ferma si honorablement [illegible] carrière, plus de quatre siècles après. Mais ces [illegible] avaient leur utilité (2); et toutes ces compositions ne me paraissent pas également dignes de mépris. On s'est élevé avec raison contre la bizarre futilité ou la manie paradoxale de la plupart des sujets; et je conviens que les *éloges d'Hélène et de Busiris*, que l'*Éloge de la Mort*, et les *Plaidoyers pour et contre Palamède*; que les questions de savoir, *si Alexandre s'embarquera ou non sur l'Océan? si Agamemnon consentira, ou ne consentira pas au meurtre de sa fille, etc., etc.*, [illegible] en effet d'étranges matières de composition; mais considérons ces exercices en eux-mêmes, et supposons le choix des sujets aussi heureux que possible, et qu'il peut l'être en effet:

(1) On va voir ce qu'il en dit lui-même dans sa lettre à ses fils, ci-après.

(2) Les Jésuites avaient essayé de les rétablir dans quelques uns de leurs colléges; et nous avons encore les *Causæ forenses* du P. Le Jay; et les *Plaidoyers français* du P. du Baudory.

substituons à ce vain et dangereux abus de l'esprit, l'emploi judicieux des lumières de la raison; que des questions de haute morale, de politique profonde ou d'un grand intérêt littéraire, familiarisent d'avance nos futurs orateurs avec les discussions de la tribune et les luttes du barreau; qu'ils se forment dans l'ombre des classes, à la *déclamation* oratoire, à l'habitude de parler en public, et le grand jour n'aura plus rien qui les intimide; et l'aspect même d'un nombreux auditoire ajoutera à leur confiance, parcequ'il excitera leur émulation.

Ne dédaignons donc pas toujours les exemples de ceux qui nous ont précédés; et ne perdons pas de vue cette maxime, empruntée du rhéteur même qui va nous fournir quelques citations: « *Quo plura exempla inspecta sunt, plus in eloquentiam proficitur.* »

SÉNÈQUE le père était déjà fort âgé, et très infirme, à ce qu'il paraît, lorsqu'à la prière de ses fils ils s'imposa la tâche de recueillir et de leur transmettre ce qui lui restait de souvenirs des orateurs et des plaidoyers qu'il avait entendus. Ces souvenirs, qui remontent jusqu'à Cicéron, prêtent un singulier intérêt à l'Épître suivante, qui sert d'introduction au Ier livre des *Controverses*, et dans laquelle on trouve sur Porcius-Latro des détails infiniment curieux. Les *Dédicaces* des livres suivans ne sont ni moins curieuses ni moins intéressantes pour l'histoire littéraire de l'époque.

M. ANN. SÉNÈQUE

A SES FILS,

SÉNÈQUE NOVATUS (1), L. ANN. SÉNÈQUE (2) ET MÉLA (3).

EXIGITIS rem magis jucundam mihi, quam facilem. Jubetis enim, quid de his declamatoribus sentiam, qui in ætatem meam inciderunt, indicare; et si qua memoriæ meæ nondum elapsa sunt, ab illis dicta colligere: ut quamvis notitiæ vestræ subducti sunt, tamen non credatis tantum de illis, sed etiam judicetis. Est, fateor, jucundum mihi, redire in antiqua studia, melioresque ad annos respicere, et vobis querentibus quod tantæ opinionis viros audire non potueritis, detrahere ipsam temporum injuriam. Sed cum multa jam mihi ex me desideranda senectus fecerit, oculorum aciem retuderit, aurium sensum hebetaverit, nervorum firmitatem fatigaverit: inter ea quæ retuli, memoria est, res ex omnibus partibus animi maxime delicata et fragilis, in quam primam senectus incurrit. Hanc aliquando in me floruisse, ut non tantum ad usum sufficeret: sed in miraculum usque procederet, non nego. Nam et duo millia nominum recitata, quo ordine erant dicta, reddebam: et ab his, qui ad audiendum præceptorem nostrum convenerant, singulos versus à singulis datos, cum plures quam ducenti efficerentur, ab ultimo incipiens usque ad primum recitabam. Nec ad complectenda tantum, quæ vellem, velox erat mihi memoria: sed etiam ad continenda, quæ acceperat. Nunc

(1) Adopté dans la suite par l'orateur *Junius Gallio*, Novatus prit le nom de *Junius Annæus Gallio*, et fut, en sa qualité de propréteur d'Achaïe, le juge de saint Paul. (*Act.* VIII, 12.)

(2) Le philosophe.

(3) Le père de Lucain.

autem et ætate quassata, et longa desidia, quæ juvenilem quoque animum dissolvit, eo perducta est, ut etiam si possit aliquid præstare, tamen promittere non possit, et diu ab illa nihil repetivi. Solebat bonæ fidei esse. Nunc quia jubetis, quid possit experiar; et illam cum cura scrutabor. Ex parte enim spero bene; nam quæcumque apud illam aut puer, aut juvenis deposui, quasi recentia, et modo audita, sine cunctatione profert. At si qua illi intra proximos annos commisi, sic perdidit et amisit, ut etiam si sæpius ingerantur, toties tanquam nova audiam. Itaque ex memoria, quantum vobis satis sit, superest. Neque enim de his interrogatis, quos ipsi audistis: sed de his, qui ad vos usque non pervenerunt. Fiat quod vultis: mittatur senex in scholas. Illud necesse est impetrem, ne me quasi certum aliquem ordinem velitis sequi, in contrahendis quæ mihi occurrent. Necesse est enim per omnia studia mea errem, et passim, quidquid obvenerit, apprehendam.

Controversiarum sententias forte ponam pluribus locis in una declamatione dictas. Non enim dum quæro, aliquid invenio: sed sæpe, quod quærenti non comparuit, aliud agenti præsto est. Quædam vero quæ obversantia mihi, et jam ex aliqua parte se ostendentia non possum occupare, eadem securo et reposito animo subito emergunt. Aliquando etiam seriam rem agenti et occupato, sententia diu frustra quæsita intempestive molesta est. Necesse est ergo me ad delicias componam memoriæ meæ, quæ mihi jam olim precario paret. Facitis autem, juvenes mei, rem necessariam et utilem, quod non contenti exemplis seculi vestri, prioris quoque vultis cognoscere. Primum, quia, quo plura exempla inspecta sunt, plus in eloquentiam proficitur. Non est unus, quamvis præcipuus sit, imitandus: quia nunquam par sit imitator auctori. Hæc natura est rei : semper citra veritatem est similitudo. Deinde ut possitis æstimare, in quantum quotidie ingenia decrescant : et, nescio qua iniquitate naturæ, eloquentia se retro tulerit : quicquid romana facundia habet, quod insolenti Græciæ aut opponat, aut præferat, circa Ciceronem effloruit. Omnia ingenia, quæ lucem nostris studiis attulerunt, tunc nata sunt. In deterius deinde quotidie data res est : sive luxu temporum (nihil est enim tam mortiferum ingeniis, quam luxuria), sive cum præmium pulcherrimæ rei cecidisset, translatum est omne certamen ad turpia, multo honore quæstuque vigentia : sive fato quodam, cujus maligna perpetuaque in omnibus rebus lex est, ut ad summum perducta, rursus ad infimum, velocius quidem quam ascenderant, relabantur. Torpent ecce ingenia desidiosæ juventutis, nec in illius honestæ rei labore vigilatur (1). Somnus languorque, ac somno et languore turpior, malarum rerum industria, invasit animos. Cantandi, saltandique nunc obscœna studia effœminatos tenent : et capillum frangere, et ad muliebres blanditias vocem extenuare, mollitie corporis certare cum fœminis, immundissimis se excolere munditiis, nostrorum adolescentium specimen est. Quis æqualium vestrorum, quid dicam satis ingeniosus, satis studiosus, immo quis satis vir est ? In hos nec Dii tantum mali permittant, ut cadat eloquentia : quam non mirarer, nisi animos, in quos se conferret, eligeret. Erratis, optimi juvenes, nisi illam vocem non M. Catonis, sed oraculi creditis. Quid enim est oraculum ? Nempe voluntas divina, hominis ore enuntiata. Et quem tandem antistitem sanctiorem invenire sibi divinitas potuit, quam Catonem, per quem humano generi

(1) Voyez ci-devant, *Dial. de Tacite*, p. 250.

non præciperet, sed convicium faceret? Ille ergo vir quid ait? *Orator est*, Marce fili, *vir bonus, dicendi peritus.* Ite nunc, et in istis vulsis atque expolitis, et nusquam nisi in libidine, viris, quærite oratorem! Merito talia habent exempla qualia ingenia. Quis est, qui nunc memoriæ studeat? Quis, qui non dico magnis viribus, sed suis placeat? Sententias à disertissimis viris factas, facile in tanta hominum desidia pro suis dicunt: et sacerrimam eloquentiam, quia præstare non possunt, violare non desinunt.

Eo libentius, quod exigitis, faciam. Et quæcumque à celeberrimæ facundiæ viris dicta teneo, ne ad quemquam privatim pertineant, populo dedicabo. Ipsis quoque multum præstaturus videor, quibus oblivio imminet, nisi aliquid tradatur posteris, quo memoria eorum producatur. Fere enim aut nulli commentarii maximorum declamatorum extant: aut, quod pejus est, falsi. Itaque ne aut ignoti sint, aut aliter quam debeant, noti, summa cum fide suum unicuique reddam. Omnes autem magni in eloquentia nominis, excepto Cicerone, videor audisse. Nec Ciceronem quidem ætas mihi eripuerat, sed bellorum civilium furor, qui tunc totum orbem pervagabatur, intra coloniam meam me continuit. Alioquin in illo atriolo, in quo duos grandes prætextatos ait secum declamare solitos, potui illud ingenium, quod solum populus romanus par imperio suo habuit, cognoscere: et, quod vulgo de alio dici solet, sed de illo proprie debet, potui vivam vocem audire. Declamabat autem Cicero, non quales nunc *Controversias* dicimus, nec tales quidem, quales ante Ciceronem dicebantur, quas *theses* vocabant. Hoc enim genus materiæ, quo nos exercemur, adeo novum est, ut nomen quoque ejus novum sit. Modo nomen hoc prodiit: nam et studium ipsum nuper celebrari cœpit. Ideo facile est mihi ab incunabulis nosse rem post me natam. In aliis autem an beneficium vobis daturus sim, nescio: in uno accipio.

Latronis enim Porcii, carissimi mihi sodalis, memoriam sæpiùs cogar retractare, et à prima pueritia usque ad ultimum ejus diem perductam familiarem amicitiam cum voluptate maxima repetam. Nihil illo viro gravius, nihil suavius, nihil eloquentia sua dignius. Nemo plus ingenio suo imperavit: nemo plus indulsit. In utraque parte vehementi viro modus deerat: nec intermittere studia sciebat, nec repetere. Cum se ad scribendum concitaverat, jungebantur noctibus dies, et sine intervallo gravius sibi instabat, nec desinebat, nisi defecerat. Rursus cum se dimiserat, in omnes lusus et in omnes jocos se resolvebat. Cum vero se silvis montibusque tradiderat, omnes illos agrestes in silvis ac montibus natos, laboris patientia ac venandi solertia provocabat; et in tantam sic vivendi pervenerat cupiditatem, ut vix posset ad priorem consuetudinem retrahi. At cum sibi manum injecerat, et se blandiendo, unde abduxerat, revocarat, tantis viribus incumbebat in studium, ut non tantùm nihil perdidisse, sed multum acquisivisse desidia videretur. Omnibus quidem prodest, subinde animum relaxare: excitatur enim otio vigor: et omnis tristitia, quæ continuatione pertinacis studii adducitur, feriarum hilaritate discutitur. Nulli tamen intermissio manifestius proderat. Quoties ex intervallo dixerat, multo acrius violentiusque dicebat. Exultabat enim novato et integrato robore; et tantum à se exprimebat, quantum concupierat. Nesciebat dispensare vires suas, sed immoderati adversum se imperii fuit. Ideoque studium ejus prohiberi debebat, quia regi non poterat. Itaque solebat et ipse, cum se assidua et nunquam intermissa contentione fregerat, sentire ingenii lassitudinem, quæ non minor est quam corporis, sed occultior. Corpus illi erat et natura solidum et multa exercitatione duratum; ideoque nunquam ardentis impetus animi deseruit. Vox robusta, sed sordida lucubrationibus, et negligentia, non natura, infuscata; beneficio tamen laterum extollebatur; et quamvis inter initia parum attulisse virium videretur, ipsa actione accrescebat. Nulla unquam illi cura vocis exercendæ fuit. Illum fortem, agrestem, et Hispanæ consuetudinis morem non poterat dediscere: utcumque res tulerat, ita vivere: nil vocis causa facere: non illam per gradus paulatim ab imo usque ad summum perducere; non rursus à summa contentione paribus intervallis descendere, non sudorem unctione discutere, non latus ambulatione reparare. Sæpe cum per totam lucubraverat noctem, ab ipso cibo statim ad declamandum perveniebat. Jam vero cum rem inimicissimam corpori faceret, vetari nullo modo poterat. Post cœnam fere lucubrabat, nec patiebatur alimenta per somnum quietemque æqualiter digeri, sed perturbata et dissipata in caput agebat. Itaque et oculorum aciem confuderat, et colorem mutaverat. Memoria et natura quidem felix, sed plurimum adjuta arte. Nunquam ille quæ dicturus erat, ediscendi causa relegebat. Edidicerat illa, cum scripserat, cum id in illo magis mirabile videri possit, quod nec lente et anxie, sed eodem pæne, quo dicebat, impetu scribebat. At illi qui scripta sua torquent, qui de singulis verbis in consilium eunt, necesse est, quæ toties animo suo admoverint, novissime affigant: at quorumcumque stilus est velox, tardior memoria est. In illo non tantum naturalis memoriæ felicitas erat, sed ars summa, et ad apprehendenda, quæ tenere debebat, et ad custodienda; adeo ut omnes declamationes suas, quascumque dixerat, teneret. Jam itaque supervacuos sibi fecerat codices. Aiebat se scribere in animo. Cogitata dicebat ita, ut in nullo unquam verbo eum memoria deceperit. Historiarum omnium summa notitia: jubebat aliquem nominari ducem, et statim ejus acta cursu reddebat. Adeo quæcumque in animum ejus semel descenderant, in promptu erant!

Video vos, juvenes mei, plus justo ad hanc ejus virtutem obstupescere: alia vos in illo mirari volo. Hoc quod tam vobis mirum videtur, non operosa potest tradi arte. Intra exiguum paucissimorum dierum tempus, poterit quilibet facere id, quod Cineas fecit, qui missus à Pyrrho legatus ad Romanos, postero die novus homo, et senatum, et omnem urbanam circumfusam senatui plebem, nominibus suis persalutavit. Aut quod ille fecit, qui recitatum à poëta carmen novum, suum esse dixit, et protinus memoria recitavit (1), cum hoc ille cujus carmen erat, facere non posset. Aut quod fecit Hortensius, qui à Sisenna provocatus, in auctione persedit diem totum, et omnes res, et pretia, et emptores ordine suo argentariis recognoscentibus, ita ut in nullo falleretur, recensuit. Cupitis statim discere? Suspendam cupiditatem vestram, et faciam alteri beneficio locum. Interim hoc vobis, in quo jam obligatus sum, persolvam. Plura fortasse videor de Latrone meo vobis, quam audire desideratis, exposuisse. Ipse quoque hoc prævideram futurum, ut à memoria ejus, quoties occasio fuisset, difficulter avellerer. Tamen nec his contentus ero, sed quoties me invitaverit memoria, libentissime faciam, ut illum totum et vos cognoscatis, et ego recognoscam. Il-

(1) On a rajeuni cette vieille anecdote, pour en faire honneur à Crébillon le tragique.

lud unum non differam, falsam opinionem de illo in animis hominum convaluisse. Putant enim, fortiter quidem, sed parum subtiliter eum dixisse; cum in illo, si qua alia virtus fuit, etiam subtilitas fuerit. Id, quod nunc à nullo fieri animadverto, semper fecit. Antequam dicere inciperet, sedens, quæstiones ejus quam dicturus erat controversiæ proponebat, quod summæ fiduciæ est. Ipsa enim actio multas latebras habet: nec facile potest, si quo loco subtilitas defuerit, apparere, cum orationis cursus judicium audientis impediat, dicentis abscondat. At ubi nuda proponuntur membra, si quid aut numero, aut ordine excidit, manifestum est. Quid ergo? Unde hæc de illo fama? Nihil est iniquius his qui nusquam putant esse subtilitatem, nisi ubi nihil est præter subtilitatem: et in illo cum omnes oratoriæ virtutes essent, hoc fundamentum tot et tantis superstructis molibus obruebatur. Nec deerat in illo, sed non eminebat; et nescio an maximum vitium subtilitatis sit, nimis se ostendere. Magis nocent insidiæ, quæ latent. Utilissima est dissimulata subtilitas, quæ effectu apparet, habitu latet. Interponam itaque aliquibus locis quæstiones controversiarum, sicut ab illo propositæ sunt. Nec his argumenta subtexam, ne et modum excedam, et propositum tam meum quam vestrum, cum vos sententias audire velitis, et quidquid ab illis abduxerit, molestum futurum sit. Hoc quoque Latro meus faciebat, ut amaret sententias. Cum discipuli essemus apud Marillium rhetorem, hominem satis aridum, paucissima belle, sed non vulgato genere dicentem; cum ille exilitatem orationis suæ imputaret controversiæ, et diceret : *Necesse est me per spinosum locum ambulantem suspensos pedes ponere* : aiebat Latro, *non mehercules tui pedes spinas calcant, sed habent.* Et statim ipse dicebat sententias, quæ interponi argumentis cum maxime declamantis Marillii possent. Solebat autem et hoc genere exercitationis uti, ut aliquo die nihil præter *epicheremata* scriberet; aliquo die nihil præter *enthymemata;* aliquo die nihil præter has translatitias, quas proprie *sententias* dicimus, quæ nihil habent cum ipsa controversia implicitum, sed satis apte et alio transferuntur : tanquam quæ de fortuna, de crudelitate, de seculo, de divitiis dicuntur. Hoc genus sententiarum supellectilem vocabat. Solebat *schemata* quoque per se, quæcumque controversia reciperet, scribere. Et putant illum homines hac virtute caruisse, cum ingenium quidem ejus hac dote abundaverit, judicium autem fuerit strictius. Non placebat illi orationem inflectere, nec unquam recta via discedere, nisi cum hoc aut necessitas coëgisset, aut magna suasisset utilitas. Schemata negabat decoris causa inventa, sed subsidii; ut, quod palam aures offensurum esset, si palam diceretur, id oblique et furtim surreperet. Summam quidem esse dementiam, detorquere orationem, cui rectam esse liceret.—Sed jam non sustineo vos morari : scio quam odiosa res sit Circensibus pompa.

QUESTION IV.

SUJET.

CICÉRON DOIT-IL S'ABAISSER JUSQU'A DEMANDER LA VIE A ANTOINE?

Tous les orateurs qui parlent successivement se réunissent pour démontrer la honte et l'inutilité d'une pareille démarche.

Q. HATERIUS. Sciant posteri potuisse Antonio servire remp., non potuisse Ciceronem. Laudandus erit tibi Antonius ; in hac causa etiam Ciceronem verba deficient. Crede mihi, cum diligenter te custodieris, faciet tamen Antonius quod Cicero tacere non possit. Si intelligis, Cicero, non dicit, Roga ut vivas : sed, Roga, ut servias. Quemadmodum autem hunc senatum intrare poteris, exhaustum crudeliter, repletum turpiter? Intrare autem ut senatum voles, in quo non Cn. Pompeium visurus es, non M. Catonem, non Lucullos, non Hortensium, non Lentulum atque Marcellum; non tuos, inquam, Coss. Hircium et Pansam? Cicero, quid in alieno seculo tibi? Jam nostra peracta sunt. M. Cato solus maximum vivendi moriendique exemplum, mori maluit quàm rogare : nec erat Antonium rogaturus, et illas usque ad ultimam diem puras à civili sanguine manus, in se infestas, acerrime armavit. Scipio, cum gladium ponere jussus foret, dicitur abdidisse in se. Quærentibus qui in navem transierant militibus imperatorem : *Imperator*, inquit, *bène se habet.* Victus vocem victoriæ misit. Vetat, inquit, Milo rogari judice : vir clarissimus nunc et Atonium rogat. *Porcii Latronis.* Ergo loquitur imperator Cicero, ut non timeat Antonius : loquatur unquam Antonius, ut

Cicero timeat? Civilis sanguinis Sullana sitis in civitatem redit, et ad triumviralem hastam pro vectigalibus, civium Romanorum mortes locantur. Injusta bella albo Pharsalica, ac Mundensis Mutinensisque ruina vincitur, consularia capita auro rependuntur. Tuis verbis, Cicero, utendum est: *O tempora, ô mores!* videbis ardentes crudelitate simul ac superbia oculos: videbis illum non hominis, sed belli civilis vultum: videbis illas fauces per quas Cn. Pompeii bona transierunt, illa latera, illam totius corporis gladiatoriam firmitatem; videbis illum pro tribunali locum, quem magister equitum, cui ructare turpe erat, vomitu fœdaverat. Supplex accidens genibus deprecaberis, et ore, cui se debet salus publica, humilia in adulationem verba submittes? Pudeat Verrem quoque, quia proscriptus fortius perit. *Cyri Marillii Æsernini.* Occurrat tibi Cato tuus, cujus à te laudata mors est. Quidquam ergo tanti putas, ut vitam Antonio debeas? *Cestii Pii.* Si ad desiderium populi respicis, Cicero, quandoque perieris, parum vixisti: si ad res gestas, satis vixisti: si ad injurias fortunæ et præsentem reipublicæ statum, nimium diu vixisti: si ad memoriam operum tuorum, semper victurus es. *Pompeii Silonis.* Scias licet, tibi non expedire, vivere, si Antonius permittit ut vivas. Tacebis ergo proscribente Antonio, et rempublicam laniante, et ne gemitus quidem tuus liber erit? Malo populus romanus mortuum Ciceronem, quam vivum desideret. *Triarii.* Quæ Charybdis est tam vorax? Charybdin dixi; quæ si fuit, animal unum fuit. Vix medius fidius Oceanus tot res tamque diversas uno tempore absorbere potuisset. Huic tu sævienti putas Ciceronem posse subduci? *Arellii Fusci.* Ab armis ad arma discurritur: foris victores, domi trucidamur; dum in sanguine intestinus hostis incubat, quis non hoc populi Romani statu, Ciceronem ut vivat, cogi putat? Rogabis Cicero turpiter Antonium, frustra. Non te ignobilis tumulus abscondet: idem virtutis tuæ, qui finis est immortalium humanorum operum; custos memoriæ, quæ mansuri vita perpetua est, in omnia te secula sacratum dabit. Nihil aliud intercidet, quam corpus fragilitatis caducæ, morbis obnoxium, casibus expositum, proscripionibus objectum. Animus vero divina origine haustus, cui nec senectus ulla, nec mors, onerosi corporis vinculis exsolutus, ad sedes suas et cognata sidera recurret. Et tamen si ad ætatem, annorumque nunquam observatum viris fortibus numerum respicimus, sexaginta supergressus es: nec potes videri non nimis vixisse, qui moreris reipublicæ superstes. Vidimus furentia toto orbe civilia arma, et post Italicas Pharsalicasque acies romanum sanguinem hausit Ægyptus: quid indignamur in Ciceronem Antonio licere? Sic in Pompeium Alexandrino licuit. An non occiduntur, qui ad indignos confugiunt? *Cornelii Hispani.* Proscriptus est ille, qui tuam sententiam secutus est: tota tabula tuæ morti præluditur, alter fratrem proscribi, alter avunculum patitur: quid habes spei? Ut Cicero periret, tot parricidia facta sunt. Repeto, age, tot patrocinia, tot clientelas, et maximum beneficiorum tuorum, te ipsum: jam intelliges Ciceronem in mortem cogi posse, in preces non posse. *Argentarii.* Explicantur triumviralis regni delicata convivia, et popina tributo gentium instruitur: ipse vino et somno marcidus deficientes oculos ad capita proscriptorum levat. Jam ad ista non satis est dicere: ô hominem nequam!

Divisio. Latro sic hanc divisit omnem *Suasoriam*. Etiam si impetrares vitam ab Antonio, non est tanti rogare: deinde impetrare non potes. In priore illa parte posuit: Turpe esse cuilibet Romano, nedum

Ciceroni, vitam rogare. Hoc loco omnium, qui ultro mortem apprehendissent, exempla posuit: deinde inutilis illi sua vita futura proponitur, morte gravior, detracta libertate. Hic omnem acerbitatem servitutis futuræ descripsit: deinde non futurum fidei impetratæ beneficium. Hic cum dixisset, aliquid erit quod Antonium offendat, aut factum tuum, aut dictum, aut silentium, aut vultus: adjecit sententiam, Haud enim placiturus es. *Albutius* aliter divisit. Primam partem fecit, moriendum esse Ciceroni: etiam si nemo proscriberet. Hæc insectatio temporum fuit. Deinde moriendum est: ille enim se sua sponte conficeret, quia moriendum esset, etiam si mori noluisset: graves odiorum causas esse: maximam causam proscriptionis ipsum esse Ciceronem. Et solus ex declamatoribus tentavit dicere, non unum illi esse Antonium infestum. Hoc loco dixit illam sententiam: Si cui ex triumviris non es invisus, gravis es. Et illa sententia valde excepta est: Roga, Cicero, exora unum, ut tribus servias. *Cestius* sic divisit: Mori tibi utile est: honestum est, necesse est, ut liber et illibatæ dignitatis consummes vitam. Hic illam sententiam dixit audacem: Ut numereris cum Catone, qui servire nec Antonio quidem nondum domino potuit. *Marcellus* hunc sensum de Catone melius: Usque eone omnia cum fortuna populi Romani conversa sunt, ut aliquis deliberet, utrum satius sit vivere cum Antonio: an mori cum Catone? Sed ad divisionem *Cestii* revertamur. Dixit utile esse, ne etiam cruciatus corporis pateretur: non simplici illum modo periturum, si in Antonii manus incidisset; et in hac parte cum descripsisset contumelias insultantium Ciceroni, et verbera et tormenta, dixit illam multum laudatam sententiam: Tu mehercules, Cicero, cum veneris ad Antonium, mortem rogabis. *Varius Geminus* sic divisit: Hortarer te, si alterutrum utique faciendum esset; aut moriendum, aut rogandum, ut morereris potius, quam rogares; et omnia complexus est, quæ à ceteris dicta erant. Sed addidit et tertium: adhortatus est illum ad fugam. Illic esse M. Brutum, illic C. Cassium, illic Sex. Pompeium. Et adjecit illam sententiam, quam Cassius Severus unice mirabatur: Quid deficiemus? et Resp. suos triumviros habet. Deinde etiam quas petere posset regiones, percurrit: Siciliam dixit vindicatam esse ab illo, Ciliciam à Proconsule egregie administratam; familiares studiis ejus et Achaiam et Asiam, Dejotari regnum obligatum beneficiis, Ægyptum et habere beneficii memoriam, et agere perfidiæ pœnitentiam. Sed maxime illum in Asiam et Macedoniam hortatus est in Cassii et in Bruti castra. Jam *Cassius Severus* aiebat, alios declamasse, Varium Geminum vivum consilium dedisse.

Alteram partem pauci declamaverunt. Nemo ausus est Ciceronem ad deprecandum Antonium hortari, bene de Ciceronis animo judicaverunt. *Geminus Varius* declamavit alteram quoque partem, et ait: Spero me Ciceroni meo persuasurum, ut velit vivere. Quod grandia loquitur, et dicit: Mors nec immatura consulari, nec misera sapienti; non movet me, idiotam petit. Ego belle mores hominis novi: faciet, rogabit, nam quod ad servitutem pertinet, non recusabit: jam collum tritum habet, et Pompeius illum, et Cæsar subjecerunt. Veteranum mancipium videtis. Et complura alia dixit scurrilia, ut illi mos erat. Divisit sic, ut diceret, non turpiter rogaturum, non frustra rogaturum. In priori parte illud posuit, non esse turpe, civem victorem rogari à victo: hic quam multi rogassent C. Cæsarem, hic et Ligarium: deinde ne iniquum esse quidem Ciceronem satisfacere, qui prior illum proscripsisset, qui et judicasset, ab eo semper nasci satisfactionem, ac dato rogari. Deinde non pro vita illum, sed pro republica rogaturum: satis illum sibi vixisse, reip. parum. In sequenti parte dixit, exorari solere inimicos: ipsum exoratum à Vatinio, C. quoque Verri affuisse; facilius exorari Antonium posse, qui cum tertius esset, ne quis è tribus hanc tam speciosam clementiæ occasionem præriperet: fortasse irasci Antonium, qui ne tanti quidem putasset illum quem rogaret. Fuga quam periculosa esset, cum descripsisset, adjecit: Quocumque pervenisset, serviendum illi esse: ferendum aut Cassii violentiam, aut Bruti superbiam, aut Pompeii stultitiam.

Quando in hanc suasoriam incidimus, non alienum puto, indicare, quomodo quisque se ex historicis adversus memoriam Ciceronis gesserit. Namque Cicero nec tam timidus fuerit, ut rogaret Antonium, nec tam stultus, ut exorari posse speraret, nemo dubitat, excepto Asinio Pollione, qui infestissimus famæ Ciceronis permansit.

LA MORT DE CICÉRON.

NARRATION HISTORIQUE.

Hæc inepte ficta cuilibet videri potest. Pollio vult illam veram videri: ita enim dixit illà oratione, quam pro Lamia dedit. *Asinii Pollionis.* Itaque nunquam perficeret, nec mora fuit, quin ejuraret, suas esse, quas cupidissime effuderat orationes in Antonium: multiplicesque numero, et accuratius scriptas illi contrarias edere, ac vel ipse palam pro concione recitare, pollicebatur: ceteraque his alia sordidiora multo: ut tibi facile liqueret: hoc totum adeo fassum esse, ut ne ipse quidem Pollio in historiis suis ponere ausus sit. Huic certe actioni ejus pro Lamia qui interfuerunt, negant eum hæc dixisse (nec enim mentiri sub triumvirorum conscientia sustinebat), sed postea composuisse. Nolo autem vos, juvenes mei, contristari, quod à declamatoribus ad historicos transeo: satisfaciam vobis, et fortasse efficiam, ut his sententiis lectis solidis, et verum habentibus, recedatis æquiores. Hoc si tamen recta via consequi non potero, decipere vos cogar, veluti salutarem pueris daturus potionem absinthiati poculi. Livius adeo retractationis consilium habuisse Ciceronem non dicit, ut neget tempus habuisse. Ita enim ait. *Livii.* M. Cicero sub adventum triumvirorum cesserat urbe, pro certo habens id quod erat, non magis Antonio eripi se, quam Cæsari Cassium et Brutum posse : primo in Tusculanum fugit, inde transversis itineribus in Formianum, ut ab Caieta navim conscensurus, proficiscitur. Unde aliquoties in altum provectum cum modo venti adversi retulissent, modo ipse jactationem navis cæco volvente fluctu pati non posset, tædium tandem eum et fugæ, et vitæ cepit. Regressusque ad superiorem villam, quæ paulo plus mille passibus à mari abest, *Moriar*, inquit, *in patria sæpe servata.* Satis constat, servos fortiter fideliterque paratos fuisse ad dimicandum; ipsum deponi lecticam, et quietos pati, quod fors iniqua cogeret, jussisse. Prominenti ex lectica, præbentique immotam cervicem, caput præcisum est. Nec satis stolidæ crudelitati militum fuit; manus quoque, scripsisse in Antonium aliquid, exprobrantes, præciderunt. Ita relatum caput ad Antonium, jussuque ejus inter duas manus in rostris positum, ubi ille consul, ubi sæpe consularis; ubi eo ipso anno adversus Antonium, quanta nulla unquam humana vox, cum admiratione eloquentiæ auditus fuerat; vix attollentes lacrymis oculos homines intueri trucidata membra ejus poterant(1). *Bassus Aufidius* et ipse nihil de animo Ciceronis dubitavit, quin fortiter se morti non præbuerit tantum, sed obtulerit. *Aufidii Bassi.* Cicero paulum remoto velo, postquam armatos vidit: *Ego vero consisto,* ait: *accede, veterane, et si hoc saltem potes recte facere, incide cervicem.* Trementi deinde, dubitantique: *quid si ad me,* inquit, *primum venissetis? Cremutius Cordus* et ipse ait, Ciceronem, cum cogitasset, utrumne Brutum, an Cassium, an Sextum Pompeium peteret, omnia illi displicuisse, præter mortem. *Cremutii Cordi.* Quibus visis lætus Antonius, cum peractam proscriptionem suam dixisset esse; quippe non satiatus modo cædendis civibus, sed defectus quoque, jussit pro rostris exponi. Itaque quo sæpius ille ingenti circumfusus turba processerat, quæ paulo ante coluerat piis concionibus, quibus multorum capita servaverat, tum per artus suos latus, aliter ac solitus erat, à civibus suis conspectus est, prætendenti capiti, orique ejus impensa sanie, brevi ante princeps senatus, romanique nominis titulus, tum pretium interfectoris sui. Præcipue tamen solvit pectora omnium in lacrymas gemitusque visa ad caput ejus deligata manus dextera, divinæ eloquentiæ ministra: ceterorumque cædes privatos luctus excitaverunt; illa una communem. *Brutidii Nigri.* Elapsus interim altera parte villæ Cicero lectica per agros ferebatur, sed, ut vidit appropinquare notum sibi militem, Popilium nomine, memor defensum à se, lætiore vultu adspexit; at ille, victoribus id ipsum imputaturus, occupat facinus, caputque decisum, nihil in ultimo fine vitæ facientis quod alterutram in partem posset notari,

(1) C'est à l'aide de ce fragment authentique, et du passage suivant de Bassus Aufidius que Freinsheim a raconté la mort de Cicéron. *Supplem., in loc.* cxx *Liviani.*

Antonio portat, oblitus se paulo ante defensum ab illo. Et hic voluit positi in rostris capitis miserabilem faciem describere, sed magnitudine rei obrutus est. Item *Brutidii Nigri.* Ut vero jussu Antonii inter duas manus positum in rostris caput conspectum est, quo toties auditum erat loco, dato gemitu et fletu maximi viri inferiæ, nec ut solet, ita depositi in rostris corporis concio audivit, sed ipsa narravit. Nulla non pars fori aliquo actionis inclytæ signata vestigio erat; nemo non aliquod ejus in se meritum fatebatur : hoc certe publicum beneficium palam erat, illam miserrimi temporis servitutem ac aleam delatam in Antonium. Quoties magni alicujus mors ab historicis narrata est, toties fere consummatio vitæ, et quasi funebris laudatio redditur. Hoc semel atque iterum à Thucydide factum; idem in paucissimis personis usurpatum à Sallustio; Livius benignius omnibus magnis viris præstitit. Sequentes historici multo id effusius fecerunt. Ciceroni hoc, ut Græco verbo utar ἐπιτάφιον Livius reddit. *T. Livii.* Vixit tres et sexaginta annos, ut si vis abfuisset, ne immatura quidem mors videri possit : ingenium et operibus et præmiis operum felix : ipse fortunæ diu prosperæ et in longo tenore felicitatis, magnis interim ictus vulneribus, exilio, ruina partium pro quibus steterat, filiæ morte, exitu tam tristi atque acerbo, omnium adversorum nihil, ut viro dignum erat, tulit, præter mortem, quæ vere æstimanti minus indigna videri potuit, quod à victore inimico nil crudelius passus erat, quam quod ejusdem fortunæ compos ipse fecisset. Si quis tamen virtutibus vitia pensarit, vir magnus, acer, memorabilis fuit, et in cujus laudes sequendas Cicerone laudatore opus fuerit.—Ut est natura candidissimus omnium magnorum ingeniorum æstimator T. Livius; plenissimum testimonium Ciceroni reddidit. *Cordi Cremutii*, non est operæ, deferre etiam redditam Ciceroni laudationem. Nihil enim in ipsa Cicerone dignum est : ac ne hoc quidem, quod pene maximum est, tolerabile est. *Cremutii Cordi.* Privatas enim simultates deponendas interdum putabat; publicas nunquam. Vides credendam ejus non solum magnitudinem virtutum, sed multitudinem quoque conspiciendam. *Aufidii Bassi.* Sic M. Cicero decessit, vir natus ad reip. salutem : quæ diu defensa et administrata, in senectute demum è manibus ejus elabitur, non ipsius vitio læsa, quod nihil in salute ejus aliud illi, quam si caruisset Antonio, placuit. Vixit sexaginta et tres annos, ita ut semper aut peteret alterum, aut invicem peteretur : nullamque rem rarius, quam diem illum, quo nullius interesset ipsum mori, vidit. *Pollio* quoque *Asinius*, qui Verrem Ciceronis reum fortissime morientem tradidit, Ciceronis mortem solus ex omnibus maligne narrat; testimonium tamen, quamvis invitus, plenum ei reddit. *Asinii Pollionis.* Hujus ergo viri tot tantisque operibus mansuris in omne ævum, prædicare de ingenio atque industria supervacuum est. Natura autem pariter atque fortuna obsecuta est. Ei quidem facies decora ad senectutem, prosperaque permansit valetudo : tum pax diutina, cujus instructus erat artibus, contigit. Namque à prisca severitate judicis exacti, maximorum noxiorum multitudo provenit, quos obstrictos patrocinio incolumes plerosque habebat. Jam felicissima consulatus ei sors petendi : et gerendi magna munera, deûm consilio, industriaque. Utinam moderatius secundas res, et fortius adversas ferre potuisset; namque utræque cum venerant ei, mutari eas non posse rebatur. Inde sunt invidiæ tempestates coortæ graves in eum, certiorque inimicis aggrediendi fiducia : majore enim simultates appetebat animo, quam gerebat. Sed quando mortalium nulli virtus perfecta contigit, qua major pars vitæ atque ingenii stetit, ea judicandum de homine est. Atque ego ne miserandi quidem exitus eum fuisse judicarem, nisi ipse tam miseram mortem putasset.—Affirmare vobis possum, nihil esse in historiis ejus, hoc, quem retuli, loco disertius : ut mihi tunc non laudasse Ciceronem, sed certasse cum Cicerone videatur. Nec hoc deterrendi causa dico, ne historias ejus legere concupiscatis : concupiscite, et pœnas Ciceroni dabitis. Nemo tamen ex tot disertissimis viris melius Ciceronis mortem deploravit, quam Cornelius Severus.

CORNELII SEVERI.

Oraque magnanimum spirantia pæne virorum
In rostris jacuere suis : sed enim abstulit omnes,
Tanquam sola foret ; rapti Ciceronis imago.
Tunc redeunt animis ingentia Consulis acta,
Juratæque manus, deprensaque fœdera noxæ,
Patriciumque nefas : ast tunc et pœna Cethegi,
Dejectusque redit votis Catilina nefandis.
Quid favor aut cœtus? pleni quid honoribus anni
Profuerunt? sacris exacta quid artibus ætas?
Abstulit una dies ævi decus, ictaque luctu
Conticuit Latiæ tristis facundia linguæ.
Unica sollicitis quondam tutela, salusque,
Egregium semper patriæ caput ; ille senatus
Vindex, ille fori, legum, ritusque, togæque.
Publica vox sævis æternum obmutuit armis,
Informes vultus, sparsamque cruore nefando
Canitiem, sacrasque manus, operumque ministras
Tantorum, pedibus civis projecta superbis
Proculcavit ovans ; nec lubrica facta, deosque
Respexit ; nullo luet hoc Antonius ævo.
Hæc nec in Emathio mitis victoria Perse,
Nec te, dire Syphax, non fecit in hoste Philippo ;
Inque triumphato ludibria cuncta Jugurtha
Abfuerunt, nostræque cadens ferus Hannibal iræ
Membra tamen Stygias tulit inviolata sub umbras (1).

(1) Voyez tom. I, des *Œuvres complètes de* Cicéron, *Disc. préliminaire*, p. 54, une fort belle traduction en vers de ce morceau, par M. Le Clerc.

Non laudabo municipem nostrum bono versu, ex quo hic multo melior Cornelii Severi processit :

Conticuit Latiæ tristis facundia linguæ.

Sextilius Hena fuit homo ingeniosus magis quam eruditus, inæqualis poeta, et pene quibusdam locis talis, quales esse Cicero Cordubenses poetas ait, pingue quiddam sonantes atque peregrinum. Is hanc ipsam præscriptionem recitaturus in domo Messalæ Corvini, Pollionem Asinium advocaverat; et in principio hunc versum non sine assensu recitavit :

Deflendus Cicero est, Latiæque silentia linguæ.

Pollio Asinius non æquo animo tulit, et ait : Messala, tu quid tibi liberum sit in domo tua, videris : ego istum auditurus non sum, cui mutus videor. Atque ita consurrexit, ne interesset recitationi.

CONTROVERSE I.

SUJET.

Deux frères vivaient en très mauvaise intelligence. L'un deux avait un fils, dont l'oncle tomba tout-à-coup dans la plus profonde indigence; le neveu s'empressa de venir à son secours, malgré la défense formelle de son père, qui, en conséquence, le déshérita. L'oncle fait une succession imprévue, redevient riche, et adopte son bienfaiteur. Le père du jeune homme est ruiné à son tour; et à son tour secouru par son fils, que l'oncle déshérite, pour avoir violé la défense de secourir son père.

Plaidoyer en faveur de cet intéressant jeune homme.

Pro adolescente. *Porcii Latronis.* Quid mihi objicis? Puto luxuriam. Quidquid unquam immodesta largitione effudimus, id omne consumebatur in alimentum duorum senum. Cum vetaret me pater, aiebat : Ipse mihi cum egerem, alimenta non dabat. Eo jam perductus erat, ut omnem spem ultimorum alimentorum in ea domo poneret, in qua habebat abdicatum et inimicum. Ecce oppressit increscentem. Quid acturus es? pluris tibi frater efferendus quam alendus est. Quis rogatus est? aut quis fratrem tam locuples frater alere non potest? Miserrimus senex divitias suas, et jam extremum blandimentum in stipem perdidit. Ipse, inquit, me non aluit. Imitationem alienæ culpæ innocentiam vocas? Nec eo quidem æstimas, quanta ista crudelitas sit : quod si quis fratrem non alit, nec à filio quidem alendus est? Quid adoptionem jactas? Tunc ad te veni, cum haberem divitem patrem. Parcius, quæso, fratres. Præsentes habemus deos. Scis tuto te facere; etiam si abdicaveris, alam. Fatendum est crimen meum, tardius misertus sum. Iterum do pœnas : egeo. Parentibus meis, cum in cetera odium sit, tantum in meam notam convenit. O felix spectaculum, si vos in gratiam possum reducere, faciam hoc, quod vultus quoque vestri hortantur. Surgite, patres, adeste, judices; alter mihi ex parentibus servatus, alter servandus est; porrigite mutuas manus in gratiam; me fœderi medium pignus addite. Inter duos contendentes, medius elidar. Ergo fame morientem videbo, per cujus cineres juraturus sum? Omnis instabilis et incerta felicitas est. Quis crederet jacentem supra crepidinem Marium aut fuisse consulem, aut futurum? Quid porro tam longe exempla repeto? tanquam modo non sit qui illum vidit. Quid non timendum felicibus putas? quid desperandum infelicibus? *Junii Gallionis.* Ego indicabo, cur me abdices : tu indica, cur adoptaveris. Quædam accedunt nova, et quidem nova. Illud non miror, quod misericordia objicitur; illud miror, quod hic objicit. Sic enim me gessi, ut hoc crimine duos patres obligarem. Uterque me amat, uterque ali miser desiderat, uterque prohibet. Nec secum, nec mecum fortuna bene convenit. Componite aliquando bonos quidem, sed contumaces viros. Uter discordiæ caussam præbuerit, nolite à me exigere. Uterque patruus est, uterque pater est. Transit ad istum fratris sui et fortuna et animus. Misericors sum. Non mutassem patrem, si naturam mutare potuissem. *P. Aspernatis.* Fortunæ est lex, præstare quæ exegeris. Miserere. Mutabilis est casus : dederunt victis terga victores; et quos provexerat fortuna, destituit. Quid referam Marium, sexto consulatu Carthagine mendicantem, septimo imperantem? Nec circa plura instabilis fortunæ exempla te mittam : vide quis alimenta rogetur, et quis roget. *Othonis Junii.* Pater, timeo mutationem, et ille nihil prius ex bonis, quam filium perdidit. *Arellii Fusci.* Pater, ecquid aperis mi penates tuos? Non sum hospes gravis, unum senem adduco; hoc tibi vitio, pater, placui. Venit ignotus senex, volo transire jacentem; per patrem rogat. Ergo aliquis peribit fame, qui filium suum optat superstitem? Quid hoc esse dicam, quod me tam periculose abdicant? quod toties isti fortunam mutant, quoties ego patrem? Redite in gratiam. Inter funestas acies armatæ manus in fœdus porriguntur. Perierat totus orbis, nisi iram finiret misericordia. Aut si tam pertinacia placent odia, parcite. Jactatus inter duos patres, utriusque filius, semper tamen felicioris abdicatus : positus inter duo pericula, quid faciam? qui alunt, abdicantur : mendicant, qui non alunt. Illud tamen, pater, deos testor, divitem te relinquo. *Cestii Pii.* Tali me operi præparaveram; volebam fratres in gratiam reducere; at nisi impetravero ut boni fratres sint, impetrabo ne mali patres sint. Uterque me amavit, uterque pro me vota fecit: quantum est, si dixero, uterque me aluit? Quæ causa fuerit discordiæ? nescio, ne iste prior egere cœperit. Quid objicis pater? Hoc tu objicis? scio quemdam in hac civitate propter istud crimen adoptatum. Frater me, inquit, alere noluit. Invenisti quo possim me defendere. Possum liberos tollere, ut primum hoc illis narrem, avum illorum fame perisse? Non fefelli: qualis essem, scivisti, et cum adoptares. Bis abdicatus sum, volo utrumque causam meam agere, neutrum pro me volo; adsit mihi alius; semper causa mea habebit advocatum patruum, aut patrem. Alter alterum amet: uterque me amabit. Vis illum veras pœnas dare? sentiet, quam bono fratri injuriam fecerit. *Pompeii Silonis.* De patre bene; quod cum per ætatem nosse non possum: sed habet et ille beneficium meum. Duos ejus filios alui. Surge infelix senex; quid putatis illum flere? quod eget? imo quod abdicavit; quod non alui. *Argentarii.* Vides enim, liberalis in domo tua esse cœpi; ille propter me duxit uxorem, cum fortasse juvenem adoptare posset. Hæc abdicantis fuere verba: I ad illum, quem magis amas, quam patrem. Non omnibus imperiis parendum est; nihil interim novi facio: scis me et priori patri non paruisse. Venit immissa barba, capilloque deformi, non senectute, sed fame membris trementibus, semesa et tenui atque elisa jejunio voce, ut vix exaudiri posset, introrsum conditos oculos vix allevans. Alui, quomodo, quæritis? quomodo istum. *Cornelii Hispani.* Putate hodie me non abdicari, sed adoptari. Volo quædam futura prædicere patri. Hic quem vis adoptare, inimicum patris sui invito patre aluit; reliquit æquo animo beatam domum, ut cum mendico viveret. Noveris oportet hoc ejus vitium. Ad præstandam calamitosis misericordiam contumax est. Habeo quod de hoc vitio queri possim : hoc enim patrem, hoc patruum perdidi. Quam multi patres optant similem filium? Bis abdicor, homo est : non vis ali hominem? civis est : non vis ali civem? amicus est : non vis ali amicum? propinquus est : non vis ali propinquum? sic pervenitur ad patrem ; homo est, civis est, amicus est, propinquus est. Ergo non erit vitium porrexisse stipem, nisi dixero, pater est? *Vibii Calvi*. Circuibo tecum, pater, aliena limina : ostendam omnibus, et me, qui alimenta dedi, et te, qui negasti. *Romani Hisponis*. Scio, pater, melius esse quod tu dicis : istud ego si possem, nunquam abdicatus essem. Fateor vitium meum : hoc quoque prior in me emendare voluit pater, nec potuit. Impulisti me in fraudem. Qui me abdicabat, aiebat, Non oportet fieri : tu dicebas : Oportet ; tibi credidi. Non dedit, inquit, mihi alimenta ; defuerunt tibi? Quisquis alimenta à mendico rogatus est, nihil amplius quam iter ei monstrat. Vade ad fratrem, i ad filium : jam quidem nobis eandem fortunam precantur. Crede mihi, sacra populi lingua est. *Albutii Silii*. Tollite vestras divitias, quas huc atque illuc incertæ fortunæ fluctus appellet : redite in gratiam ; innocens sum.

Pars altera, *Valli Syriaci*. Crescere ex mea proposuit invidia : sequemur senes, quo vocat ambitio juvenilis ; et concionem illi præbebimus. Melius se potest jactare, quam defendere. Ecquid justus metus meus est? ne heredem ingratum scribam, inimicum relinquam. Inter cetera, quæ mihi cum inimico patior esse communia, et hoc est : infelicissimam et tristissimam ambo egimus vitam, excepto uno, quod alter alterum egentem vidimus, immo fecimus. Adjice istis verborum contumeliis : risit, ad cœlum manus sustulit, fassus se hujus spectaculi debitorem : et tunc primum fratri vitam precatus est. Lætitiam patrimonii parati, ut ex tantarum calamitatum stupore, nullam percepi, nisi quod isti daturus eram omnia, illi negaturus. Liquet nobis deos esse. Qui non aluit, eget : qui in domum suam fratrem non cepit, in publico manet. Æquavit jam potentiam meam cum illius potentia fortuna : nisi quod hæc prior facere non possum. Adoptavi te, cum abdicatus es; cum abdicas, abdico. *Vibii Furii.* Cum egerem, alebam : satis se vindicavit, quod à dispensatore locupletis inimici consors modo omnis fortunæ diurnum petam. *Marillii.* Ille autem audebit rogare, qui mori mallet, quam verba sua sibi dici? Multis debeo misericordiam : à multis tuli; quisquis est qui me ulla calamitate similem effinget, perinde habeo, ac si gradu cognationis attingat. Scio quam acerbum sit, supplicare exteris : scio quam grave sit, repelli à domesticis : scio quam grave sit, quotidie et mortem optare, et vitam rogare. Etiam si tu non odisti eum qui mihi fecit injuriam : ego odi eum, qui fecit tibi.

Divisio. Divisio controversiarum antiqua simplex fuit : recens utrum subtilior, an tantum operosior, ipsi æstimabitis : ego exponam quæ aut veteres invenerunt, aut sequentes astruxerunt. *Latro* illas quæstiones fecit : divisit in jus et æquitatem, an abdicari possit, an debeat; sic quærit, an necesse fuerit illi patrem alere, et ob id abdicari non possit, quod fecit lege cogente. Hoc in has quæstiones divisit : an abdicatus non desinat esse filius : an is desinat, qui non tantum abdicatus, sed etiam ab avo adoptatus etiamsi filius erat; an quisquis patrem non alit, puniatur, tanquam æger, vinctus, captus : an aliquam filii lex excusationem accipiat : an hoc accipere potuerit. An abdicari debeat : per hoc quæsivit, an etiamsi ille indignus fuit qui aleretur, hic tamen recte fecerit, qui aluit : deinde, an indignus fuerit qui aleretur. Novi declamatores Græcis auctoribus adjecerunt primam illam quæstionem, an adoptatus abdicari possit; hac Cestius usus est; adjecit quæstionem Gallio alteram, an abdicari possit jam adoptatus, ob id vitium, quod antequam adoptaretur, notum fuit adoptanti; hoc autem ex æquitatis parte pendet, et tractatio magis est quam quæstio. *Gallio* quæstionem primam Latronis duplicavit sic: Licuit mihi alere, etiam te vetante: deinde non licuit non alere. In priori parte hoc vindicavit, non posse filium ob id abdicari, quod esset suæ potestatis: nulli autem interdici misericordiam. Quid si flere me vetes, cum vidi hominem calamitosum? quid si vetes propter aliquod honestum factum periclitanti favere? affectus nostri in nostra potestate sunt. Quædam enim jura non scripta, sed omnibus scriptis certiora sunt. Quamvis filius familiæ sim, licet mihi et stipem porrigere mendico, et humum cadaveri. Iniquum est, collapsis manum non porrigere: commune hoc jus generis humani est; nemo invidiosum jus postulat, quod alteri profuturum est. *Latro* illud vehementer pressit. Non feci ratione, affectu victus sum: cum vidissem patrem egentem, mens non constitit mihi; quid vetueris, nescio. — Hoc aiebant non esse tractandum tanquam quæstionem: esse tamen potentius, quam ullam quæstionem. *Fuscus Arellius* pater hoc movit in ultimo tanquam quæstionem: putavi te, quamvis vetares, nihilominus velle ali fratrem. Vultu vetebas, aut mihi ita videbaris. *Cestius* audacius: Non fuit contentus dicere, Putavi velle te: adjecit, Voluisti, et hodie quoque vis; et sua figura dixit omnia, propter quæ velle deberet. Quare ergo abdicas? puto indignaris præreptum tibi officium.

COLOR. *Latro* colore simplici pro adolescente: habere, non quod excuset, sed, quo glorietur. Non potui, inquit, sustinere illud durum spectaculum.

Offensam mihi putas tantum excidisse; mens excidit, non animus mihi constitit: non in ministerium sustinendi corporis suffecerunt pedes; oculi subita caligine obtorpuerunt. Alioquin ego si tunc meæ mentis fuissem, expectassem dum rogaret? *Fuscus* illum colorem introduxit, quo frequenter uti solebat, religionis: movet, inquit, me natura, movet pietas, movet et humanorum casuum tam manifesto approbata exemplo varietas. Stare ante oculos fortuna videbatur, et dicere talia: hi sunt, qui suos non alunt. *Albutius* hoc colore: Accessit, inquit, ad me pater, nec summissis verbis locutus est: non rogavit; sed, quomodo agendum erat cum filio, alere me jussit; recitavit legem, quam ego semper scriptam etiam patruo putavi. Deinde dixit: Præstiti, non quantum patri præstare debui, sed quantum vetanti surripere potui. *Blandus* colore diverso. Venit subito deformis squalore, lacrymis. O graves, fortuna, vires tuæ! Ille dives modo superbius rogavit alimenta, rogavit filium suum, rogavit abdicatum suum. Interrogas, quam diu rogaverit? ne dii istud nefas patiantur, ut diu rogaverit: diutius tamen, quam tu. Quæritis, quid fecerit? quod solebat. *Silo Pompeius* hoc colore. Movet, inquit, me, quod nihil suo jure, nihil pro potestate, quod tanquam patruus accessit, ego vero non exspectavi verba, non preces: complexus sum, et osculatus patrem, dedi alimenta. Hoc unum crudeliter feci, quod dixi fratrem dedisse. Non alere, sed exprobrare visus sum. *Triarius* hoc colore. Timui, inquit, si non aluissem, ne abdicarer à patre: sciebam quomodo illi placuissem. *Argentarius* hoc colore: accessit, inquit, ad me pater, obrutus sordibus, tremens, deficientibus membris; rogavit alimenta. Interrogo vos, judices, quid facere oporteat? nam istum non interrogo. Scit quid facturus sim. Nam patrem ut alteri patri faciam injuriam, alteri invidiam. Cum vetuisset me alimenta præstare, si qua est fides, non putavi illum ex animo vetare. Lenocinatur, inquam, gloriæ meæ, ut videar etiam prohibitus aluisse. *Marillius* novo colore egit. Cecidit in pedes meos senex, squalidus barba capilloque; movit iniquam, nescio quis iste misericordiam meam; allevavi, cum ignorarem quis esset: vultis repellam, quod pater est? *Cestius* hoc colore. Hæc mecum cogitavi. Patrem meum egentem video: frater nec miseretur, nec præstat alimenta: hoc est, inquam, novi vitii, eripere filio officium. Sciebam hanc fortunam meorum, has jam meas esse partes. Hoc peccavi, quod non ultro ad patrem accessi; sed alebam, Nolo quidquam amplius præstare, quam illi præstiti. Expectavi, donec patruus ad me veniret; et nunc expectabo. Venit ad me pater: quid habui facere? perducerem illum ad patruum? non feci; merito irascitur. Potuit enim, si aluisset, levare quidem fortunam fratris, sed causam aggravare. *Buteonis* colorem non approbat Latro: præstitisse se dixit exiguum, tantum quo spiritum posset producere, et cum descripsisset pallorem ejus et maciem, adjecit: Apparet illum ab inimicis ali. — Hunc colorem cum improbaret Latro, hac sententia usus est: Non est, inquit, abdicato quidquam ex gloria sui criminis detrahendum. *Hispanus* hunc colorem venustius; nam et miserationi ejus qui benignissime alit, adjecit aliquid; et pietati suæ nihil detraxit. Quomodo, inquit, illum alo? Exiguos furtive cibos mitto: et si quid de mensa mea detrahere potui, famelico seni porrigo. Non credis, quia scis quomodo te aluerim. Colorem ex altera parte, quæ durior est, Latro aiebat hunc sequendum, ut gravissimarum injuriarum inexorabilia et ardentia induceremus odia. Thyesteo more aiebat, patrem non irasci tantum debere, sed furere. Ipse in declamatione usus est summis clamoribus, illo versu tragico : *cur fugis fratrem? scis ipse.* Hunc colorem secutus *Syriacus Vallius*, durum sensum videbatur non dure posuisse in narratione sic : infelicissimam ambo et tristissimam egimus vitam, excepto quod alter alterum egentem vidimus. Æque efficaciter videbatur odium expressisse fraternum, hac sententia : vos, Judices, audite, quam valde eguerim : fratrem rogavi. Hanc partem memini apud Cestium declamari ab Alfio Flavo, ad quem audiendum me fama perduxerat : qui cum prætextatus esset, tantæ opinionis fuit, ut P. Romano puer eloquentia notus esset. Semper de illius ingenio Cestius et prædicavit et timuit. Aiebat tam immaturè magnum ingenium non esse vitale : sed tanto concursu hominum audiebatur, ut raro post illum auderet Cestius dicere. Ipse omnia mala faciebat ingenio suo : naturalis tamen illa vis eminebat, quæ post multos annos tametsi desidia obruta, et carminibus enervata, vigorem tamen suum tenuit. Semper autem eloquentiam ejus commendabat aliqua res extra eloquentiam. In puero lenocinium erat ingenii, ætas, in juvene, desidia. Hic cum declamaret partem abdicantis, hanc summis dixit clamoribus sententiam. *Alfii.* Quis es tu, qui de facto patrum sententiam feras? Ille tunc peccavit : tu nunc peccas; ad te arbitrum odia nostra non mittimus : judices habemus deos. Et illam sententiam : audivimus fratrum fabulosa certamina, et incredibilia, nisi nos fuissemus : impias epulas, detestabili parricidio furvum diem. Hoc uno modo iste frater à fratre ali meruit. Quam innocenter me contra parricidium vindico? filium illi suum reddo. *Cestius* hunc colorem tam strictum non probavit, sed dixit temperandum esse; et ipse hoc colore usus est, quem statim à principio induxit. Miratur aliquis, quod cum duo gravissimam acceperimus injuriam, ego et filius, ego solus irascor? non est quod quisquam miretur; jam filio satisfactum est. Debuisti me rogare, ut ipse præstarem; debuisti illum ad me perducere: debuisti reconciliationem tentare, non famam pietatis ex nostra captare discordia. Fortasse ego cum egerem, fratrem rogassem, si tu non fuisses; fortasse ille me rogasset, si tu non fuisses; poteram nobis convenire, si non fuerit in medio, quem potius miseri contumaces rogent. *Hermagoras* in hac controversia transiit à prœmio in narrationem eleganter, rarissimo quidem genere, ut in eadem re transitus esset, schema esset, sed, ut Latroni placebat, schema quod vulneret, non quod titubet. Ex altera parte transit à prœmio in narrationem *Gallio*, et ipse per sententiam sic: Quidni filium mihi nolim cum isto communem esse, cum quo utinam communem nec patrem habuissem? *Diocles Carystius* illum sensum à Latinis jactatum dixit brevissime, rarissimo genere, quod sententia verbis consumatur; nec enim paucioribus potest. *Euctemon* levis declamator, sed dulcis, dixit nove et amabiliter, illum æque ab omnibus vexatum sensum, quo reconciliatio fratrum tentatur.

QUINTILIEN.

DÉCLAMATIONS.

Peut-être y aurait-il une injustice égale à rendre Quintilien responsable du volumineux fatras de *Déclamations* publiées sous son nom, à la fin du XVe siècle, et à les lui disputer généralement toutes. Quelques unes, en bien petit nombre à la vérité, ne paraissent point tout-à-fait indignes de ce grand Rhéteur, par l'intérêt des questions, ou le talent avec lequel elles sont traitées. Mais est-il en effet l'auteur de ces pièces, et nous sont-elles parvenues telles qu'il les avait faites, ou dénaturées, de son temps même, par l'ignorance ou l'avidité des copistes, qui les recueillaient à la hâte, et les débitaient de même, à la faveur d'un nom qui trouvait facilement des admirateurs?

Quintilien s'élève avec force contre un abus qui, comme on voit, ne date pas d'aujourd'hui; il se reproche le trop de facilité avec laquelle il laissait, par vanité de jeunesse, *juvenili cupiditate gloriæ*, prendre note de ses premiers plaidoyers, et proteste qu'il ne se reconnaît plus dans ce que l'on colporte sous son nom: *Quæ sub nomine meo feruntur... minimam partem mei habent* (1). Or, si ces *Déclamations* étaient déjà méconnaissables à cette époque, aux yeux même de leur auteur, il est probable qu'elles ne se sont pas améliorées depuis; et les savans des XVIe et XVIIe siècles étaient bien fondés à désavouer, au nom du goût, de la raison et de Quintilien, des produc-

(1) *Institut.* VII, 2.

tions si peu dignes, en général, d'estime et d'attention; et que le sage auteur des *Institutions* avait foudroyées, ainsi que leurs compilateurs, par cet arrêt terrible : *Tam contumeliosos in se ridet invicem eloquentia* (1).

Toutes les éditions distinguent les *Déclamations* en *grandes* et *petites* (*majores et breviores*). Les *grandes*, au nombre de XIX, ne sont évidemment pas de Quintilien. Nous en avons cité deux : la première, à cause du vif intérêt du sujet; et la seconde, pour l'agrément des détails. Il est possible que la plupart de ces sujets aient été traités par lui, dans ses cours publics ou dans ses leçons particulières; mais il est bien plus probable encore qu'ils ont été successivement défigurés par les rhéteurs qui s'en sont emparés après lui. Il serait plus facile de reconnaître le maître à quelques traits ingénieux, et surtout à un meilleur style, dans quelques unes des *petites* Déclamations; mais ce ne sont que des *fragmens*, ou si l'on veut des *réductions* de plus de trois cents autres compositions du même genre, abrégées et disposées pour en faire ce que nous appelons encore des *matières* d'exercices oratoires. Les quatre que nous donnons ici offrent du moins quelque intérêt dans la variété des sujets.

Concluons; l'auteur supposé des *Déclamations* est-il notre illustre Rhéteur? est-ce son aïeul, que Sénèque le père avait entendu à Rome dans sa jeunesse (2)? est-ce son propre père, orateur distingué, à ce qu'il paraît, et dont Quintilien cite un jeu de mots assez ingénieux (3)? Autant de questions long-temps débattues, et demeurées jusqu'ici sans solution satisfai-

(1) *Institut.* X, 7.
(2) *Controvers.* V, *Præfat.* ibid. *Controvers.* 33.
(3) *Instit.* IX, 3.

sante (1). Eh! qu'importe, d'ailleurs, à qui reste en définitive la propriété de productions qui ne peuvent garantir à leur auteur, quel qu'il soit, un rang bien honorable dans la littérature classique, et qui laissent tant encore à désirer pour la parfaite intelligence des choses et la correction du texte, malgré les efforts et les travaux réunis de *P. Pithou*, de *J. Schulting*, de *P. Burmann*, et du dernier éditeur, notre savant confrère *Lemaire*.

Ce n'est donc point assurément comme des modèles capables de former le goût et le style, que nous avons cru devoir mettre quelques unes de ces *Déclamations* sous les yeux de nos jeunes rhéteurs; c'est comme des monumens curieux de l'histoire de l'art, et surtout comme d'utiles objets de comparaison. Car, ainsi que nous avons eu occasion de le dire ailleurs (1), c'est l'étude comparée du médiocre, et quelquefois même du mauvais, qui fait de mieux en mieux sentir le prix du bon et de l'excellent. Tel était le sentiment du célèbre Muret, c'est-à-dire de l'homme qui a le plus puissamment contribué à la restauration des lettres, et qui a porté peut-être, dans la critique philologique, le plus de goût, d'esprit et de sagacité: « *Non sola cognoscenda, quæ optima*. » *Orat*. XVII.

(1) Quelques anciens MSS. les attribuent à un certain *Marcus Florus*; et Trebellius Pollion, à *Posthumius Junior*, l'un des trente tyrans, qui jouissait en ce genre d'une si grande réputation, que ses *Déclamations* avaient été, dit-il, insérées parmi celles de *Quintilien*.

(2) *Concion. poet. lat.*, 2e. édit., *Préface*, p. xvj.

DÉCLAMATION I.

(I.)

SUJET.

Un père avait un fils aveugle auquel il venait de donner une belle-mère, après toutefois l'avoir constitué, par testament, héritier de tous ses biens. On trouve le vieillard assassiné dans son lit; le poignard était resté dans la blessure, et on le reconnaît pour appartenir au fils. On remarque de plus l'empreinte d'une main ensanglantée sur les murs qui conduisent de la chambre du fils à l'appartement du père (de là le titre latin de la Déclamation, *Paries palmatus*). Défense de l'infortuné jeune homme, accusé de parricide par sa belle-mère.

I. Si juvenis innocentissimus, judices, uti vellet ambitu tristissimæ calamitatis, poterat allegare vobis amissam cum oculis cogitationum omnium temeritatem : sed quum ostendere innocentiam suam moribus malit, quam adversis; neque pietatis neque conscientiæ suæ gravem ferre contumeliam potest, ut parricidium non fecisse videatur beneficio cæcitatis. Quare non petit, ut miserum putetis, nisi et innocens fuerit : non petit, ut afflictum relevetis, nisi et probaverit sese infeliciorem, quod patrem amisit, quam quod oculos. Æstimate juvenem iis moribus, quibus videntem æstimaretis, vita, pudore, pietate. Quæ si omnia sibi, ut erunt promissa, constiterint, nullo terrebitur crimine; nec quod sceleratissima feminarum calamitatem nostram cruentato pariete imitata est, expavescimus. Quo diligentior, quo sollicitior fuit, ne deprehenderetur, hoc magis indicavit sibi oculos non defuisse. Gratias agimus, quod nimium avida suspicionis argumenta in nostram transtulit partem : non esse cæci scelus difficilius probaretur, nisi omnia sic acta essent, ut fecisse cæcus videretur.

II. Quare, judices, non improbe speraverim futurum, ut suspecta sint vobis, quæ tam considerate ficta sunt contra miseram cæcitatem. Primum quod spatium illud ingens domus, quod in medio fuit, ita digesto cruore satiatum est usque ad cubiculum miserrimi juvenis, tanquam plane timuerit parricida, ne non deprehenderetur. Deinde sceleri nox potissimum electa, quo tempore inveniri maritus sine uxore non posset. Tum in cæde, in qua nemo utitur ferro, nisi alieno, gladius adolescentis, ne argumentum deesset Novercæ, relictus est. Postremo peractum vulnere uno scelus, quod objiceretur manibus errantis. Et tamen contra tam multa incredibilia solum advocat Noverca testamentum, vultque illud esse pretium parricidii ; ut rerum intellectu in diversum coacto, occisum eo probet patrem, quod non meruerit occidi. Nos vero istud (si crimen putatis) agnoscimus. Juvenis hic patris sui hæres solus est : hoc testamentum, si vivente adhuc miserrimo sene notum esse in domo potuit, scitis quis illi debuerit irasci : nam quod invisum fuisse filium patri jactat, crimen Novercæ erat, si confiteremur : idque probari ex hoc putat, quod secretum non filius accipit a patre, sed cæcitas. Quo loco dissimulare satis callide conatur invidiam suam. Pater qui filium cæcum in semota penatium parte seposuit, eripuit Novercæ oculis voluptatem. Namque ista quum invasisse vacuos penates videretur, quum patri filium cæcum hoc esse crederet quod orbitatem excogitavit indulgentissimus senex, quemadmodum hic miser patri suo in eadem domo esset, Novercæ in alia accepit secretum quod erat petiturus. Quod quo sit animo senis factum, potestis interrogare testamentum; neque ego gravissimum patrem suprema sua juveni jactasse crediderim, ut hæredem filium scriberet. Non est res quæ imputetur; istam magis oportet vel aliquo indicio, vel suspicione muliebri arcana mariti deprehendisse; et statim omnibus nuptiarum renunciasse pignoribus; nam quum propter pecuniam ames, idem amoris et spei finis est.

III. Habuerat adolescens gladium in cubiculo suo semper, sive antequam in hanc fortunam incideret paratum; sive quia cæcitatis miseræ solatium est habere rem videntium. Certe nunquam illum pater timuerat, nunquam Noverca objecerat : palam positum est sub oculis omnium tota domo notissimum ferrum. Scitis quanto negligentius custodiat ferrum bona conscientia, quam etiam extra suspicionem sit res sine usu. Innocentia facit, ut ferrum subtrahi possit etiam videnti. Sive igitur aliquis ex servulis corruptus est, præsertim in tam facili occasione; sive ipsi novercæ non defuit audacia ad ferendum, quod facere poterat et præsente privigno, utique (quod dubitari non potest, quod facit certum sceleris auctorem) mavult in cæde alieno uti, quam suo gladio, quisquis illum relicturus est. Reliqua, judices, si fieri possunt, facta existimate. Dicitur Cæcus sine rectore, sine duce, ex illa penatium parte secreta, et pæne ex alia domo, per inane longum, per tot offensa limina, per excubantes servulos errasse cum ferro; cubiculum deinde patris ingressus, in neutram deflexisse partem, sed recto gradu, sicut ducere oculi solent, ad lectulum accessisse leviter, non in torum incidisse, non ante pervenisse quam crederet.

IV. Vos, judices, criminum tumultum ex rerum fide ducite. Dormiens senex, quem cæcus percussor quæreret, excitatus ante esset, quam inveniretur. Jungunt his multo incredibiliora, ut occiderit patrem, pepercerit Novercæ, parricidium autem uno ictu explicuerit : quod fere vix etiam iis contingere solet, qui oculos manu sequuntur. Nulla ergo luminum virtus: sed homo ferrum missurus in casum, satis felix, si percussisset quamcunque corporis partem, in ipsam protinus animam incidit, et an morti satisfecisset, intellexit. Officium, judices, oculorum est renunciare manibus quid actum sit: Cæci percussoris una securitas fuerat, sæpius ferire. Negat præterea quidquam se ex his Noverca sensisse, quum juxta jaceret; nec explicat unde illud acciderit maximæ signum trepidationis. Si et pater uno ictu perierat, neque ista vigilabat, nunquam gladium reliquit percussor securus.

V. Reliqua, judices, nimium suspecta, improbe assimulata. Spatiosissimus paries, et longissimum domus latus habuit notas sanguinis, quas reliquisse videretur manus revertentis. O quam bene, quidquid volunt, imitantur oculi! Stupeo, si qua est fides, omnia privignum illa nocte fecisse. Dicitur ad votum Novercæ gladium in vulnere reliquisse, quem suum negare non posset; deinde per totum parietem quid aliud inscripsisse, quam se parricidam sanguinem patris usque ad cubiculum suum perduxisse, et viam sequentibus reliquisse? Hoc fecit aliquis negaturus? Gratulor tibi, adolescens, si non potuisti parricidium illud admittere, nisi ut relinqueres argumentum cæcitatis : habuisti innocentiæ necessitatem. Causam igitur miserrimi adolescentis sic apud vos agere proposui, ut primum ipsum defendam, quasi reus tantum sit : deinde, quum esse securus de hujus innocentia cœpero, tunc ingrediar

Novercæ accusationem. Spectabitis utrumque suis moribus, suis causis; eritque facilior via vestræ religionis. Quamquam duos judicia complexa sunt, vos tamen tanquam de singulis cognoveritis.

VI. Et primum sic agam, tanquam juvenis habeat oculos, tanquam impetus ejus nulla corporis debilitate frangantur. Interrogabo quid ante perdite, quid flagitiose, quid impie fecerit, per quæ se parricidam scelera promiserit. Innocentia per gradus certos ab homine discedit; et ne in maximis trepidet audacia, diu vires in minoribus colligit. Nemo inde cœpit, quo incredibile est pervenisse. Dicas necesse est, quæ huic cum patre odia fuerint, quam violenta dissensio inter sacrorum infinita nominum pignora. Crede, mulier, etiam tua causa: nam si facile est filio occidere patrem, facilius est uxori maritum. Loquar nunc de infirmitate miseræ cæcitatis. Temeritas omnis animorum calamitate corporum frangitur: et frigescunt impetus mentium, quos non explicant ministeria membrorum. Ad solum se alligant destituta mœrorem. Vultus ille perpetua nocte coopertus ac timidus non concipit nefas, ad quod ducibus oculis pervenitur. Cogitat semper errare et offendere, cogitat eundi redeundique difficultatem. Magna innocentiæ necessitas est, neminem facilius posse deprehendi. Semper se custodiunt miseri, ne esse miserabiles desinant; et quisquis amisit oculos, laborat, ne merito perdiderit. Quid aliud cæcitas discit, quam rogare, blandiri? Odium omne adjuvant oculi, et hunc in pectoribus humanis furorem lumina accendunt; nec levis animis accedit insania, quoties, quem execreris, aspicias. Cæcus miserior est, quam ut invisus sit; timidior est, quam ut oderit. Præterea nocentibus liberis frequentissimas ad parricidium causas suggessit illud quod videbant: vitiis enim nostris in animum per oculos via est.

Aliis tradidit in parentum sanguinem luxuria ferrum, luxuria videntium crimen : aliis meretriculæ amor immodica poscentis : amor, cui renunciant oculi. Cæcus infelix patrem occidit ? deinde cui manum porriget securior? cujus humeris levior incumbet? Quis contumelias servorum castigabit severius? quis calamitatem tam obnoxiam majore reverentia proteget ? Inter felices alius est ordo votorum : Cæcus filius optat superstitem parentem.

VII. Volo nunc scire quemadmodum dicat explicitum tam difficile facinus. Cæcus parricidium cogitavit? cum quo? cujus se commisit oculis? iturus per totam domum, quem ducem elegit? Ille, qui erat in cubiculo suo solus, secum opinor, secum deliberat : sufficit sibi : cum homine expeditissimo loquitur. Cur enim socium conscientiæ quærat? omnia potest scire : primum nox quando sit : deinde prospicere sollicite, an omnis familia dormiat : gradu suspenso ponere certa vestigia, et in omnem timoris sui partem sollicitum circum agere vultum. O quam parum est in metu ipsos etiam oculos habere! ita non iste sibi dixit : Occidere quidem patrem volo, sed quem sequentur hæ manus? Nocte solus egrediar, sed quando perveniam? Putas nos junctis habitare liminibus? domus inter patrem filiumque media. Quantum erroris, quantum moræ! spatium ingens et vix metiendum. Cæcitas inconsulta, quid agis? nox ante deficiet. Quid si deinde uterque vigilaverit? quid si Noverca? Age, limen inveniam, cardinem sine strepitu movebo, dormientis cubiculum intrabo, quiescentem feriam patrem : semel satis erit, nec Noverca vigilabit. Securus egrediar, sciente nullo revertar. Vota sunt ista, sed oculorum. Cæcus desperaret, etiamsi tam multa nox polliceretur.

VIII. Hoc loco quæram necesse est, quæ ratio

fuerit, ut juvenis ad parricidium suo potissimum gladio uteretur. Nimirum illud in mentem venit, quia erat relicturus. Nam si alienum et ignotum in vulnere patris gladium reliquisset, potuerat de percussore dubitari. Hic attulit suum, ut etiam si evasisset, tamen ferro suo teneretur. Cur ergo, inquis, gladium in cubiculo tuo habebas? quia habueram semper; quia usurus illo non eram. Ferrum ergo parricidio meo tot ante annos præparavi, et secundum illum quem minabar patri, tamdiu innocens fui? Ego eram ferro ac mente paratus; et tot ablere noctes? Ante gladium illum familiarem oculis tuis feci, ante omnibus servulis notum : pependit in cubiculo tanquam testis conscientiæ meæ, palam, in medio, negligenter; sic ut subtrahi posset. Non illum conscientia trepida velavit : tam notus in cubiculo fuit, quam cæcitas domini. Quisquis ferrum præparat sceleri, sic illud habet, ut possit suum negare.

IX. Ponite nunc ante oculos actum parricidii, deprehendetis difficultatem. Dono illud, dum a suo limine egreditur, dum illos quos accepit a patre servulos, fallit : ecce cubiculum senis invenit aliquando, ecce paries ille deficit, et percussoris manus subito destituit, cessere fores sine strepitu : quid postea agit? utrum ipsum cubiculi parietem circumit, an se committit in medium, et per spatia tenebrarum armatam manum jactat? Ecce patris lectulum tenet, et jam dormientium anhelitus imminens audit; unde sciet, quo dirigat ferrum? quem potius feriat ex duobus? Tentavit ergo vultus, et pectus objectum? brevissimam periturae animæ viam quærit? et quantus erit sopor, qui ista non sentiat? Dices, neque ego sensi. Ideo intelligis quam malam causam habeas, cujus et una et incredibilis defensio est. Ita feritur in sinu tuo maritus, et tu nihil sentis? Ad latus tuum fata hominis peraguntur; tu jaces, tanquam te privignus occiderit priorem? Ita non ille percussus est homo, quem Cæcus occidit? Te vero, si nihil aliud, calens ille cruor denique suscitasset. Sed quam manifesta est conscientia, quæ te ad hanc compellit necessitatem, ut quum occisum a privigno tuo patrem videri velis, cogaris dicere nihil sensisse? Sufficit; vicimus, innocentes sumus. Quum in eodem lectulo fueris, quum amplexa sis forsitan illum qui occisus est, tam incredibilem profiteris soporem? Cur ego tu incolumis es? quæ tam iratis manibus sanguinem tuum fortuna subtraxit? Certe dormiebas, certe nihil senseras : ita privignus te reliquit, qui deprehendi non timebat?

X. Occidit ergo aliquis patrem, et novercæ pepercit? Maximum omnium nefas fortiter fecit, minori sceleri statim par non fuit? Omnia humana sacra confudit, violare non est ausus pectus odiosum? Incredibile est, sine fide est, non occidere novercam, cui imputes, quod patrem occidat. Quid ais, adolescens? tune circa illum sanguinem defecisti? Illa te blandius rogavit anima? perdidisti ergo, illud, quod nihil senserat, quod nox, quod silentium, quod tempus supererat, sceleris alterius? Tu si facere parricidium posses, ideo patrem tantum occidisses, ut tibi et novercam liceret occidere. Non video cur, nisi videri velit relictam mulierem ideo tantum, ut videretur illud nefas illa fecisse : callide satis, sed hoc alio protinus argumento subverteretur. Non est ejusdem consilii novercæ parcere, ut substituat ream, et gladium relinquere, quo ipse deprehendatur. Sæpius uti necesse habeo argumento cæcitatis, et hoc etiam loco, quo de illo vulnere disputandum est. Mehercule, si percussor intrasset qui videret, qui lumen præ se tulisset, non tamen tam feliciter librasset ictum, quem etiam si nullæ fallerent tenebræ, metus et conscientia magni sceleris testes incertum fecissent. Raro contingit semel ferire carnifici, quamvis componat ipse cervicem, et exercitata manus homicidium novissime, velut quoddam genus artis, exerceat. Sic ergo libravit manum Cæcus, ut ipsam protinus feriret animam? Ego mehercule etiam illud admiror, quod quum patrem vellet, non novercam percussit. Præter animum nihil virium habet parricidæ primus ictus : ille trepidat, ille cogitat, ille erubescit, ille est ab innocentia proximus : ille præstat hoc solum, ut sequens fortius feriat.

XI. Interrogare nunc volo quæ juveni causa fuerit, ut reliquerit gladium. Scilicet noluit Novercam suam infamari. Abstulit sibi omnem defensionem, et se parricidam confessus est : ferrum in vulnere reliquit. Si nondum occisum putabat, iterum feriret; si jam perfectum nefas intelligebat, auferret indicium. Sed quid ego rem manifestissimam colligo? Si vultis, judices, scire a quo sit gladius relictus, cogitate cui expedierit, ut inveniretur. Sed paries usque ad cubiculum privigni vestigio manus cruentatus est. Cogitate, judices, ante omnia, non esse incallidum hominem, neque consilii jacentis, qui cæcus explicare conetur facinus etiam oculis difficile. Ille ergo non existimat, quum manum cruentam parieti applicat, vestigium a se parricidii sui relinqui? cum dexteram, qua duce utebatur, veste tergere, atque ita abire sine vestigio posset, totum parietem cruentabat, et ubique aliquid de patre misero relinquebat? Quid futurum esset postero die, quantam expectaret invidiam ad lucem, non cogitabat : sed disponebat indicium certum, indubitatum, sine errore quod Noverca sequeretur, usque ad cubiculum suum, usque ad limen ipsum? O admirabilem casum, nec cruor ante defecit! Utar hoc loco natura ipsius rei. Palmatus sanguine paries inventus sic est, totam manum explicuit, omnes digitos diligenter expressit. Totum ergo sanguinem consumeret intra prima vestigia. Pone enim manum cruentatam atque adeo (ut istis etiam blandiar) madentem; pone mensuram itineris, spatium parietis; diu enim in secretam domus partem revertendum est : debet proxima pars a cubiculo patris habere plurimum sanguinis, sequens minus; tertia minimum, ultima nihil.

XII. Nam cruor, quoties admotus est, transit, aut in manu tarde reptantis arescit. Hoc quid esse dicamus, quod circa cubiculum utrumque sanguinis istius vestigium quasi incipit? hinc est paries palmatus, et illinc? Quomodo pertulit manus quod relinquebat? Noverca istud, Noverca securis composuit oculis : illa miserum dextera sanguinem tulit, et manum subinde renovavit. Palmatus paries habet distantiam, vacat aliquid loci, integrum ubique vestigium est : Cæcus manus traxisset. Quæro nunc, unde tantum sanguinis in manu? Tunc enim ex omni vulnere cruor profluit et effunditur, quum ferri recentem viam sequitur. At quoties eodem, quo factum est, cluditur telo, latet tota mortis invidia. Pæterea quum manus ex parte qua palmare vestigium potest, plicetur in capulo, et se, dum telum occupat, claudat, necesse est, exteriore ut parte respersa sit. Tuus autem qui palmatus est paries, vestigium ejus partis ostendit, ad quam cruor pervenire non potuit. Vestrum est nunc omnia ista comparare, perpendere. Cur prudentior sit judex in deprehendendo scelere, quam reus in admittendo, hoc esse in causa puto, quod alter tantum pro se cogitat, alter pro parte utraque..

XIII. Tuitus sum adolescentis miserrimi causam: nunc inspicere volo quanto certioribus argumentis

Noverca teneatur. Transeo illum vulgarem et omnibus notum de comparatione personarum locum. Alius diceret, maritum et uxorem, nisi liberis initiarentur, non fortissimis corporum vinculis inhærere. Ego illud potius dicam : decepta est, mulier, exspectatio tua : veneras quasi in vacuam domum, et sine hærede : expectaveras ut infelix iste juvenis ab ipsis protinus nuptiarum tuarum expelleretur auspiciis; extorrem, et inopem summoveret pater blando corruptus amplexu, et omnino summam calamitatem corporis occurrere delicatis uxoris oculis vetaret. Invenisti pium et devotum unico senem, et de omnibus conjugis tui desperasti ob id affectibus. Miserrimus est maritus quisquis inducit filio novercam, quod uxori non videtur posse utrumque amare. Quæro igitur ante omnia, ubi occisus est maritus? in cubiculo suo : hoc paulo ante privigno defendendum non fuit. Occisus est in cubiculo senex : ita ille percussor non timuit uxorem? Audeo secretum nuptiarum, et matrimonialis lectuli solitudinem occisurus intrare. Quem quæram? ubi relinquitur maritus ab uxore innocens? Noctem autem ad scelus quis elegit? Nox tuum tempus est : quid si accedit huic etiam sceleris occasio? Non venire debes ad secretam domus partem, nec tota tibi penatium sacra peragenda sunt. Tu non cogitas quemadmodum suspensa manu sonantem blande cardinem flectas. Jaces secundum occasionem, et expeditum tibi in proximo facinus est. Non times, ne quis deprehendat. Ipsi quoque servuli longius quiescunt, et præstatur grande secretum genio loci : tibique ferire quum velis, scire an dormiat, licet. Nox et ferrum, et securus maritus, quidnam isto delicatius scelere? Occisum esse miserum senem quum tu volueris, scimus.

XIV. Quomodo tamen, inquit, gladius pervenit

in meam potestatem, qui privigni fuit? Hæremus hic: difficilis expugnandus est locus. Quis credet mihi, si dixero: *Gladium cæcus ille perdidit, perpetua nocte clausæ genæ non custodierunt?* Fingere nimirum ad tempus videbor, et rem nimium manifestam impudenter complorare. Scilicet semper isti apposita capulo manus, et diebus ac noctibus curæ. Nolo tamquam callido glorieris ingenio, non decepisti trucem horridumque latronem: nostri tibi occasionem præbuere mores; nam quod uno ictu occisus est senex, ad te suspicio magis respicit. Tu præparare corpus illud ad ictus potes, dum videris amplecti: tu blanda manu prætentare pectus, ubi assiduo visceris pulsu non quiescat anima, ubi statim mors sit, ubi de spiritu sanguinis ictum explorare ante et cognoscere licet: potest et uno ictu mulier occidere.

XV. Venio nunc ad vestigia parietis cruentati, quibus te satis abundeque pressimus, dum adolescentem defendimus: hæc sunt tamen quæ contra te reservata sunt. Quum maritus tuus in cubiculo occideretur, sciebas nullum tibi relictum patrocinium, nisi aliquid cæcitati simile fecisses: ideoque sanguinem in illam partem induxisti, in quam quæri volebas, ut postero die omnis invidia sanguinis notas et vestigia præparata sequeretur. Infamias Cæcum, consilium ex calamitate sumpsisti. Sciebas illum non aliter, si dux defecisset, ingredi posse quam si vestigia parietis perpetuitate dirigeret. Simulasti itaque cæcitatem, et ne, quid sceleri impio deesset, mariti tui cruore lusisti. Omnia tibi composita atque simulata sunt per otium et securitatem, tamquam scelus transferretur ingenio. Nunc enim tu innocens, quia privigni gladius in vulnere; quia paries cruentatus: hoc sufficere utrumque indicio putabas? Quam facili momento causæ fata vertuntur!

quod fecisse etiam is scelus frequenter inventus est, qui objiciebat. Sed causas, inquit, parricidii iste habuit, quem iratus pater in secretam domus partem relegaverat. Mulier illa forsitan ignominia felicioris videretur esse privigni. Cæcitatis beneficium est quum illi secretum datur. O præclaram senis optimi singularemque pietatem! quam blande ille seposuit miserum suum! quam diligenter uxoris gaudentis exclusit oculos! quam multo Cæcum pudore donavit! Si felicior, inquit, essem pater, ego tibi potius cederem domo tota. Nunc, miser, illam occupa partem, in qua nemo te videat; in quam solus ego veniam : sint circa te servuli fideles : non gemitus tuos audiat quisquam, non flebili mœrore pascatur. Nihil est quod te sollicitet conversatione nostri. Secretum quod cæcitati præstatur, ideo præstatur, ut minus oculi desiderentur.

XVI. Aliquis odit filium cæcum, et hac tantum ultione contentus est, ut illi assignet quietam, et sepositam, et meliorem domus partem? Ita ais, ego sic intelligebam, quasi abdicaret, quasi expelleret. Iratus igitur senex tenet juvenem suum velut interiore complexu, et a limine obstat? Rogo, quod duos separat media domo te integram, sanam; illum infelicem, cæcum, contumeliæ opportunum, injuriæ facilem : utrum filio irascitur, an uxori? Nolo, inquit, juvenis utaris amœna domus parte, ne hæc quæ nitidioribus tectis elaborata sunt, pertineant ad oculos tuos. Quis tam stulte irascitur cæco, ut putet illius interesse ubi habitare jubeatur? Te potius ille submovet, tuis invidiam facit oculis : tibi dicit, *Sufficiat, satis est, habes majorem domus partem* : absentem puta, misero in paternis ædibus aliquem angulum relinque. Pater qui filio sub noverca assignat secretam domus partem, confitetur uxori se abdicare non posse. Transit ad aliud genus defensionis : *Sibi causam cædis non fuisse, quum hic hæres inventus sit omnium bonorum.* Quis enim alius esse debeat, ut huic properandum fuerit ad hereditatem? Filius scriptus non timet pœnitentiam testamenti. Omnium bonorum hæres relictus est. Non ergo irascebatur pater, quum daret secretam domus partem. Non possunt tibi diversa prodesse, eadem objiceres reo, si exhæredatus esset. Elige utrum voles : si scivit se esse hæredem, amare magis patrem debuit : si ignoravit, non habuit quod speraret ex morte patris. Reliquum est, ut intueamur, ille qui periit, ab utro magis vestrûm desideretur.

XVII. Te, opinor, hic gravius afficit dolor; impatientius hic luctûs exanimat te, quæ obsoletam protinus nubem, et tempori accommodata lugubria, flammeo revertente, mutabis : hic vero juvenis, qui si fortunæ suæ mala cum præteritis comparet, cæcus cœpit esse nunc primum, quid non miser in hoc sene perdidit? vivebat illi magna pietas, aderant quocunque jusserat de facie patris oculi : non illudere infelicibus tenebris contumaces servuli poterant; nec, quod extremum contumeliarum genus est, ut dominum ageret, rogabant. Nunc quanta, dii boni! ludibria sunt incunda? Junxere se pariter cæcitas et solitudo. Quid tibi nunc, miserrime adolescens, hæreditas prodest, quam tantum audis? quid enim circa te pecunia potest? quæ fruendi voluptates? quid aliud, quam spoliorum facilis occasio? quam bene ista omnia paterni oculi custodiebant! quam facile decipi, quam facile denudari, quam sine labore falli potes! quam cito inops fieri! Morte patris exhæredatus es : quid nunc tibi nisi perpetuus imminet mœror et exsecratio vitæ? miser post omnia et lacrymas perdidit, nec dolentem adjuvant oculi. Incipit apud te gladius habere quod agat. Quærit, ecce quærit miser ferrum. Nunc, inquit, huc reddite illud innocens, donec habuit meas manus tantum: si mori necesse est, illi potissimum incumbam. Hoc illa jam olim gravis et infelix anima querebatur : ubi nunc meæ vires? ubi impetus? ubi dextra tam fortis? uno ictu, puto, ne me quidem ipsum mihi continget occidere.

DÉCLAMATION II.

(XIII.)

SUJET.

Un riche propriétaire avait pour voisin de campagne un pauvre cultivateur, et leurs jardins se touchaient. Le riche avait des fleurs dans son jardin; le pauvre, des abeilles qui mettaient à contribution les fleurs du voisin. Plaintes de la part de celui-ci : assignation, pour que le pauvre habitant ait à transférer ses ruches ailleurs. Sur son refus, le riche fait semer du poison sur les fleurs, et les abeilles périssent.

Le pauvre paysan plaide lui-même sa cause.

I. Credo ego, judices, plerósque mirari, quod homo tenuis, etiam, antequam, quod habebam, perdidi, pauper, ausus sim judicio lacessere divitem, utique vicinum, cumque notæ impotentiæ; expertæ crudelitatis, in tantis fortunæ viribus perniciosum inimicum, etiam si venena non habeat : neque ipse hoc periculum ignoro, expertus non levi documento, quanti steterit mihi quod semel imperata non feci. Sed neque illud, judices, damnum tolerabile est pauperi, quum tam parvis etiam divites moveantur : et mihi, quanquam prope nihil jam relictum est quod perderem, si tamen ista impune sustinenda sint, solatium erit iram potius, quam contemptum pati. Nec sane vitæ causa jam superest; si ad cæteras humilitatis nostræ contumelias hoc quoque accedat, ut si habemus aliquid, migrandum sit : si perdidimus, tacendum : unum oro, ne cui minor dignitate vestra videatur causa litis meæ, ante omnia enim non debetis exspectare, ut pauper magna perdiderim; sed quantulum est, quod abstulerit mihi dives, minus est, quod reliquit : et tamen quis indignatur apes formula vindicari, quum venenis etiam flosculi vindicentur? Quod tamen, judices, quanquam eversus, et ab omni spe tuendæ paupertatis exclusus, æquiore animo tolerarem, si cujus culpæ etiamsi injustam pœnam, meritam tamen iram tulissem : sed circumspicienti omnia nihil objici potest a divite, nisi quod vicinus sum.

II. Est mihi paternus, judices, agellus, sane angustus et pauper, non vitibus consitus, non frumentis ferax, non pascuis lætus, jejunæ modo glebæ, atque humiles thymi, et non late pauperi casæ circumjecta possessio : verum mihi vel hoc fuit gratissima, quod non fuit digna, quam dives concupisceret. In hoc ego vitæ meæ secreto remotus a tumultu civitatis, ignobile ævum agere procul ab ambitu, et omni majoris fortunæ cupiditate constitui, et dum molesta lege naturæ transiret ætas, vitam fallere : hoc mihi parvulum terræ, et humilis tugurii rusticum culmen æquitas animi regna fecerat, satisque divitiarum erat, nihil amplius velle. Quid prodest? sic quoque me latentem invenit invidia. Nec ab initio, judices, vicinus divitis fui : pares circa me habitavere domini, et frequentibus villis concors vicinia parvos limites coluit : quod cives pascebat, nunc divitis unius hortus est : postquam proximos quosque revellendo terminos ager locupletis latius inundavit; æquatæ solo villæ, et excisa patria sacra, et cum conjugibus parvisque liberis respectantes patrium larem, migraverunt veteres coloni: et lætæ solitudinis indiscreta unitas facta est, postquam ad apes meas divitis fundus accessit. Namque ego, judices, dum fortius opus permisit ætas, terram manibus subegi, et difficultatem labore perdomui, et invito solo non nihil tamen fecunditatis expressi. Cito labitur dies, ut proclivis in pronum fertur ætas: abiere vires, census meus, defectaque labore senectus, magna pars mortis, nihil mihi reliquit, nisi diligentiam.

III. Circumspicienti quod conveniret opus invalidæ senectutis curæ, succurrebat sequi pecora, fœtuque placidi gregis paupertatem tueri: sed ex omni parte circumjectus divitis ager vix tenuem ad gressus meos semitam dabat. Quid agimus? inquam: undique vallo divitiarum clausi sumus: hinc hortuli locupletis, hinc arva, inde vineta, hinc saltus, nullus terræ datur exitus. Quæramus animal quod volet; nam quid apibus invenit natura præstantius? parcæ, fideles, laboriosæ: o animal simile pauperibus! Et sane dabat occasionem mihi opportunitas hortuli mei; est namque positus ad ortus solis hiberni, apricus, omnibus ventis medius: fusus ex proximo fonte rivus, trepidantibus inter radiantes calculos aquis, utrinque ripa virente præterfluit: satis consiti flores, et viridis quamvis paucarum arborum coma, nascentibus populis prima sedes, unde ego frequenter consertum novæ juventutis agmen ramo gravescente suscepi. Nec me tanta capiebat voluptas, quod fluentia ceris mella conderem, quod ad sustinendas paupertatis impensas deferrem in urbem, quod divites emerent, quam quod adversus omnia lassæ tædia ætatis habebam senex quod agerem. Juvabat aut lenta vimina vernis fœtibus texere, et ne æstivus ardor aut hiberna vis gravidam penetraret alvum, hiantes rimas tenaci linere fimo, aut fessis apibus ultro præbere mella, aut fugiens examen ære terrere, aut bella sedare pulveris jactu : tum ne quid periculi saltem singulis esset, avidas longe fugare volucres, et arcere parva dictu animalia : reclusas interim scrutari apium domos, ne per vacuas alvos fœda pestis insidiosas texeret plagas.

VI. Dederam laboribus meis justam senex missionem; habebam quæ pro me opus facerent. Quo non penetras, livor improbe? quidve scabræ malignitati clausum est? invidit pauperi dives : quum evocasset me subito trepidum, totoque fortunæ suæ strepitu circumstetisset: *Quid tu non*, inquit, *potes imperare apibus tuis, intra privatum volent? ne hortorum meorum floribus insidant? ne in meo rorem legant? remove, tranfer.* — Impotentissime tyranne, quo? numquid tam latum possideo agellum, ut illum apes transvolare non possint? neque tamen tantum inerat pectori meo robur, ut non perturbarer denunciatione notæ impotentiæ : volui relinquere avitos lares, et conscios natalium parietes, et ipsam nutriculam casam, jamque pauperem focum, et fumosa tecta, et consitas meis manibus arbusculas transferre destinatus exsul decreveram. Volui, judices, decedere volui; sed nullum potui invenire agellum, in quo non mihi vicinus dives esset : nec tamen licuit diu quærere. Forte serenus pura luce fulserat dies, et hilaris matutini solis tepor ad quotidiana opera lætius solito agmen effuderat. Quin ipse spectator operis (præcipua namque hæc mihi voluptas erat) processeram, sperans fore, ut viderem quemadmodum aliæ libratæ pennis onera conferrent; aliæ, deposita sarcina, in novas prorumperent prædas, et quanquam angusto festinaretur aditu, turba tamen exeuntium non obstaret intrantibus, aliæ militaribus castris pellerent vulgus ignavum; aliæ longum permensæ iter fatigatæ anhelitum traherent; hæc ad æstivum solem porrectas panderet pennas.

V. Miserum me! ignoscite modo gemitibus meis: non flosculos perdidi, nec caduca folia proximo lapsura vento; apes, quum volarent, suffugium tenuitatis meæ, solatium senectutis amisi: nunquam me alias pauperem putavi: triste me excepit exspectatque silentium, et inanis alvei inchoata tantum opera, et rudes ceræ. Vos, judices, æstimate quatenus recipiatis hunc affectum meum: Libenter bibissem, si invenissem, venenum. Hoc mihi damnum non brumæ glacialis penetrabilis rigor, non suppressi longa siti flores indixerunt jejunam miseris famem, non aviditas injusta domini nihil mellis reservantis: non æqualis fessas morbus invasit: non damnatis sedibus suis avias fuga petiere silvas: apes pauper miser in opere perdidi. Paravit homo nefarius ante omnia tantum veneni, quod posset et divitis hortis satis esse, et livit flores maleficis succis, et in venenum mella convertit: sparsit omnibus floribus mortem: et quanto plura interim corrupit, quam quæ apes abstulissent? Illæ studio quotidiani operis excitatæ, ut primum aurora lucem vocavit, in assueta miseræ pascua volant, ut antequam noctis humorem radii solis ebiberent, matutinos legerent rores, et cælestes aquas ad horreum ferre possent, nec sibi, sed operi biberent.

VI. Hic triste spectaculum, et tantum non ipsi, qui fecerat, miserandum: illa ad primum feralis succi haustum insolito consternata gustu fugit, sed fugisse nihil prodest: illa longiores expetitura pastus, in altum tollitur, vitamque in aura relinquit: hæc primo statim flosculo immoritur: illa rigescentibus morte pedibus exanimis, sicut hæserat, pendet: alia defecta nisu volandi adhuc per terram languide repit. Si quas tamen usque ad sedem suam distulit mors lentior, sicut ægræ solent sub ipsis pendere portis, in globum nexas, et mutuo amplexas mors sola divisit. Quis figurare possit, quis dicere, quam multas mali formas, quam varia leti genera fecerint tot mortes? Semel, ut ipse tristem finiam expositionem, dicendum est, omnes perdidi : celebre illud alvearium, et domino suo notius ad nihilum recidit. Audete nunc lacessere divitem, quibus vitæ causa superest : exserite libertatem fortibus verbis, si quid offenderit, et quod difficillimum fuit, jam expertus est venenum. Quod si mihi fortuna vel ingenii vires, vel suas dedisset, crimen istud non privatam taxationem formulæ merebatur. Venenum leges habere, emere, nosse denique vetant, inevitabilem pestem oculta fraude grassantem. Malo hæret ibi innocentia, ubi in postestate est secretum scelus, velut venenum, et quidem præsentaneum, inventum, compositum, datum est. Quantulum interest quis biberit? homo dedit, et homini dari potest. Non adeo desunt odiorum causæ, ut jam rara simultas sit : et ut videatur aliquis nihil magis, quam malos odisse, libebit aliquando longius manum porrigere, et indulgere animis. Credite mihi, judices, difficilius venenum invenire, quam inimicum.

VII. Sed me conscia mediocritatis infirmitas intra meas tantummodo continet querelas : nam damnum, id est, judices, gravissimum pauper vulnus accepi; quod mihi diutius deflendum apud vos, quam probandum est : nam coarguendis quidem criminibus quis labor est adversus confitentem? habent divites hoc quoque contra nos contumeliosum, quod non tanti videmur, ut negent : porro qui confessum defendit, non absolutionem sceleris petit, sed licentiam. Longius ista, quam timui, quæstio pervenit : non de præterito tantum litigamus : hoc agitur, ut etiam si quid forte reparavero, iterum diviti liceat occidere. In duas enim, quantum animadvertere potui, quæstiones dividit causam, an damnum sit, et an injuria datum : negat esse damnum, quod animal liberum, et volucre, et vagum, et extra imperia positum perdiderit ; negat injuria datum, quod in privato suo, quod eas, quæ sibi nocerent, exstinxerit : postremo, quod sparso quid ex his animalibus in usum homini cessit, proprium sit habentis; profecto quidquid jure possidetur, injuria aufertur, ut volucres mites, et aliæ, quæ per rusticas villas, quæque ditibus cellis saginantur, in quibus tamen domini ambigua possessio est, et vaccæ, et armenta, et omne pecudum genus.

IX. Sed illa impositus cohibet magister : pejusne domino in iis jus est, quibus custode non opus est? Nam si hoc dicitis, nihil esse nostrum quod perire possit, ex nullius animalis damno hæc edi formula potest : nam et errare pecudes solent, et fugere mancipia : si hoc in cæteris non obstat, vagari tu nolles apes, in opus exire, et ad quotidianum censum laboris assidui non detrectare militiam. An non ipsæ domum sua sponte revolant, finemque laboris sui sole metiuntur, et omnis intra solitas domos turba conditur, noctemque modesto silentio trahunt? Age porro, ut non sit earum certa possessio, dum volant : nempe quum remearunt, concludi, transferri, donari, venire possunt : in potestate sunt : quomodo autem potest sine damno meo perire, quod quotidie meum est? At extra imperia positum est ; mirum hercle, si negato commercio sermonis humani, sunt in cæterorum animalium forma. Tamen, quam dominus dedit, incolunt sedem, lasciviententem luxuria fugam tinnitu compescimus ; etiam, si diversis regibus coorta seditio ad bellum inflammavit iras, exiguo pulvere, vel unius pœna ducis resedit omnis tumor : illa vero admiranda sedulitas, quod operi totus insumitur dies, in dominorum reditus ablata supplentur ; age, si obsequi possent, quid amplius imperares? Intelligo his vanis ultra necessitatem esse responsum ; si non sunt apes meæ, ne id quidem, quod his efficitur, meum est ; atqui nulla unquam inveniri potuit impudentia, quæ fructus mellis in dubium vocaret : hoc ergo fieri potest, ut quod nascitur, meum sit ; quod generat, alienum?

X. Age, si mihi alvei furto abessent? utrum nulla daretur actio? an viminis modo vilisque texti pretium formula taxassem, et perinde agerem, quasi inanes perdidissem? nisi fallor, esset æstimatio et apum. An tandem, quas surripere non liceret, liceat occidere? non est damnum quod exutus sum? quod reditus perdidi? quod annuos fructus? præsidia paupertatis amisi? non est damnum id perdidisse, quod, ut proximo utar argumento, si habere voluero, emendum est? Quid ergo tibi opus est maleficis succis, quum liceret palam trucidare, et plenos vel cremare igni, vel aquis immergere alveos? an est aliquod animal, quod non liceat nisi venenis occidere? Ut damnum sit, inquit, jure tamen feci, in privato meo. Per fidem vestram, judices, succurrite : exemplo (non sufficit illis partibus unus rusticus pauper) obviam publice eundum est, et objiciendæ adversus nascentem licentiam consensu manus ; credite mihi, major lite quæstio est : hoc vobis hodie judicandum est, ubi scelus facere non liceat ; nam cur non hoc idem de homicidio respondeat? cur non de latrocinio? non enim jure ista, sed modo differunt. Aperitur ingens funeri via, et obluctantia diu legum velut claustris scelera libera porta prorumpunt, si in privatum jura non veniunt, et in manifestissima quaque noxa non de facto quæritur, sed de loco, non æqua portione cum sceleratis terras divisimus.

XI. Ubi enim non jam divitum privatum est? Parum est proximos æquare terminos, et possessiones suas, velut quasdam gentes, fluminibus montibusque distinguere. Jam etiam devios saltus, et silvas vasta solitudine horridas occupant, tot aquæ intra paucorum umbram latent, e finibus suis populus excluditur, nec ullus procedentis finis est, nisi quum et in alterum divitem inciderit. Adhuc tamen spolia transeuntium, et abacti pecorum greges sub hoc titulo defendebantur, jam privati veneni transcriptio est. Iterum ac sæpius, judices, admoneo, considerate, discite, aut nihil usquam contra jus licet, aut in privato omnia. At enim adversus inferentem damnum justa ultio fuit : dicam nunc, quam iniqua sit invicem injuriæ compensatio, quamque non solum legi adversa, sed etiam paci. Barbarorum mos est populorum, quos procul omnis juris humani societate summotos proxima belluis natura efferavit : nos ideo magistratus legesque a majoribus nostris accepimus, ne sui quisque doloris vindex sit ; et assiduæ scelerum causæ se refellant, si ultio crimen imitabitur. Damnum accepisti : erat lex, forum, judex : nisi si vos jure vindicari pudet. At mehercle, jam ad arma mittimur, et instituitur perniciosa nocendi contentio, et in vicem legis ira succedit. Premetur quidem obnoxia infirmitas, et paucorum dominio subjecta plebes triste servitium perferet : est tamen et pauperibus interim dolor : et ut facilius nobis noceri potest, ita vobis latius : postremo placeas licet tibi opum tuarum fiducia, dives, si mihi vivere expedit, pares sumus.

XII. Quid ergo? si quid tibi damni attulissent apes meæ, non mihi auferretur ratio, sed forsitan aliqua daretur et tibi : nunc vero quid quereris? Credo depopulatos agros, eversosque reditus : non enim debet leve esse damnum, quod dives ferre non possit. Decerpebant, inquit, flores meos : ecquid intelligitis, judices, quanto dolore dignum sit, quod ego perdidi, si etiam hoc damnum est, flores auferre? Ita plane : alioqui tu illos in vetustatem reservabas, et durarent adhuc, nisi ad hortum tuum apes venissent : cujus rei inveniri potest brevior ætas?

namque dum immaturos exterior alligat cortex, nondum dixeris florem : paulatim deinde vividiore succo tumescit uterus, et albentes accipit rimas, necdum tamen flos est : at quum se ruptis jam tunicis in patulum capita fuderunt, et velut fissa in orbem, jamque eorum videtur maturitas, et ignotus occasus est : et jam sine ventis quoque soluta natura, labitur gratia, nec quisquam est flos, nisi novus. Quare si dicerem, abstulere peritura; et quæ protinus humi jacuissent, in usus hominum conversa : inauditus tamen livor videretur etiam apibus invidere. Nunc vero disserendum mihi est, quam momentosa sit hujus animalis rapina. Nescimus qua pernicitate plerumque vix contactis floribus revolet, discurratque per singulos, velox experimento : quam etiam ubi immorantur, libratis pendeant alis. Quis unquam quod ferentem apem viderat, ubi deesset invenit.

XIII. Quantulum vero est, quod ex his manu consitis floribus legant? Prata, silvæque, vel maturæ fructibus vites, fragrantes thymo colles, quantum conjectura suspicari potest, pabulum ministrant : non ex omnibus floribus carpunt utilia operi suo, sed in omnibus quærunt : præsens et quidem protinus illa redditur merces, quod omnibus, quibus insedere, odorem mellis inspirant, et brevi contactu vim sui relinquunt. Hoc tu damnum intelligis? hoc veneno vindicas, quod mehercle inhumane etiam fumo prohibuisses? an non te solus vicinus colui? non frugum mearum primitias omni vere misi? non si quis ceris novis candidior incidit favus, tuis reservatus est mensis, quum parvis mediocritate munusculis illa semper adjiceretur commendatio : hoc tibi mittunt apes meæ? puto, relata est mihi gratia. Admonui, inquit, et ut transferres, denunciavi : idcirco contumacem merito punisti; non enim video quid aliud patrocinio tuo conferat hæc denunciatio supervacua, si non licuit tibi facere, quod queror : injusta, si licuit : justa aut sine ista, aut ne cum ista quidem valeat pudoris vero quod velamentum est, male audere, culpam defendi superbia? An tandem tuas pecudes quamvis diffusa stabula non capient, tibi omne armentis mugiet nemus, tu gregibus arva sulcabis, et ad excolendos agros procedet ignota etiam villicis familia, tuis horreis populi annona pendebit, nec tamen invidebimus, nec quisquam tam grave putabit sibi istud fortunæ tuæ pondus : nos si paucas apes intra angustias pauperis horti composuimus, quæ tamen vobis mella faciunt, id prorsus indigne ferendum est? et, quod nunquam fando cognitum est, vicinus diviti pauper molestus est!

XIV. Adeo parum est, plurimum possidere, ut quum servis quoque vestris habere peculium liceat, invidiosum nobis putetis, quidquid egestatis nomen excesserit? tantone his; in hac, ut putamus, æquissima libertate, legibus vivimus, ut nobis habere mella non liceat, vobis liceat habere venena? Postremo quidem divitis patrocinio non putavi, judices, respondendum, nisi, rideri vestram majestatem contumeliosa defensione non ferrem : ultro enim, inquit, ad mortem venerunt apes tuæ : ita plane : alioqui tu venenum floribus dederas. Impudentiæne, judices, ejus assignem, si hoc mihi apud vos obtinuerit, an stultitiæ, si speraverit? si venenum homini dedisset, diceret ipsum labiis admovisse pocula : si percussorem posuisset in saltu, ipsum in insidias ultro venisse clamaret : si telum objectasset in tenebris, illatum sua culpa contenderet. Ego, judices, quid dico? duo esse sola, quæ omni in crimine spectanda sint, animum, et eventum : quis animus divitis fuit, quum venenum sparsit? ut apes perirent : quis eventus? perierunt. In summa, judices, quis dubitet, quin damnum ei sit imputandum, sine quo non accidisset.

XV. Intelligo neque prudentiam vestram desiderare plura de causa, neque vestram fidem ac religionem egere exhortatione vere judicandi. Quid moror igitur? tenet me dolor, et assuetæ voluptatis desiderium : sunt quædam in hac causa, quæ sarcire pœna non possit : major forsitan materia videatur affectus. Si pauperes amare nisi paria non possumus, et necessario nobis pretiosa, quæ sola sunt ; animum meum exstinctæ unius horæ momento tot animæ movent, quot perierunt, de me bene meritæ : quin ipsum leti genus addit indignationem : veneno perierunt. Quis hoc ulla satis prosequi possit invidia? apes veneno? hæc illis gratia refertur, quod fructibus nostris invigilant? quod quotidiana statione laboris assidui ne damno quidem summoventur? nam et cætera animalia videtur mihi natura usibus nostris genuisse, hæc etiam deliciis, cum eo, quod in illis, quæ vel scindendo solo, vel maturando itineri comparamus, multus ante reditus insumitur labor ; et quum perdomanda, quum alenda sint, nihil tamen possunt sine homine, et tantum coacta prosunt : apes faciunt injussæ favos : sine ullo rationis humanæ ministerio totus fructus ultro venit. Adjice quod cætera animalia aut satis incurrunt, aut vitibus nocent : primaque, ut fama est, hostiæ causa pecudi fuit læsa fruges : harum ita innoxius per prata silvasque discurrit labor, ut tantum factum opus appareat.

XVI. Qua satis digna prosequar laude? dicam animal quodammodo parvum hominibus exemplar? Hoc humana excogitare non potuit solertia : etiam ratio nostra, quæ sub terris lucrum invenit, quæ maria inquisitione sua sideribus immiscuit ; hoc tamen efficere, consequi, imitari non potuit : venena potius invenimus. Jam primum futuræ laudabilis vitæ digna principia ; non illas libido progenerat, domitrixque omnium animalium Venus : utque homines in excusationem sui fabulis tradiderunt, etiam deorum posteritas has regnis suis excepit : abest inimica virtutum voluptas castis sine labe corporibus : solæ omnium non edunt fœtus, sed faciunt : ipsæ paullatim sicut stipatæ sunt, per mella viviscunt : et, ut oportet, animal laboriosum ex opere nascitur : inde, ut adolevit juventus, et ad similes labores ætas roborata convaluit, relinquitur liber parentibus locus. Et ne coacta in angustum multitudo nova turba laboret, quasi habita verecundiæ ratione, cedit populus minor ; suspensumque proximis ramis examen humanas manus exspectat : acceptas cum fide colit sedes : et quum ingenia nostra, quæ nos, scilicet ambitiosi nostri æstimatores, proxima divinis credimus, ad percipiendas disciplinas multo labore desudent, nulla apis nisi artifex nascitur : quid credas aliud, quam divinæ partem mentis his animis inesse? quid præcipuum referas?

XVII. Non ut cætera animalia per pastus vaga, incertum quieti capiunt cubile, noctis arbitrio semper habitatura, sed tutas sedes continent ; urbes tectis, turba populos imitantur : non ut feræ volucres, non præsentis modo cibi memores, in diem vivunt : duraturus hiemi reponitur victus, et repletis vere cellis tutus annus est : etiam quum ad humanos usus opera subducta sunt, reparare amissa contendunt, et labor damno incenditur, et nunquam deficit animus ante, quam locus. Quid? quod inter animalia, quæ non verba conjungunt, non verba rationis invicem negant, tantus operis consensus est, tanta difficillimæ rei laboris concordia? non humano vitio in proprios quæque usus lucrum ducit :

in publicum vivitur, et communes opes congeruntur in medium, nec fas est delibare gustu prius, quam plena horrea securos spondeant menses. Quis porro tantus ardor operis, quæve officiorum partitio, ut aliæ congerant onera, aliæ accipiant, aliæ linant? quæ severitas in castiganda inertia? multa dictu visuque miranda: prævidere tempestates, nec dubio se cælo tradere; nec ultra viciniam nubilo tendere. Jam si leves iniquior aura rapuit, ad dirigendos in destinata cursus, modico lapilli pondere librare pennas: illas majorum pectorum totis pro rege castris procurrere, et inire bella, mortemque honestam pro duce oppetere: adjice, quod si quas aut ætas longior, aut morbus oppressit, efferuntur prius corpora, posteriorque operum, quam funerum, cura est.

XVIII. Quid illigare cruribus flores? quid ore succos in publicum ferre? me tamen ipsius operis præcipua admiratio subit. Non est temere, nec fortuitam figuram, et sedes modo reponendis cibis quæsiisse credas: rudis cera componitur, accedit usibus inenarrabilis decor: nam primum tenacibus vinculis fundamenta suspendunt; tum ab exordio in omnem partem opus æqualiter crescit, nec quidquam ex inchoatis parum est, quod non sua portione perfectum sit jam, nec alia parte opus esset. Gemina frons ceris imponitur: et quum foraminibus tantum spatium detur, quantum ad generanda examina puram spem capiat (ipsi enim sibi invicem anguli hærent, et ita mutuo vinciuntur atque alligantur, ut quod voles, id medium sit) his textis, ne universi mellis effluat pondus, intersepta onera clauduntur. Quis non stupeat hoc fieri posse sine manibus? nulla interveniente doctrina hanc artem nasci? quid non divinum habent, nisi quod moriuntur?

XIX. An vero auctorem vini Liberum colimus,

primitiæ frugum Cereri referuntur, inventrix oleæ Minerva narratur? mella genuisse minus est, et interponenda gustus voluptate tantum effecisse, quantum ne ipsa quidem rerum natura per se potuit? Ad plurimarum incursus valetudinum est, et præsentissima medicina : nam quod ad cibos quidem pertinet, divites viderint. His animalibus aliquis insidiari potuit, et insidiari, quare mella facerent? hæc pestiferis succis exquisita per fraudem morte confecit? et, quod sit indignissimum, quo facilius deciperet, fortasse venena melle permiscuit? Quæ tam inhumana crudelitas? quis tam inauditus livor? nihil enim est, quod utaris patrocinio tuo : dives, paucorum damno foliorum doluisse te simulas. Dum meas apes occidere vis, flores tuos inutiles fecisti.

DÉCLAMATION III.

(CCLXVIII.)

SUJET.

Trois fils du même père avaient suivi, le premier, la carrière de l'éloquence; le second, celle de la philosophie, et le troisième, celle de la médecine.

Le père institue son légataire universel celui des trois qui prouvera qu'il a embrassé la profession la plus utile à la société.

Le médecin établit ses droits à la succession.

Lex contentionis, et formula, et omne præscriptum ex testamento patris pendet : cujus vis non est ea, ut quæratur; quæ professio ex nostris speciosissima; quamquam sic quoque vincerem, sed quæ civitati sit utilissima : nihil est ergo, quod ingenia jactent, nihil quod ex animo suo tantum referant. Quæritur quis omnibus prosit : sit philosophia res summa ; ad paucos pertinet : sit eloquentia res admirabilis ; non pluribus prodest, quam nocet : sola est medicina, qua opus sit omnibus. Et patrem quoque nostrum id voluisse, ut hanc, quam in contentione reliquisse videtur, partem, quodammodo civitati daret, manifestum est : non sibi utilissimum, non amicis utilissimum, non de patre optime meritum, proprio quid ferre ex testamento suo voluit; qui fuerit utilis civitati : ergo et æqualiter ad omnes medicina sola pertinet, et nulla tam necessaria est omni generi hominum, quam medicina.

Reliqua conferamus : ac mihi primum agendum est cum fratre philosopho, cujus ego in hodierna contentione propositum mirari satis non possum : nihil enim videtur habere philosophia præstantius, quam quod modicis contenta est, ampliores opes non desiderat : nam si cupiditates easdem, quas cæteri habent, non video, quid prosit. Neque me præterit, judices, quam multa dici adversus hanc professionem ab his soleant, quorum libertatem non impediunt personæ : quippe hos illi et vanos vocant et otiosos, et in ambitum ipsum, contra quem maxime disserere videntur, alligatos. Mihi cum fratre quæstio est : hæc ergo leviora dixisse satis est, philosophiam non esse necessariam. Ego autem mores nasci puto, et propriam cujusque naturæ virtutem : alia forsitan discantur : quædam experimentis cognoscenda sunt : boni mores constant voluntate : id patere diversis utriusque partis exemplis potest ; nam et optimos viros citra philosophiam fuisse constabit, et studiosos sapientiæ usque ad ultima exempla scelerum nequitiæque venisse. Non enim, ut opinor, ex istorum scholis abstinentiam didicere Fabricii, Curii ; nec, ut mortem contemnerent, Decii consecuti sunt, nec vetera horum explicando monumenta. Tulit civitas populi romani liberatores Brutos, tulit Camillos, antequam ulla istius artis simulatio irreperet. Jam vero si ex diverso intueri placeat, quis ignorat ex ipsa Socratis, quo velut fonte omnis philosophia manasse creditur, schola, evasisse tyrannos et hostes patriæ suæ? non est igitur necessaria philosophia. Atqui enim ut studio perveniri ad sapientiam possit, via tamen ejus incerta est: namque ut omnes in unum philosophos contraham, non tamen inter eos constare potest, quæ potissimum secta discenda nobis; quibus præceptis parendum sit: pugnant inter se, atque dissentiunt; et perpetuam hanc per secula litem trahunt: aliis summum bonum voluptas habetur: quidam id in nuda virtute posuerunt: nonnulli miscere ista conati sunt, atque confundere; et ex bonis corporis animique, et eorum, quæ extra essent, ad finem vitæ beatæ perveniri posse existimaverunt: delectavit quosdam modus omnium. Jam vero quanta circa deos pugna? quidam nihil agi sine providentia credunt: alii curam deorum intra sidera continent: quidam in totum deos sustulerunt: quidam quum hoc erubescunt, cura vacare utique dixerunt. Hi nos ad administrationem reipublicæ hortantur: illi nihil periculosius civilibus officiis credunt: quosdam videas odio pecuniæ ferri, nudos expositosque, veluti ad provocandas calamitates: sunt qui voluptates non animi modo, sed etiam corporis, inter præcipua ducant bona. Quibus credam? quibus accedam? quidquid probavero, plures negaturi sunt: nec porro quæcumque præcipiuntur, stare possunt: ergo et non necessariam esse philosophiam, et difficilem electionem esse dicimus: atque inter ipsos etiam plerosque philosophos constat vix posse percipi. Neque ego ignoro esse quosdam, qui quamquam nomen sapientiæ facile atque avide, ut sic dixerim, dederunt; tamen quidam sapientiam ex fabulis reipublicæ tunc, et inter eos qui studuerunt, qui elaboraverunt, nullum adhuc inventum esse confitentur. Verumtamen, ut aliqua etiam de universo loquamur, quis usus ipsorum virorum? militiæne utiles, an civilibus officiis? quid in his deprehendas, præter fictam frontem et perpetuum otium, et quamdam ex arrogantia auctoritatem? Verum sint ista, ut dicitur, magna : ego hæc ad formam legemque paterni testamenti voco : quid civitati prosunt? amputant vitia ; nimirum nemo luxuriosus est, nemo pecuniæ cupidus!

Hæc de philosopho dixisse satis est : transeamus ad oratorem, quem intelligo fiducia eloquentiæ ad hanc descendisse causam. Multum se valere in judiciis putant : rapiunt malas aliquando causas : et sane si justitia valeat, quid est eloquentia? quid ergo civitati conferunt? illa enim sane remittamus : omne circa verba studium; et, quum rerum natura beneficio suo ita homines instruxerit, ut nulla res non voce explicetur, supervacuum quemdam in exornando laborem : eodem redeunt omnia. Quid civitati profuisti? advocatione tua defensus est aliquis; sed læsus, qui ex diverso erat : eripuisti periculo reum; unde scio, an nocentem? Innocentia quidem per se valet; damnatus est aliquis, accusante te; unde scio an eloquentiæ vitium sit? Quid ego de privatis loquor? civitatum status scimus ab oratoribus esse conversos : sive illam Atheniensium civitatem, quondam late principem, intueri placeat, accisas ejus vires animadvertemus vitio concionantium : sive populi romani statum excutere voluerimus, nonne gravissimas seditiones, nonne turbidissimas conciones eloquentissimus quisque habuit? Nonne illi Gracchi ad evertendam rempublicam, his veluti armis succincti, accesserunt? Quid ego dicam, quantum civitati profuerit eloquentia? sibi nocuit. Summos utriusque partis oratores videamus; nonne Demosthenem illum, oppressum veneno suo scimus? nonne Ciceronem in illis, in quibus toties placuerat, rostris pœnæ suæ expositum?

Hæc dixisse satis erat : nam si civitati nihil utilitatis afferunt hi, cum quibus contendi, satis erat, relictum esse me solum. Aliqua tamen de medicina dicam; non mehercule jactandi mei causa, sed commendandæ artis ipsius, cujus auctores ante omnia accepimus deos; sive, ut maxime reor, ut hæc infirmitas hominum haberet adjumenta aliqua atque solatia; sive tantum huic arti tribuere majores, ut eam vix crederent humanis potuisse ingeniis inveniri; sive ipsa medicina per se sacrum est: contendamus sane apud securos. Si quem (quod absit omnibus) subita deprehenderit valetudo, oratoremne consulet? Quid nunc ego enumerem, contra quot fortunæ injurias medicina advocetur? illam valetudinem, qua spiritus frangitur? an illam, qua visus periclitantur? an illam, qua vulnera curanda sunt? an illam, qua debilitati occurritur? removeam medicinam, tu philosophe, consolaberis? Quod hominum genus est, qui sexus, quæ ætas, quæ non utilitatem ex hac petat? Itaque, etiamsi medicina vinci fata non potuerunt, productus tamen usque ad eam pater noster, qui tres liberos habebat.

DÉCLAMATION IV.

(CCCXXIII.)

SUJET.

Dans le fort de la guerre d'Alexandre contre les Athéniens, un temple, situé hors la ville, fut livré aux flammes, et aussitôt une maladie contagieuse se déclara dans l'armée macédonienne. L'oracle consulté, répondit que le fléau ne cesserait que quand le temple serait reconstruit. Alexandre le fait rebâtir, et promet de s'éloigner aussitôt après la dédicace; sur cette promesse un prêtre athénien consacre l'édifice. Alexandre s'éloigne en effet, mais on accuse le prêtre d'avoir favorisé l'ennemi; il repousse et combat l'accusation.

Deos immortales, omnes quidem, præcipue tamen numen et mihi maxime familiare, et, sicut proxime experti sumus, præsentissimum, judices, invoco ante omnia; ut si respectu sacrorum, si pietatis, si religione sola ductus feci, quod objicitur mihi, velit impunitum esse sacerdotis officium. Nunc (quod me aliquando sollicitum habet) ne aspere, ne irate hanc judicii faciem intueri velit, in qua capitis periculo luitur, quod templum dedicatum est; oro igitur atque obtestor, si fieri potest, ne damnari me velint; si minus, ne vindicari; tueanturque civitatem in hac, quam modo habere cœpimus, pace: immo vero hanc vestris animis voluntatem, hoc propositum mentis inspirent, ne eo tempore deos lædere velitis, quo illis jam Alexander satisfecit: qui, etiamsi bellum contra nos traditum ac relictum a patre usque suscepit; etiamsi non tam propria, quam hereditaria nobiscum constitit contentione, omnia tamen alia impune faciebat, dum res intra cædem hominum stetit, dum intra vastationes agrorum (quamquam totius soli, ac venerabilis soli) secunda res tamen: ac ne illa numina quidem, quæ semper excubare videntur pro nostra civitate, satis ad tuendam urbem profuerunt. Ut vero ignem sacris postibus, ut ferrum vetustissimæ religioni admovere ausus est, intellexit sibi non esse bellum nobiscum. Libenter audio, quæ ex diversa parte dicuntur; ægrum exercitum, præcipiti morte consumptas copias: quis enim non videt omnia ista facta esse, ut rursus templum esset? ita illius quoque concitati, ut auditis, ac temerarii juvenis motus est animus. Vidit non aliunde petendum esse, quam a diis immortalibus, præsidium: oraculum poposcit; quæ hic culpa nostra est? accepit. Videlicet, dii immortales, ut peccantibus graves, ita satisfacientibus faciles: si noluissent remedium illi pestilentiæ concedere, non indicare potuerunt: restitui jussere templa. Gratias publice privatimque agamus: dedicare ipsi non permiserunt: divisum partitumque responso est, quid Alexander facere deberet, quid nos. Ille, quod debuit, fecit templum speciosius, quam fuerat, et cultius exstruxit animo regis periclitantis: partes supererant meæ. Excuso me vobis, dii immortales, quod non statim ad conditionem dedicationis accessi: hoc enim ex responso et Alexandro satis erat, quod permittebant. Ego nihilominus magna mercede suscepi hoc officium: pacem poposci, impetravi: veluti ore ipsius dei jussus promisit, præstitit: hæc est criminum meorum, judices, summa; et templum habemus et pacem.

Hosti opem tulisse dicor: nondum causas facti mei reddo, nondum rationem legis ipsius excutio. Interim quid vos putatis opem ferre? neque enim id solum quæritur hac lege, an aliquis hosti profuerit : multa enim quæ utilia sunt hosti, et inviti et imprudentes facimus; ideoque hoc non complexa lex est : sed adversus eum se destrinxit, qui opem tulisset : illud, ut opinor, tale, qui auxilio juvisset, qui armis, qui commeatu. Non sine causa hæc ipsius verbi proprietas continet legem : quæri voluit an is opem tulisset, quodam loco manum deprehendit, et ferentem coarguit. Causam autem hujusce juris quis ignoret? animus, ut opinor, ejus punitur, qui hosti prodesse voluit : adversus proditorem, adversus hostem reipublicæ conscripta lex est. Quæ si talia sunt, quid simile his commisi? templum dedicavi : viderimus an hoc hosti profuerit : ad causam meam pertinet sciri, quid ego fecerim, non quid ex eo factum sit. At enim hoc hosti profuit : si ideo feci, ut hosti prodessem, sane sim legi isti obligatus : si, quum aliquid facerem pro universa republica, utile etiam hosti fuit, non, ut opinor, damnis contendendum fuit. Videamus ergo an hoc pro republica fuerit : nondum dico, quæ secutura fuerint, si non dedicassem : interim cum pietate vestra, Athenienses, loquor : templum non illud vetus, non illud præsentissimæ religionis, non illud, a quo totius civitatis nostræ petitur auctoritas; sed novum aliquod et adhuc inexpertum video : in finibus nostris est dedicandum. Hæc enim, priusquam dedicationis accipiant summam religionem, opera sunt tantum : dedicatio est illa, quæ deum inducit, quæ sede destinata locat : hoc ideo facere non cuicunque permittitur, nisi castæ manus, nisi familiaris sacris animus accesserit. Dedicatio solis, ut nunc comperimus, concessa Atheniensibus. Hoc ego fieri reor, judices, quod quum cæterarum civitatum templa, in ipsis posita urbibus, frequenter cum totis ruere atque incendi mœnibus viderimus, nulla vindicta, nulla religio, nulla eos qui fecerant, supplicia consecuta sunt: hic sacrilegium pestilentia vindicatum. Dedicationem destinabat, neque enim aliter saltem templum esse existimaverat, nisi dedicaretur. De quocunque templo loquor, hoc templum non dedicabo? Quam multa adhuc remitto? taceo quid dii voluerint, taceo quid responsa præceperint, humanis conciliis locum relinquo, non dedicabo? Procedere ultra volo: si Alexander ab obsidione tantum Athenarum recessisset, nonne ædificassemus, non restituissemus? Equidem ego omnibus nostris sacris crediderim inesse numen: debetur hoc Atheniensium civitati, debetur vetustissimo generi, debetur solo, de quo contendisse quondam deos immortales non sine causa creditum est. Cætera tamen opinione credimus, et conjectura colligimus: in hoc numine sentimus momenta bellorum, hoc pars utraque cognovit, hoc numen scit esse Alexander. Adjice quod dedicari voluerunt: si a quocunque voluissent, occupandum fuit mihi, quum Atheniensis sim: totum enim hunc populum, judices, puto sacerdotem. At enim sic effectum est, ut laborare pestilentia exercitus Alexandri desineret: non dico desiturum alioqui fuisse: periturus sit Alexander, perituri sint milites omnes, vultis uti hoc sacrificii publici beneficio? si quis vobis hanc poneret conditionem, Athenienses, ut omnium potiremur gentium, eversis exustisque templis, non profecto acciperemus: pluris nobis pietas, pluris nobis opinio, pluris disciplina civitatis fuisset. Moritur miles Alexandri: sed templum sine numine, sine religione: sed templum adhuc est inter præsidia hostium: sed non ire mihi, non colere, non agnoscere, non agere gratias licet.

Vos porro cur perire exercitum Alexandri, cur perseverare istam pestilentiam vultis? nempe ne bellum haberetis : habetis pacem. Beneficium dedistis; ex illo, quem gravissimum hostem timebamus, habemus potentissimum amicum. Sint sane pertinacia odia. Alexander responso satisfecerat : quod ad ipsum pertinuit, templum restituerat : quod ad secundam quoque partem responsi pertinebat, fecerat potestatem dedicandi, mercedem quantam maxime dari poterat reipublicæ dedit. Tam injustos vos creditis deos immortales, ut non fuerint cogitaturi, cujus culpa templum vacaret? nam, ut dixi, si pestilentiam finiri dii immortales noluissent, aut nullum responsum, aut aliud certe dedissent : demonstrata satisfactio et in hoc valet, ut accipienda sit. Vereor, judices, ne quid fingere ex necessitate periculi videar, verumtamen me religionis meæ dissimulare, quæ acciderunt, non sinit ratio. Alexandrum apud me valuisse solum putatis, aut ullam mercedem? ego illum recessurum putabam, etiamsi non pacisceretur : deus, deus ille (testor ipsum et præsentissimi conscientiam numinis) ille adegit, ille jussit, ille in has preces misit : secundum hoc quodammodo fuit responsum.

DÉCLAMATION V.

(CCCXXXIII.)

SUJET.

Un riche citoyen avait envoyé, à ses frais, un jeune homme étudier à Athènes; il en revint habile orateur. Le riche est accusé de trahison; et le dénonciateur choisit notre jeune avocat, *qui* plaide la cause et la perd. Accusé à son tour d'ingratitude par son bienfaiteur, il se défend de la manière suivante.

Est videlicet, judices, hoc quoque in potestate fortunæ, ut in contrarium bona ipsa convertat. Maximum me a divite accepisse beneficium, quod mihi consummare studia contigerat, quis negaverit? quum interim maximorum mihi malorum causam hoc ipsum attulit, quod videbar disertus: adeo ut si mihi exsuere hanc partem persuasionis liceret, amputare vocem, et velut omnem usum loquendi perdidisse maluerim, quam cum homine de me optime merito jam bis consisterem; et prioris tamen judicii manifesta excusatio erat: jussus loquebar; hodie quem modum teneam actionis, quibus vocibus optime (ut jam sæpe dixi) de me merito satisfaciam, reperire non possum: vera sunt enim illa, quæ dixit.

Pauper ego natus, et contra facultatum rationem mearum, infelicis hujus eloquentiæ studiosus, hujus liberalitate, hujus opibus peregrina studia, clarissima exempla, otium, quo plurimum studiis confertur, sum consecutus: utinam non usque ad invidiam! Nam mihi cogitanti, cur integerrimum virum, optimum civem, calumniator ille proditionis reum fecerit, nihil succurrit aliud, quod secutus sit, quam ut ego agerem: habebat enim jus optandi patronum, et hanc leges dederant potestatem; et forsitan quærebat etiam contra absolutionem innocentis rei hunc colorem, ut videretur ideo dimissus, quia ego egissem: hoc ei certe non contigit. Reum offendi, non mehercule supervacua asperitate verborum (ab hac ego enim me, quatenus fides agendi permiserat, abstinuisse animum confiteor), sed perferenda fuerunt mandata falsa, verum criminosa; conficta, verum invidiæ tamen plena. Quod si quid esse in ratione dicendi videtur, si quis me infestam attulisse credit orationem, accedit hoc quoque gloriæ optimi civis, quod me accusante, absolutus est. Ingrati reus sum: de prima parte causæ, judices, non faciam controversiam, neque fas est. Accepi beneficium, quantum maximum dare parentes liberis possunt: non enim si fortuna infelicissima ad hoc officia studiis meis dedit, non tamen ista animo præstantis æstimanda sunt. Accepi pecuniam, votum, spem futuram in posterum vitæ, infeliciter, etiamsi mihi hic defendendus fuisset: accepi beneficium; ne illud quidem inficiabor, non reddidi: non tamen continuo sequitur, ut ingrati lege teneatur, qui acceptum beneficium nondum pensaverit, alioqui nemo est, qui non calumniæ genus possit incidere. Nam ut hujusmodi omittam tempora, statim certe, ut accepit beneficium, accusari potest: nondum enim reddidit. Quod si non continuo ingratus est, quia paria non fecit, superest, ut illa nobis intuenda sint, an omnia præstari iis, qui beneficium dederint, oporteat: an id, de quo cognoscitis, præstari oportuerit; ac postremo, an potuerit. Non omnia esse præstanda etiam parentibus dico: alioqui nihil est periculosius acceptis beneficiis, si in omnem nos alligant servitutem; nam etiam scelerum, si ita videatur his, qui nos meritis obligavere, afferunt necessitatem. Quapropter illa in confesso erunt, neque facturum aliquid adversus rempublicam ex voluntate ejus, a quo beneficium acceperit, eum qui acceperit; neque impium erga parentes necessitate tali futurum, neque inhonestum, neque ea, quæ fieri non poterunt, præstaturum.

Quod si luce ipsa, judices, clarius est, jam intueamur, an hoc, quod me præstare debuisse dicit, præstari oportuerit. Fortior sic ageret; advocationem negare contra reum proditionis non debui.

Oportebat non deesse legibus vocem; oportebat esse aliquem, qui in summis reipublicæ, ut tum videbatur, periculis excuteret veritatem. Dicebatur proditor aliquis : clamabat delator; si mihi vox esset, si quid eloquentiæ natura tribuisset, jam vobis ostendissem, quæ cum hoste commercia, quod discrimen totius reipublicæ, quam hæc omnia, quæ in conspectu sunt, in ultimo periculo essent. Hiccine eum, qui accusare posse videbatur, tacere oporteret? mihi aliter agendum est: ego utilitatibus publicis contra stetissem? ego vero hæc omnia supra me maluissem, quam tanta merita asperiore ulla voce violare : sed necessitati quid faciam? lex optandi patronum jus dabat : me delator optaverat; doce, quid faciam : delator jus habet: contra omnem meam deprecationem publica auctoritas nititur. Conscientia mehercule facere hoc viderer; ac timuisse, ne si illi causæ vox contigisset, in medium scelera prodirent. Ego vero suscepi causam, nec timui, ne vincerer : non igitur objicere debes mihi, in quod coactus sum; illa, quæ fuerunt in mea potestate, si deprehendisti, ostende; si vultus infestus, si vox incitatior, si quid ultra necessitatem: neque ista ego imputo; non enim poteram, neque erat adversus innocentiam tuam ingenio locus. Itaque discessi a judicio lætior, quam reus ipse : et velut editis necessitate operis ad gratulationem cucurri. Nec me ei in reliquum eximo tempus; debere confiteor : da, quem defendam: da, pro quo loquar : si quid adversus illum nocentissimum delatorem invenire possumus, impera, quod vis : in quantumcunque tua ista vox est.

DÉCLAMATION VI.

(CCCXXXIX.)

SUJET.

Démosthène propose une loi pour exclure des assemblées publiques ceux qui, faits prisonniers par Philippe à la bataille de Chéronée, avaient été renvoyés sans rançon.

PRIUSQUAM causas rogationis meæ persequar, Athenienses, succurrit mihi laudare vos, et adcognoscere. Post adversum prælium (quod quidem ipsi, qui rebus Philippi favent, dolore ac rumoribus in majus extollunt) non pacem petiistis, non de conditionibus ullis cum hoste tractastis: ipsos etiam repetendo captivos, hoc ostendistis, curam esse vobis, ut bellum geri posset. Id quum fecistis pro majorum vestrorum opinione atque laude, servataque usque ad hoc tempus gloria civitatis, tum etiam, ut arbitror, ratione quadam, quod nos victos, non tam virtute hostis, quam eorum, qui pugnare noluissent, timore, existimabatis. Quamlibet igitur obliquis actionibus pars diversa, dum tueri mille istos captivos videtur, pacem suadeat; animum virtutemque civitatis debilitare conetur: ego loquor apud eos, qui non defecerunt. Sed multa me dicturum, propter quod approbari possit rogatio mea, oratoriis artibus impedire pars diversa conatur: negat enim rogationem contra leges accipiendam, negat adversus singulos: quorum ego utrumque confiteor. Verum neque adversus leges esse existimo, quidquid pro opinione ac pro dignitate civitatis patimur, et qui nulla lex scripta ex contrario exstat: nam si quod est jus, quo contineatur hoc, ut mali et jam turpes cives utique consiliis publicis intersint, videor fortasse hanc rogationem contra leges scripsisse. Si vero nihil est, quod ex contrario cogat, non potest videri hoc adversus id scriptum esse, quod non obstat. Illud vero aliquanto minus existimare possum, adversus singulos scripsisse legem, quum certe mille sint, de quibus agitur. Quamquam rationem etiam, propter quod non liceat rogationem contra singulos ferre, illam video, quod peccata singulorum videantur habere leges suas. Homicidium fecit aliquis, sacrilegium, injuriam, cæteraque his similia: suo jure punitur. Quum vero mille semel capiendos se aligandosque hosti præbuerint, hæc, ut opinor, supersunt, ut aut nulla castigatione dignam rem, qui contra dicunt, putent: aut si castiganda sit, ostendant legem, qua castigari possit: aut si non ostendant, nihil aliud quam rogationem superesse, fateantur. Primum igitur hoc apud vos, Athenienses, dixisse contentus sum, æquissimum quidem ac justissimum esse, ut populo detur summa rerum potestas: consilium tamen non utique turba, neque tumultu, neque angustiis eorum, qui consulantur, constare. Utinam quidem fieri posset, ut ex universo populo rejicere ac seligere liceret eos, qui parum prudentes, parum digni consiliis publicis viderentur! Sed quoniam istud deprehendi, nisi experimentis, non potest, de his demum rogationem fero, qui experti sunt. Atqui si hoc apud vos non male constitutum est, esse aliquos, qui consiliis publicis interesse non debeant; jam multo facilius ac pronius erit, ut doceam, hos esse, qui etiamsi utiles consiliis futuri essent, indigni tamen propter dedecus proximæ militiæ erant.

Ac mihi in hæc dividenda videtur ratio istius

orationis, ut pars ad ipsos, de quibus loquor, spectet, pars ad universam rempublicam. Adversus istos hoc dixisse contentus sum : bellum adversus Philippum suscepimus pro libertate totius Græciæ, pro salute communi : nam etiamsi in præsentia amicam civitatem, nobiscum olim conjunctam, tueri videbamur, eventus tamen belli ad omnes pertinebat; et hoc nobis, Athenienses, vetus atque a majoribus traditum est, pro universa Græcia stare : sic contra Persas semel iterumque pugnavimus, ac privatis viribus defendimus publicam salutem. Jam igitur ex hoc apparet profecto vobis, nunquam majore animo, nunquam concitatiore spiritu fuisse pugnandum : non enim nobis cum hoste Græciæ aliquo res erat, ubi, quamquam victi, leges tamen similes, linguamque certe eamdem pateremur; sed cum homine barbaro, cum homine crudeli, cum homine infesto. Quamquam quid necesse est ista diutius dicere? pugnare enim placuit et placet. In hoc igitur prælio, quod, ut dixi, pro universa Græcia susceperamus, nondum dico, quantum nocuerit istorum timor; interim cujus propositi fuerit animus, attendite. Longe felicissimum in bellis est vincere; fortissimum, si victoria non detur, pro causa mori. Est tamen tertium aliquod inter dedecora; in patriam certe redire, et si vincere non detur, effugere : potest enim credi, qui hoc fecit, ad secundam se aciem servasse, et victum adversis animum reposuisse : ille vero, qui se in servitutem hosti dedit, qui abjectis armis pacata in vincula præbuit manus, quam tandem nobis spem in posterum facit? Atque ego, Athenienses, eo tempore, quo recipi istos placebat, contradicturus fui, nisi quod poterat honestum ex his receptis exemplum fieri : sunt igitur digni pœna aliqua, sunt ignominia, si hoc tantum ad ipsos referatur. Sed redeo ad publicam utilitatem : nihil esse, quo magis disciplina militaris confirmari posset, Athenienses, quam exemplum adversus indignos, nemo dubitavit: quæ enim spes in bellis in milite nostro residua est, si nihil potius fuerit, quam capi? certum habeo nunc istos male sentire de his, qui in acie ceciderunt.

FIN.

TABLE GÉNÉRALE
DES MATIÈRES
CONTENUES DANS CE VOLUME.

CICÉRON.

DE L'ORATEUR.

DIALOGUE I.

DIALOGUE II.

DIALOGUE III.

BRUTUS,

OU

DES ORATEURS ILLUSTRES.

L'ORATEUR.

QUINTILIEN.

DE L'INSTITUTION DE L'ORATEUR.

TACITE.

DIALOGUE

SUR LES CAUSES DE LA CORRUPTION DE L'ÉLOQUENCE.

M. ANN. SENEQUE.

LE RHÉTEUR.

QUINTILIEN.

FIN DE LA TABLE.

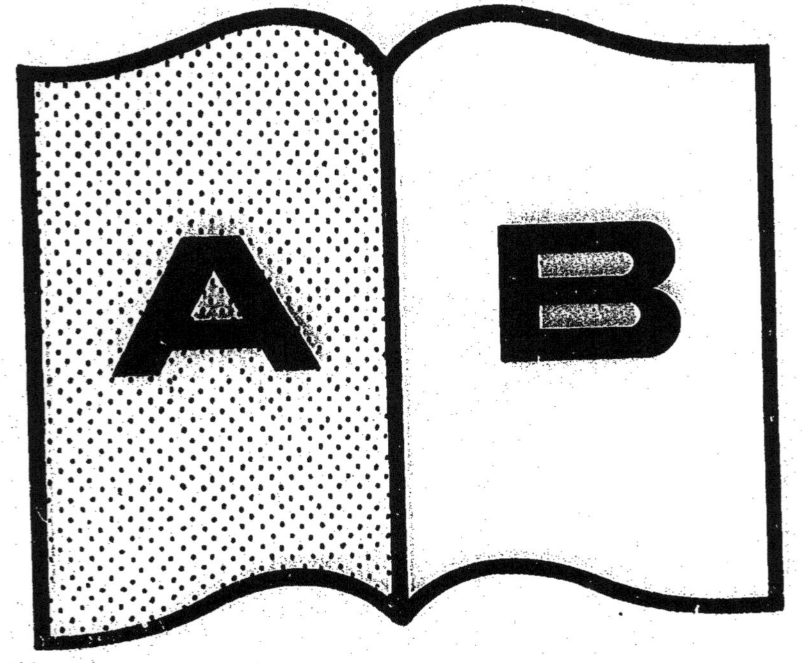

Contraste insuffisant

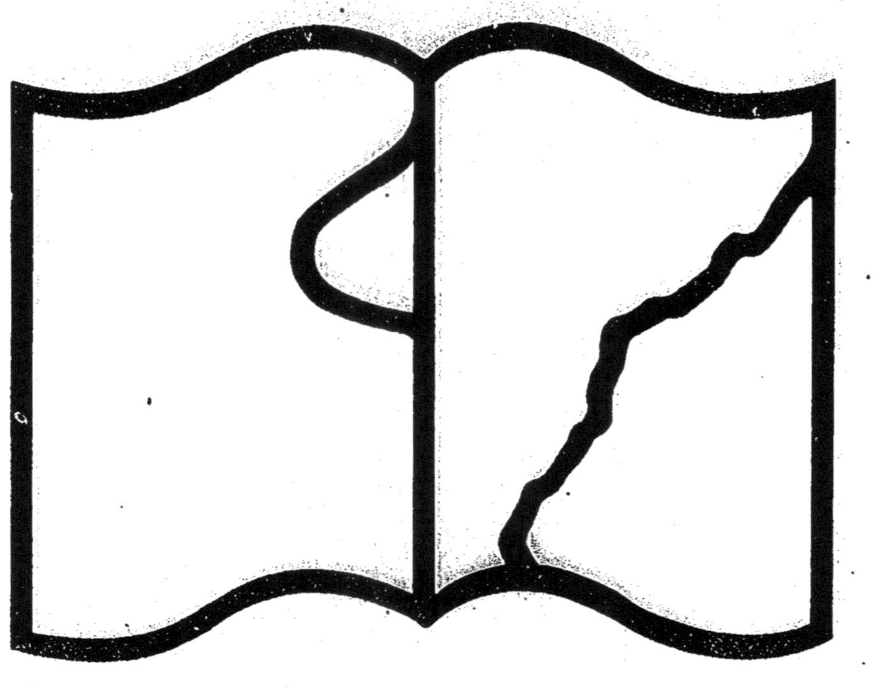

Texte détérioré — reliure défectueuse

NF Z 43-120-11

www.ingramcontent.com/pod-product-compliance
Ingram Content Group UK Ltd.
Pitfield, Milton Keynes, MK11 3LW, UK
UKHW020155250726
13967UKWH00003B/1075